高职高专艺术类专业规划教材
编审委员会

主 任 郁正民

副主任 朱凌云 时白林 周 荫 牛宇新

凤宪亮 王风军 宋柏林 傅长荣

冯明中州 王景濂 姆海吉 黄型权

委 员（按姓氏笔画排序）

丁朋霄 王肖晋 王冰林 王凤军
王玄文 王君萧 王贵迪 王彩莘
王知本 王兆光 方想奥 方 平
孔 耿 方 方 郎奇林 田 辅
邓 桐 代凡武 邓玉东 邓学因
刘海青 成麻钱 郑南郎 杯琴赭
侯 冈 李 牵 李岑菌 张安末
冯知江 吴永平 关成则 吴换草
吴奇问 问永文 问金文 鼓共佘
朱米江 李清林 羊 丰 陶 羊
沈西游 米姿米 姜乡间 張 緬
沈明中林 面含有 今 左
凤朱成 时 文成酸
义文 然 赵文义
郑长跋 英苦清 黄 泄
广西黄 挂文宣 吴李国 荣阳兴
董钟阁 湖 末 稍技国 晨小诔
底步虎 赵正东 张三小 陈末占
此木赫 林天堂 姚实铃

高职高专汽车类规划教材
编审委员会

主　任　　张西振

副主任　　张红伟　　何乔义　　胡　勇　　李幸福
　　　　　　周洪如　　王凤军　　宋保林　　熊永森
　　　　　　欧阳中和　王贵槐　　刘晓岩　　黄远雄

委　员（按姓名笔画排序）

于丽颖	上官红喜	王木林	王凤军
王志文	王贤高	王贵槐	王洪章
王晓波	王海宝	韦焕典	卢　华
代　洪	冯　伟	冯培林	伍　静
刘　刚	刘凤波	刘玉清	刘泽国
刘晓岩	刘鸿健	孙晓峰	孙蓓雄
李　刚	李　彦	李幸福	杨安杰
杨晓波	吴东平	吴东阳	吴瑛萍
吴喜骊	何乔义	何金戈	沈洪松
宋东方	宋保林	张　军	张　晔
张西振	张红伟	张利民	张忠伟
陈　宣	陈振斌	苗全生	欧阳中和
罗富坤	周　晶	周洪如	郑　劲
赵文龙	赵伟章	胡　勇	胡文娟
胡寒玲	姜　伦	姚　杰	索文义
贾永枢	党宝英	郭秀香	黄　坚
黄远雄	龚文资	崔雯辉	梁振华
董继明	蒋　芳	韩建国	惠有利
曾庆吉	谢三山	强卫民	廖忠诚
熊永森	潘天堂	戴晓松	

高职高专汽车类规划教材
国家技能型紧缺人才培养培训系列教材

汽车涂装技术

宋东方 主编　　何莉 万涛 副主编

化学工业出版社

·北京·

本书从高职高专教育的实际出发，结合教学和生产实际的需要作为编写的指导思想，完整、详实地介绍了汽车涂装工艺特点、涂装材料和涂装工艺，涵盖了与汽车涂装相关的内容。共分为九章，第一、二章主要介绍了汽车涂装技术概述、涂装施工安全与三废处理等方面内容；第三至八章主要介绍了汽车涂装材料、调色系统、汽车涂装修理工具与设备、新车制造涂装、汽车车身的涂装修理工艺和常见涂膜缺陷分析及处理方法；第九章介绍了涂料与涂层质量检测的知识。

本书内容新颖、实用，运用了大量的图表，便于读者对于内容的理解和掌握。每章后面附有大量的思考与练习题，可用于对所学知识的检查与巩固。另外为方便教学，配套教学PPT课件、教学大纲、教学计划、实训计划、实训指导资料等。

本书可作为高职高专院校、成人高校、中等职业技术学校汽车类专业的教材，也可作为培训机构用书，并可供相关工程技术人员参考使用。

图书在版编目（CIP）数据

汽车涂装技术/宋东方主编. —北京：化学工业出版社，2011.2（2023.2重印）
高职高专汽车类规划教材
国家技能型紧缺人才培养培训系列教材
ISBN 978-7-122-10426-7

Ⅰ.汽… Ⅱ.宋… Ⅲ.汽车-涂漆-高等学校：技术学院-教材 Ⅳ.U472.44

中国版本图书馆CIP数据核字（2011）第009141号

责任编辑：韩庆利　　　　　　　　　　　　装帧设计：尹琳琳
责任校对：战河红

出版发行：化学工业出版社（北京市东城区青年湖南街13号　邮政编码100011）
印　　装：天津盛通数码科技有限公司
787mm×1092mm　1/16　印张15　字数370千字　2023年2月北京第1版第5次印刷

购书咨询：010-64518888　　　　　　　　售后服务：010-64518899
网　　址：http://www.cip.com.cn
凡购买本书，如有缺损质量问题，本社销售中心负责调换。

定　　价：45.00元　　　　　　　　　　　　　　　　　　版权所有　违者必究

前　言

随着我国汽车工业的高速发展，汽车的保有量持续上升，汽车服务行业也在高速发展。伴随着道路运行量持续上升，汽车漆膜损伤出现的比例在高速上升，相关汽车维修服务企业的人才需求也在不断扩大。为满足社会对行业人员的高素质、高技能的要求，迅速提高汽车涂装行业人员的技术水平，特组织高职院校教师和企业专家编写了本书。

本书从高职教育的实际出发，结合教学和生产工艺的需要作为编写的指导思想，系统地介绍了汽车涂装的基本理论和操作规范，涵盖了与汽车涂装、涂料相关的内容。本书内容完整、详实，重点讲解实际操作，以实用为主，为求内容系统、新颖，主要体现以下特点：

(1) 介绍汽车涂装技术的主要操作工艺和流程，清晰易懂；

(2) 通过每章的大量图片，加强理论与实践相结合，着重提高读者的实际操作能力；

(3) 每个章节后附有一定数量的思考与练习题可帮助学生进一步巩固知识；

(4) 本书附有教学PPT课件、教学大纲、教学计划、实训计划、实训指导资料等立体教学资源。

全书共九章，计划总课时为116学时，其中理论部分为56学时，实训课时为60学时，部分章节可采用现场教学和实验教学等方式，各兄弟院校可根据实际情况进行取舍。

本书由宋东方任主编，何莉、万涛任副主编，由河南职业技术学院胡勇教授主审，参加编写的有王悬悬、尹冠飞、熊勇、王红伟。编写分工为：第一、三章由尹冠飞编写，第二章由万涛编写，第四章由熊勇编写，第五章由何莉编写，第六章由王悬悬编写，第七、九章由宋东方编写，第八章由王红伟编写。

本书在编写过程中得到了郑州海马汽车、郑州奔驰之星汽车服务有限公司、河南新凯迪汽车服务有限公司、大拇指汽车服务有限公司、杜邦油漆培训中心等大力支持，并参考了国内外的相关资料，在此一并表示感谢。

本书配套的立体教学资源可送给用本书作为授课教材的院校和老师，如果需要可发邮件至 hqlbook@126.com 索取。

限于作者水平有限，加之时间仓促，书中难免有不当之处，敬请专家、同仁和广大读者批评指正。

编　者
2011年1月

目 录

第一章 汽车涂装技术概述 … 1
第一节 汽车涂装概述 … 1
一、涂装的定义 … 1
二、涂装的功能 … 1
三、汽车涂装的特点和分类 … 3
四、汽车涂装体系 … 5
五、汽车涂装的基本要素 … 5
六、常用的涂装方法 … 6
第二节 汽车涂料概述 … 7
一、汽车涂料的定义 … 7
二、汽车涂料的组成 … 7
第三节 汽车涂装技术发展简介 … 9
一、汽车涂装的发展简史 … 9
二、汽车涂装技术的现状与发展动态 … 9
思考与练习 … 13

第二章 涂装施工安全与三废处理 … 15
第一节 安全操作知识 … 15
一、安全操作知识 … 15
二、防火知识 … 24
三、电气防爆 … 27
第二节 涂装材料储存与运输安全知识 … 27
一、涂装材料储存知识 … 27
二、涂装材料安全运输知识 … 29
第三节 涂装车间三废处理 … 29
一、废气处理技术 … 29
二、废水处理技术 … 30
三、废渣处理技术 … 31
思考与练习 … 31

第三章 汽车涂装材料 … 33
第一节 汽车涂料的组成 … 33
一、涂料及其要求 … 33
二、涂料的组成、干燥和成膜原理 … 34
三、涂料的命名和分类 … 43
第二节 汽车涂装常用涂料 … 46

  一、底漆 ··· 46
  二、中涂漆 ··· 49
  三、素色面漆 ·· 50
  四、金属色面漆 ··· 52
  五、清漆 ··· 56
 第三节 汽车涂装常用辅料 ·· 57
  一、原子灰和麻眼灰 ··· 57
  二、固化剂和稀释剂 ··· 58
  三、驳口水 ··· 59
  四、脱漆剂和除油剂 ··· 60
  五、化白水 ··· 61
  六、干燥剂 ··· 61
  七、车蜡 ··· 61
 思考与练习 ··· 62

第四章 调色系统
 第一节 颜色基础知识 ··· 64
  一、颜色的概念 ··· 64
  二、颜色的三要素及其相互影响 ··································· 65
  三、三大要素之间的相互作用 ······································ 68
  四、标准光源和视感比色 ·· 69
  五、光源变色 ·· 70
  六、颜色的三属性 ·· 70
  七、颜色量化的表示方法 ·· 72
 第二节 调色设备和工具 ··· 75
  一、调漆机 ··· 75
  二、胶片和胶片阅读机 ··· 76
  三、电脑调色系统 ·· 77
  四、电子秤 ··· 77
  五、黏度计 ··· 78
  六、其他调色工具 ·· 79
 第三节 颜色的调配与人工微调 ··· 79
  一、调色的定义和一般程序 ··· 79
  二、利用电脑调色 ·· 85
  三、银粉漆特性及调色技巧 ··· 86
  四、珍珠漆 ··· 90
 思考与练习 ··· 92

第五章 汽车涂装修理工具与设备
 第一节 汽车涂装修理工具 ·· 93
  一、底材处理工具 ·· 93
  二、打磨工具及其材料 ··· 95
  三、刮涂工具 ··· 106

四、刷涂工具 ……………………………………………………… 108
　　五、喷涂工具 ……………………………………………………… 110
　第二节　汽车涂装修复设备 …………………………………………… 125
　　一、压缩空气供给系统 …………………………………………… 125
　　二、喷涂室 ………………………………………………………… 134
　　三、烘干设备 ……………………………………………………… 137
　　四、其他设备 ……………………………………………………… 139
　思考与练习 ……………………………………………………………… 140

第六章　新车制造涂装 …………………………………………………… 142
　第一节　漆前表面处理 ………………………………………………… 142
　　一、磷化处理前的清洗 …………………………………………… 142
　　二、磷化处理 ……………………………………………………… 145
　第二节　电泳涂装 ……………………………………………………… 146
　　一、底漆的电泳处理 ……………………………………………… 146
　　二、电泳底漆的沥干 ……………………………………………… 146
　　三、车身冲洗 ……………………………………………………… 146
　　四、漆膜加温干燥 ………………………………………………… 147
　　五、阴极电泳工艺流程 …………………………………………… 147
　第三节　密封和车底涂料的涂装 ……………………………………… 148
　　一、堵件的安装 …………………………………………………… 148
　　二、涂装密封胶的方法和部位 …………………………………… 148
　　三、涂装防撞涂料的方法和部位 ………………………………… 148
　第四节　中涂漆涂装 …………………………………………………… 151
　　一、中涂漆的静电喷涂 …………………………………………… 151
　　二、涂后的静置和加温干燥 ……………………………………… 151
　　三、中涂漆的打磨 ………………………………………………… 152
　第五节　面漆涂装 ……………………………………………………… 152
　　一、涂前的遮盖与清洁 …………………………………………… 152
　　二、面漆的预涂装 ………………………………………………… 153
　　三、面漆涂装 ……………………………………………………… 153
　　四、面漆的干燥 …………………………………………………… 153
　　五、外观质量检验 ………………………………………………… 154
　思考与练习 ……………………………………………………………… 154

第七章　汽车车身的涂装修理工艺 ……………………………………… 156
　第一节　喷涂前处理 …………………………………………………… 156
　　一、原涂层及底材的判别 ………………………………………… 156
　　二、底材的处理 …………………………………………………… 159
　第二节　底层涂料施工 ………………………………………………… 163
　　一、底漆的一般知识 ……………………………………………… 164
　　二、喷涂前的贴护 ………………………………………………… 166
　　三、底漆层的喷涂 ………………………………………………… 168

第三节　中间涂料的涂装 ………………………………………………………………… 169
　　　一、中涂层涂料的一般知识 …………………………………………………………… 169
　　　二、原子灰和幼滑原子灰的刮涂与打磨 ……………………………………………… 172
　　　三、中涂漆的喷涂与打磨 ……………………………………………………………… 178
　　第四节　面漆层的涂装 …………………………………………………………………… 180
　　　一、喷涂表面的前期处理 ……………………………………………………………… 180
　　　二、面漆的准备 ………………………………………………………………………… 181
　　　三、喷涂温度 …………………………………………………………………………… 181
　　　四、面漆喷涂手法 ……………………………………………………………………… 181
　　　五、面漆的喷涂 ………………………………………………………………………… 182
　　第五节　车身的涂装修补 ………………………………………………………………… 184
　　　一、单色调的局部修补涂装 …………………………………………………………… 184
　　　二、金属漆的修补 ……………………………………………………………………… 184
　　　三、面漆层的干燥 ……………………………………………………………………… 185
　　第六节　涂膜的修整 ……………………………………………………………………… 185
　　　一、面漆的修理 ………………………………………………………………………… 185
　　　二、面漆的研磨、抛光 ………………………………………………………………… 185
　　思考与练习 ………………………………………………………………………………… 186
第八章　常见涂膜缺陷分析及处理方法 …………………………………………………… 188
　　第一节　涂料储存过程形成的缺陷及其处理方法 ……………………………………… 188
　　　一、沉淀 ………………………………………………………………………………… 188
　　　二、浑浊 ………………………………………………………………………………… 189
　　　三、变稠 ………………………………………………………………………………… 189
　　　四、结皮 ………………………………………………………………………………… 190
　　　五、胀气 ………………………………………………………………………………… 190
　　第二节　喷涂过程产生的涂膜缺陷及其处理方法 ……………………………………… 190
　　　一、刷痕 ………………………………………………………………………………… 190
　　　二、流挂 ………………………………………………………………………………… 191
　　　三、收缩、鱼眼、抽缩 ………………………………………………………………… 192
　　　四、橘皮 ………………………………………………………………………………… 192
　　　五、凹坑、麻点 ………………………………………………………………………… 193
　　　六、缩边 ………………………………………………………………………………… 193
　　　七、颗粒 ………………………………………………………………………………… 194
　　　八、针孔 ………………………………………………………………………………… 195
　　　九、起皱 ………………………………………………………………………………… 195
　　　十、气泡 ………………………………………………………………………………… 196
　　　十一、沾污 ……………………………………………………………………………… 196
　　　十二、咬起 ……………………………………………………………………………… 197
　　　十三、发白 ……………………………………………………………………………… 198
　　　十四、色发花、条纹、色相杂乱 ……………………………………………………… 198
　　　十五、色差 ……………………………………………………………………………… 198

十六、色分离 ……………………………………………………… 199
　　十七、银粉不匀 …………………………………………………… 199
　　十八、砂纸纹 ……………………………………………………… 200
　　十九、遮盖力差 …………………………………………………… 200
　　二十、渗色 ………………………………………………………… 201
　　二十一、干燥不良 ………………………………………………… 201
　　二十二、腻子残痕 ………………………………………………… 202
　　二十三、打磨痕迹 ………………………………………………… 202
　　二十四、修补斑印 ………………………………………………… 203
　第三节　涂装后涂膜出现的缺陷及其处理方法 ……………………… 203
　　一、裂缝、开裂 …………………………………………………… 203
　　二、变脆 …………………………………………………………… 204
　　三、风化 …………………………………………………………… 204
　　四、剥落 …………………………………………………………… 205
　　五、斑污 …………………………………………………………… 205
　　六、起泡 …………………………………………………………… 205
　　七、粉化 …………………………………………………………… 206
　　八、发霉 …………………………………………………………… 206
　　九、雨斑 …………………………………………………………… 207
　　十、褪色 …………………………………………………………… 207
　　十一、变色 ………………………………………………………… 207
　　十二、失光 ………………………………………………………… 207
　　十三、潮湿起泡 …………………………………………………… 208
　　十四、污染起泡 …………………………………………………… 208
　思考与练习 ……………………………………………………………… 209
第九章　涂料与涂层质量检测 …………………………………………… 211
　第一节　汽车涂装质量检测参照国家标准 …………………………… 211
　第二节　汽车涂料质量的检测方法 …………………………………… 212
　　一、外观透明度的测定法 ………………………………………… 212
　　二、颜色测定法 …………………………………………………… 212
　　三、涂料黏度的测定 ……………………………………………… 212
　　四、涂料细度测定法 ……………………………………………… 213
　　五、涂料的施工性测定 …………………………………………… 213
　　六、涂料的流平性测定法 ………………………………………… 213
　　七、涂料的流挂性能测定法 ……………………………………… 213
　　八、涂料遮盖力的测定法 ………………………………………… 214
　　九、涂料固体含量的测定 ………………………………………… 215
　第三节　汽车涂层质量的检测方法 …………………………………… 216
　　一、漆膜外观的检测法 …………………………………………… 216
　　二、光泽度检测法 ………………………………………………… 216
　　三、鲜映性测定法 ………………………………………………… 217

四、漆膜橘皮测定法 …………………………………………………… 218
五、漆膜铅笔硬度测定法 ………………………………………………… 219
六、漆膜干燥检验法 ……………………………………………………… 219
七、涂膜附着力的测定法 ………………………………………………… 220
八、漆膜柔韧性的测定法 ………………………………………………… 222
九、漆膜耐冲击的测定法 ………………………………………………… 222
十、漆膜厚度的测定法 …………………………………………………… 223
十一、漆膜耐老化性能检测法 …………………………………………… 224
十二、漆膜耐温变性检测法 ……………………………………………… 224
十三、漆膜耐化学性检测法 ……………………………………………… 224
　思考与练习 ……………………………………………………………… 225
参考文献 ………………………………………………………………… 226

第一章 汽车涂装技术概述

【学习目标】 1. 了解汽车涂装的功能、特点及分类。
2. 理解涂装三要素的重要意义。
3. 掌握汽车涂料的基本组成,了解国内外汽车涂装技术的发展过程及动态。

【重点难点】 重点:汽车涂装的要素,汽车涂料的基本组成。
难点:汽车涂装的三要素。

【考核标准】 应知:汽车三要素,汽车涂料的基本组成。
应会:涂装的功能、特点及分类,汽车涂料的组成。

第一节 汽车涂装概述

汽车是现代化交通工具之一,其外表面 90% 以上是涂漆面。涂层质量(外观、光泽、颜色等)的优劣是人们对汽车质量的直观评价,它直接影响汽车的市场竞争力。另外,涂装也是提高汽车产品的耐腐蚀性和延长汽车使用寿命的主要措施之一。因此,汽车制造行业越来越重视产品的涂装,尤其是汽车车身的涂装已成为汽车制造的最主要工艺过程之一。汽车涂装是指各种车辆的车身及其零部件的涂漆装饰,根据涂装的对象不同,汽车涂装可以分为新车制造涂装和修补涂装两大体系。

一、涂装的定义

将涂料涂覆于经过处理的基底表面上,经干燥成膜的工艺或将涂料在被涂物表面扩散开的操作工艺称为涂装。已经固化的漆膜称为涂膜、漆膜,由两层以上的涂膜组成的复合层称为涂层,汽车表面的涂装属于典型的多涂层涂装。

二、涂装的功能

汽车经过涂装后,除使汽车具有优良的外观外,还使汽车车身耐腐蚀,从而提高汽车的商品价值和使用价值。汽车涂装的主要功能如下。

1. 保护作用

汽车用途非常广泛,活动范围宽广,运行环境复杂,经常会受到水分、微生物、紫外线和其他酸碱气体、液体等的侵蚀,有时会被磨、刮而造成损伤。如果在它的表面涂上涂料,就能保护汽车免受损坏,延长其使用寿命。雨淋后经过涂装的板材不会与雨水直接接触,避免生锈。汽车涂装可以保护汽车在各种恶劣的自然条件下行驶,延长其使用寿命。

涂料的防护作用可以从两方面保护汽车：一方面，车身表面经涂装后，使零件的基本材料与大气环境隔绝，起到一种屏蔽作用而防止锈蚀；另一方面，有些涂料对金属来讲还能起到缓蚀作用，比如磷化底漆可以借助涂料内部的化学成分与金属反应，使金属表面钝化，这种钝化膜加强了涂膜的防腐蚀效果。

2. 装饰作用

现代汽车不但是实用交通运输工具，而且是一种工业美术品，具有艺术性。汽车涂装的装饰性主要取决于涂层的色彩、光泽、鲜映程度和外观等方面。汽车涂装的装饰作用如图1-1所示。

汽车的色彩一般根据汽车的类型、车身美术设计和流行色等来选择。主要由色块、色带、图案构成，使车身颜色与车内颜色相匹配，与环境颜色相协调，与人们的爱好以及时代感相适应。

涂膜的光泽与丰满程度取决于涂料的品种和施工工艺；绚丽的色彩与优美的线型融为一体构成了汽车的造型艺术，协调的色彩烘托了汽车的造型，使汽车具有更佳的艺术美感。

图1-1 汽车涂装的装饰作用

3. 特殊标识作用

涂装的标识作用由涂料的颜色来体现。用颜色做标识广泛应用在各个方面，目前已经逐渐标准化了。例如，在工厂用不同的颜色标明水管、空气管、煤气管、输油管等，使操作人员易于识别和操作；道路上用不同颜色的画线标明不同用途的道路；在交通上常用不同的颜色涂料来表示警告、危险、前进及停止等信号，以保证交通安全。

在汽车上涂装不同的颜色和图案以便区别不同用途的汽车。例如，消防车涂成大红色，如图1-2所示；邮政车涂成橄榄绿色，字号、车号为白色，如图1-3所示；救护车为白色并做红十字标记，如图1-4所示；工程车涂成黄色与黑色相间的条纹，字及车号用黑色等，如图1-5所示。

图1-2 消防车

图1-3 邮政车

4. 达到某种特定的目的

应用涂料的特殊性能，使汽车具有特殊功用来完成特种作业或适应特定的使用条件。例如，化工物品运输车辆要在车体表面或货箱、罐仓内部涂布耐酸碱、耐油、耐热、绝缘等涂料，以防止化学品的腐蚀、渗漏等，如图1-6所示；军用汽车采用保护色达到隐蔽的作用等，如图1-7所示。

图 1-4 救护车

图 1-5 工程车

图 1-6 化工物品运输车的特殊涂装

图 1-7 军用汽车隐蔽性涂装

三、汽车涂装的特点和分类

1. 汽车涂装的特点

汽车涂装的目的是使汽车具有优良的耐蚀性和高装饰性外观，以延长其使用寿命，提高其商品价值。另外，汽车用途广泛，运行条件复杂等因素都决定了汽车涂装有其固有的特点。

(1) 汽车涂装属于高级的保护性涂装　汽车涂层必须具备极优良的耐蚀性、耐候性。汽车属于户外用品，因而要求汽车涂层具有耐沥青、油污、酸碱、鸟粪等物质的侵蚀作用，以及要求汽车涂层适应寒冷地区、工业地区、沙漠戈壁、湿热带和沿海等各种气候条件。在国际上具有竞争能力的汽车以及汽车涂料都能很好地适应世界各地的气候条件。

在湿热地带和沿海地区使用的汽车腐蚀特别严重，涂装不完善的汽车车身或车厢经过几个月就能锈蚀穿孔。北美、北欧等国家和我国北部地区在寒冷的冬季为了防止路面结冻打滑，在公路路面上撒盐，造成汽车车身的严重腐蚀。汽车在储运和使用过程中常落上鸟粪、路面的沥青、油污等，如果涂层不耐上述污物的侵蚀就会产生斑印，影响汽车的装饰性。汽车在沙漠、戈壁地区使用或高速行驶过程中会受到飞起的砂石的撞击，如果涂层耐冲击性能和韧性不够良好，则易产生麻坑，影响装饰性和耐蚀性。在高温高湿条件下使用，涂层容易起层、失光、变色、粉化等，这就要求涂层具有优良的耐候性。

(2) 汽车涂装属于中、高级装饰性涂装　汽车的车身，尤其是轿车的车身必须进行精心的涂装设计，在具有良好的涂装设备条件和环境下，才能使涂层具有优良的装饰性。汽车的装饰性除车型设计外，主要是靠涂装来表现，因此汽车涂层的装饰性直接影响汽车的商品价值。

汽车涂层的装饰性主要取决于色彩、光泽、鲜映性、丰满度和涂层外观等。汽车的色彩一般根据汽车类型、汽车外形设计和时代流行色来选择。除特殊用途的汽车（如军用汽车）外，一般都希望汽车涂层具有极好的色彩、光泽和鲜映性。例如，运动型跑车的色彩多采用明快的大红色、明黄色等，给人以强烈的动感；高级轿车多采用较深的色调，给人以庄重、稳健的感觉。

涂层的外观优劣直接影响涂层的装饰性，涂膜的橘皮、颗粒等是影响涂层外观的主要因素。一般要求汽车外表涂层平整光滑，镜物清晰，不应有颗粒。

（3）汽车涂装是最典型的工业涂装　汽车工业是资金密集、技术密集、人才密集、综合性强、经济效益高的产业，汽车生产一般都是大量流水线作业。在工业发达国家，一条涂装线的年生产能力可以达到几十万台车身，上百万汽车零部件。汽车涂装的质量要求极高，是工艺最现代化的工业涂装的典型代表之一。很多涂装新工艺、新技术都是由汽车工业带头开发的，很多涂料新品种的探索及开发是由汽车工业促进的。

汽车制造涂装流水线的生产节奏一般为几十秒至几分钟，为此必须选用高效快速的涂装前的表面预处理方法、涂装方法、干燥方法、传送方法和工艺设备。汽车修补涂装也是如此，为恢复汽车涂层的要求，达到无痕修补的目的，汽车修补涂装也采用了与汽车制造涂装相类似的先进的涂装设备、涂料和施工工艺，因此可以达到与汽车制造相同的良好效果。

（4）汽车涂装件产品一般为多涂层涂装　汽车车身涂层如果是单涂层漆面会显得不够饱满，色彩干涩则会降低其装饰性，此外单涂层厚度较薄，抗冲击能力下降，保护性较差。所以，汽车涂层多由多涂层组成，如轿车车身的涂层就是由底涂层（主要是防锈底漆层）、中间涂层（提高上下涂膜的结合能力，提供韧性和抗冲击能力）和面涂层（提供多彩的颜色）组成的，涂层的总厚度一般控制在 $100\sim200\mu m$。

2. 汽车涂装的分类

由于涂装的对象不同，涂装的目的和要求千差万别，所以采用的涂料和涂装工艺也相差甚远。汽车涂装按涂装对象分类，大体可以分为新车制造涂装和旧车修补涂装。

汽车制造涂装根据汽车类型和结构分为以下几种。

（1）车身外表涂装　车身外表涂装是汽车制造涂装的重点，达到高装饰性和抗腐蚀的目的，并且与汽车用途相适应，具有优良的耐久性。

（2）车厢内部涂装　车厢内部涂装指客车车厢内部表面和载货车、特种车的驾驶室内表面的涂装。一般来说，车厢内部的包覆件自身带有颜色或加工成设计的颜色而不需要涂装。因此，作业量不大，主要应满足装饰性和乘坐性的要求，给人以舒适、赏心悦目的感觉。

（3）车身骨架的涂装　车身骨架是指支撑汽车覆盖件且构成汽车形体的承力结构件总成。车身骨架的结构强度决定了汽车的使用寿命，因此对其涂装的要求主要是抗腐蚀，保护基本材料。对于车架以下的部分则还应耐水、耐油和抗冲击。对于汽车车身要做好隔音、隔热和密封处理。

（4）底盘部件涂装　汽车底盘部件都在汽车的下部，要求涂膜具有良好的耐水、耐油、抗冲击和耐久性，尤其是底漆应有良好的附着力。

（5）发动机部件涂装　发动机的温度较高，经常接触水、油等，因此要求漆膜应耐热、耐水和耐油。

（6）电气设备的涂装　电气设备部分涂装主要要求防水、防腐蚀和绝缘；对于蓄电池附近的构件则要求耐酸。

对于汽车制造涂装和零部件的涂装，世界各国都制定了相应的技术条件和工艺文件，许多国家还颁布了汽车涂层的防腐蚀标准，我国也颁布了相应的技术标准。

汽车修补涂装总的目的就是要恢复汽车原有的涂层技术标准和达到无痕迹修补的目的，根据需要修补部位和修补面积的大小可以分为重新喷涂（简称重涂或全车喷漆）、局部修补（根据修补面积又可分点修补和板件修补）和零部件修补涂装。

四、汽车涂装体系

随着汽车工业的飞速发展，汽车涂装体系也逐步实现了由低级到高级的过渡，即由当初最原始的1C1B（即单层涂装体系）与2C2B（即二涂二烘）发展到今天的最高达7C5B（即七涂五烘），而涂层的总厚度也由原来的$30\sim40\mu m$增加到$130\sim150\mu m$，初步满足了汽车工业对不同档次车辆涂装的要求。一般汽车总厂主要是根据所生产的汽车的档次来决定应该采取的涂装体系及涂层厚度。汽车总厂通常采用的涂装体系大体上可归纳为以下几类。

第一类：底漆—腻子—本色漆。

此类是最初所采用的涂装体系，现在国外已基本上不再采用。在我国还有一些低档车辆仍然采用，如农用车、载货车、公共汽车等。

第二类：底漆—腻子—中涂漆—本色面漆（即素色面漆）。

第三类：底漆—腻子—中涂漆—单层金属闪光漆。

第二、三类在国外被用于大型中档车辆上，如巴士、卡车等，在国内则用于各种微型车辆、小型面包车等中、高档车上。

第四类：底漆—腻子—中涂漆—金属闪光底色漆—罩光清漆。

第五类：底漆—腻子—中涂漆—本色底色漆—罩光清漆。

第六类：底漆—腻子—防石击涂料（阻尼涂料）—中涂漆—金属闪光底色漆—罩光清漆。

第七类：底漆—腻子—中涂漆—金属闪光底漆—底色漆—罩光清漆。

第八类：底漆—腻子—防石击涂料—中涂漆—金属闪光底漆—底色漆—罩光清漆。

第四、五类用于轿车的涂装中。第六、七、八类是最近几年研制成功的新型涂装系统，其中的金属闪光底漆与以往的金属闪光底色漆不同。在这一道涂层中不含着色的透明颜料，只有铝粉与珠光粉之类的闪光颜料，在底色漆中不含闪光颜料，仅含有某些透明的着色颜料。采用新型涂装系统，涂层装饰性更为优越，外观显得更加美观、豪华、别致；其中铝粉和珠光粉的排列更为规整，闪光均匀，立体感更强，看上去有不同寻常的丰满度与深度，有很强的艺术感染力。

五、汽车涂装的基本要素

为了使涂层满足底材、被涂物要求的技术条件和使用环境所需要的功能，保证涂装质量，获得最佳的涂层和最大限度的经济效益，必须精心设计涂装工艺，掌握涂装各要素。无论是汽车制造涂装还是汽车修补涂装工程，其关键是涂装材料、涂装工艺和涂装管理这三个要素。

1. 涂装材料

涂装材料的质量和作业配套性是获得优质涂层的基本保障。汽车修补涂料和汽车制造涂料是不同的（有些规模比较小的汽车生产厂也使用汽车修补漆用于新车涂装，其生产工艺和汽车修补工艺也相似）。因此，在选用涂料时要根据实际情况，从涂膜性能、作业性能和经济效益等方面综合衡量，汲取他人经验或通过实验确定。如果忽视涂膜的性能单纯考虑涂料的价格，有时会明显地影响涂膜质量，缩短涂层的使用寿命，从而造成更大的经济损失。如果涂料选用不当，即使精心施工所得涂层也不可能获得良好的效果，如内用涂料用作面漆，就会早期失光、变色和粉化；在硝基旧漆层上喷涂双组分面漆会出现咬底、开裂等现象。又如含铁颜料的涂料涂在黑色金属表面是好的防锈涂料，而涂在铝制品表面上反而会促进铝的腐蚀。

2. 涂装工艺

涂装工艺是充分发挥涂装材料的性能、获得优质涂层、降低生产成本的必要条件。涂装工艺包括所采用的涂装技术的合理性和先进性；涂装设备和工具的先进性和可靠性；涂装环境条件和工作人员的技能、素质等。如果涂装工艺与设备选择和配套不当，即使采用优质涂料，要获得优质涂膜也是困难的。若设备生产效率低则势必造成涂装工程的成本增高，使经济效益下降。涂装环境的好坏直接影响到涂膜的质量，高级装饰性的汽车车身涂装必须在除尘、通风、照明良好的环境下操作。涂装操作人员的技能熟练程度和责任心是影响涂装质量的人为因素，加强操作人员的培训，提高人员的素质是非常必要的。

3. 涂装管理

涂装管理是确保所制定的工艺的实施，确保涂装质量的稳定，达到涂装目的和最佳经济效益的重要条件。涂装管理包括工艺管理、设备管理、工艺纪律管理、质量管理、现场环境管理、人员管理等。我国的汽车制造和修补涂装技术及车用涂料等与国外相比差距不大，但落后主要体现在管理方面。持有降低生产成本、注重短期效益，而不顾及涂装内在质量的管理态度，是涂装质量不高的主要原因之一。这种态度不具备市场竞争和创名牌的意识，要靠严格的科学管理和正确的思想教育来加以改进并得到提高。

六、常用的涂装方法

涂装质量好坏是涂装要素综合作用的结果，其中涂装工艺的正确选用也是影响涂装质量的重要方面。所谓涂装工艺的选择在很大程度上来说主要是涂装方法的选择，不同的涂装方法适用于不同条件下的涂装，因此选择正确的涂装方法是非常重要的。到目前为止，常见的涂装方法主要有浸涂、喷涂、刷涂、辊涂、电泳、刮涂、静电喷涂、搓涂等八种，其中电泳、喷涂、静电喷涂和刮涂在汽车涂装中应用较多。

1. 电泳涂装

电泳涂装是将被涂物浸没于涂料中，被涂物与涂料加以不同极性的电荷，利用电荷移动的原理进行涂装的方法。电泳涂装对涂装附属设备的要求很高，技术难度较大，自动化程度高。电泳涂装的涂膜厚度能够很好控制，涂装质量高，多用于新车制造中底层涂料的涂装。由于被涂物所加电荷的不同可分为阴极电泳和阳极电泳两种。

2. 喷涂

喷涂是指用特制的喷涂设备将涂料雾化，并涂布于被涂物表面的涂装方法。此种涂装方法出现较晚，它的应用范围很广，大多数的零部件都可以使用喷涂的方法进行涂装。喷涂涂料相对节省，涂装质量较好、涂膜质量容易控制，但是它对操作人员的技术水平要求比较高，对喷涂设备的要求比较严格，对环境的影响比较严重。

3. 静电喷涂

静电喷涂是在喷涂设备上加以一定电压的静电电量，赋予喷涂出涂料一定电压的静电，利用静电的吸附原理将涂料涂布于被涂物表面的涂装方法。静电喷涂对喷涂设备的要求较高，但对操作人员的技术水平要求不高，且涂料的浪费较少，对环境的影响较小。

4. 刮涂

刮涂是指用刮涂工具将涂料刮于被涂物表面的涂装方法。刮涂对涂装设备的要求较低，对操作人员的技术要求较高，涂料浪费较少。刮涂多用于汽车修补涂装中的凹陷填充与外形修复。

5. 浸涂

浸涂是将经过表面处理的被涂物直接浸没在大量的液态涂料中，利用涂料与被涂物表面的附着力使涂料附着在被涂物表面的涂装方法。此种涂装方法在早期的生产过程中比较常见，它适用于体积比较小、对涂装质量要求不高的零部件的涂装。浸涂对生产条件的要求较低，不要求操作人员有较高的技术水平，但是涂料的浪费比较严重，对环境的影响比较大。

6. 刷涂

刷涂指的是用动物毛发或植物纤维制成的刷子将涂料刷在物体表面的涂装方法。此种涂装方法出现较早，应用范围很广。刷涂对涂装设备的要求较低，对操作人员的技术水平要求较高，涂布过程中涂料的浪费较少，对周围环境影响较小。

7. 辊涂

辊涂是用棉制或化学纤维制成的辊轮，通过辊轮的滚动将涂料均匀涂布在物体表面的涂装方法。此种涂装方法适合于较大面积的涂装，它对涂装设备的要求较低，但对操作人员的技术水平要求较高，涂料的浪费较少。

8. 搓涂

搓涂是将布料或其他材料浸沾涂料后用搓拭的方法将涂料涂布于被涂物表面的涂装方法。搓涂应用较少，一般是在要获得某种特殊效果时使用，例如特殊的美术油漆图案、车漆表面洗花等效果。它对涂装设备的要求较低，但对操作人员的技术水平要求较高。

涂装方法的选择要根据涂装质量的要求、被涂物的特点、操作人员的技术水平、设备技术水平以及具体生产工艺的要求加以灵活选择。

第二节　汽车涂料概述

一、汽车涂料的定义

涂料是一种可用特定的施工方法涂布在物体表面上、经过固化能形成连续性涂膜的物质，并能通过涂膜对被涂物体起到保护、装饰等作用。已经固化了的漆膜称为涂膜。

汽车用涂料一般是指涂装和修补汽车、载重汽车、客车和其他变形车等的零部件所用的涂料及辅助材料（如漆前表面处理用化学药品、打磨抛光材料等）。汽车用涂料用量大、品种多，且需具备独特的施工性能和漆膜性能，因而早已成为一种专用涂料。在汽车工业发达的国家中，汽车用漆在工业用涂料的技术发展中处于领导地位，一般占涂料总产量的15%～20%，因此它对涂料的影响具有举足轻重的地位。为适应汽车的现代化涂装工艺的需要和适应汽车涂层的高装饰性及防腐蚀性能的要求，近二三十年中开发了不少涂料新品种，实现了多次更新换代。

二、汽车涂料的组成

一般涂料的组成包括主要成膜物质、次要成膜物质和辅助成膜物质三部分。汽车涂装所用涂料品种繁多，各种涂料的构成成分不尽相同，但同类涂料的基本组成又具有相同性，一般由颜料（包括体质颜料）、成膜物质（树脂）、溶剂和辅助材料（添加剂）四种基本成分组成。

1. 颜料

颜料是涂料中不挥发物质之一，它赋予面漆色彩和耐久性，起美观装饰作用，同时使涂料具有遮盖力，并提高强度和附着力，改变光泽，改善流动性和涂装性能。颜料分着色颜料、体质颜料和防锈颜料三类。

着色颜料是涂料中使用品种最多的一类。它是一种不溶于涂料基料的微细粉末状的固体物质，分散在涂料中可以起到某些特殊的作用，主要是着色和遮盖物面。另外，它还能提高涂膜的耐久性、耐候性和耐磨性，其色彩还要鲜艳、美丽，具有良好的着色力和遮盖力，且对光和热有较好的稳定性，在一定时间内不变色。着色颜料按其化学成分的不同可以分为有机颜料和无机颜料。有机颜料和无机颜料虽然在使用中都很普遍，但它们的性能和用途有很大差异，一般有机颜料主要用于装饰性涂料，而无机颜料则主要用于保护性涂料。

2. 成膜物质

树脂是涂料的基本成膜物质，是涂料的基础，因此叫做基料或漆基。涂料的基本物理机械性能大都是由树脂自身的特性所决定的。它的作用是使涂料具有一定的硬度、耐久性、弹性、附着力等，并具有一定的保护与装饰作用，如耐水、耐酸碱、耐各种介质、抗石击、抗划伤、光泽等。按树脂的来源可分为三大类：一类是自然界的天然树脂（如松香、虫胶、生漆等），另一类是用天然高分子化合物加工制得的人造树脂（如改性松香、纤维素衍生物、橡胶衍生物等），还有一类是化工原料合成的合成树脂（如丙烯酸树脂、醇酸树脂、聚氨酯树脂、环氧树脂等）。成膜树脂通过物理、化学改性后，可以提高漆膜的耐久性、附着力、防蚀性、耐磨性和韧性。

3. 溶剂

溶剂也被称为稀释剂。它是涂料的重要组成部分，起着辅助成膜的作用。它能溶解或稀释油料或树脂，降低其黏稠度以便于施工，并改善涂料的流平性，避免出现涂膜过厚、过薄、起皱等弊病，还能对涂料的成品在储存过程中起稳定作用，不使树脂析出或分离以及变稠、结皮等。涂料施工后，溶剂能增加涂料对物体表面的润湿性和附着力，并随着涂料的干燥而均匀地挥发减少，使被涂物面得到一个薄厚均匀、平整光滑、附着牢固的涂膜。有的溶剂本身在涂料中既是溶剂又是成膜物质。溶剂如图1-8所示。

4. 辅助材料

辅助材料又称为助剂，它虽然不是主要或次要的成膜物质，用量一般又很少，但它对改善涂料的性能、延长涂料储存时间、扩大涂料的应用

图1-8 溶剂

范围、改进和调节涂料施工的性能、保证涂装品质等方面都起着很大的作用。涂料的辅助材料品种很多，根据它们的功能来划分，主要品种有催干剂、防潮剂、固化剂、紫外线吸收剂、悬浮剂、流平剂和减光剂等。这些辅助材料有些是在涂料制造时就添加到涂料当中的，如悬浮剂、紫外线吸收剂等；有些需要根据施工情况进行添加，如防潮剂、流平剂、减光剂等。

第三节 汽车涂装技术发展简介

一、汽车涂装的发展简史

汽车涂装在100多年的汽车历史中，由当初的作坊式涂装发展到适应于大量流水生产的典型的工业涂装，经历了多次质的变革，尤其在近20多年中，计算机智能化控制技术等高科技的应用，使汽车涂装成为高度自动化和现代化的工艺。涂层质量（外观装饰性和耐腐蚀性等）跟上了时代潮流的要求，达到和超过了汽车的使用寿命，车身保用期达到10年以上。涂装工艺成为轿车制造的主要工艺之一，得到了人们的普遍重视。以汽车的主要部件车身涂装为例来研究其历史，世界汽车涂装的发展过程可划分为五个阶段，见表1-1。

表1-1 汽车车身涂装发展史

阶段	阶段名称	所用材料	漆前处理	涂装方法	干燥方法	人工劳动/（工时/台）
第一阶段（1930年前）	原始阶段	油性漆等自干型涂料	手工擦洗	手工刷漆刮腻子	自然干燥	20～80
第二阶段（1930～1946年）	手工喷涂阶段（适应产量和快干燥施工需要）	汽车喷用漆（硝基漆、酚醛或醇酸树脂涂料）	碱液清洗	手工喷涂	自然干燥和烘干	5～20
第三阶段（1947～1968年）	提高汽车涂层质量阶段（提高涂层的装饰性、耐湿性和底板的耐腐蚀性）	浸用合成树脂底漆和水性底漆、氨基面漆、热缩性（1955年）和热固化（1963年）丙烯酸面漆	磷化处理喷射式（1947年）和转动浸喷（1950年）	拖式或转动浸涂底漆、手工喷漆法、静电喷漆法（空调喷漆室）	湿碰湿烘干	3～5
第四阶段（1969～1974年）	电泳涂装和自动喷漆阶段（节省劳动力、提高焊缝、内腔的耐腐蚀性）	第一代电泳漆后采用第二代高泳透力电泳底漆（1970年）、金属闪光色面漆	磷化处理（薄膜化）几乎100%进行磷化处理	阳极电泳涂装法自动静电喷漆（程序控制）	烘干（烘底漆采用辐射与对流结合方式）	3
第五阶段（1975年以来）	净化工程阶段（进一步提高耐腐蚀、防止公害、节能、提高资源利用率）	阴极电泳涂料（1976年）、厚膜阴极电泳涂料（1990年）、粉末涂料、高固体分涂料、水性中涂及面漆（1991年）等低公害性涂料	浸、喷结合式磷化处理前处理废水回收利用	阴极电泳涂装法（1976年）、机械手自动喷漆、高速杯式自动静电喷漆（喷漆室排风能量回收）	烘干室废气燃烧净化热能综合利用	3以下

因工业发展条件的不同，各国汽车工业的涂装水平也不平衡。北美和西欧的汽车涂装技术较先进，开发了不少新的涂装技术和汽车用涂料新品种；前苏联在20世纪70年代引进了国外涂装技术，装备了伏尔加和卡马河汽车厂；日本在20世纪60年代初与我国汽车涂装水平差不多，由于发展迅速，现在其汽车涂装技术水平已进入世界先进行列；我国于20世纪80年代初引进汽车涂装技术，使一汽和二汽等几个汽车厂涂装技术水平一跃跨入国际20世纪70年代末水平。进入20世纪90年代以来，我国又先后引进轿车涂装技术，建成了具有国际20世纪80年代末水平的轿车车身涂装线，使我国的汽车涂装技术水平跨入世界先进行列。

二、汽车涂装技术的现状与发展动态

20世纪80年代末期之前，汽车涂装曾经是汽车制造过程中产生三废（废气、废水、废渣）排放最多的环节之一。从 20 世纪 90 年代开始，欧美等国家的汽车工业纷纷推广环保、节能的涂装新材料、新工艺、新设备，以适应苛刻的环保法规，不断提高质量，降低成本。现在，汽车涂装不仅在减少涂装公害方面实现了跨越，在降低涂装成本、提高涂装质量等方面发展也很快，某些新的技术概念已经开始了工业化应用，汽车涂装技术多元化的时代已经到来。最近几年，国际几大汽车集团在我国的生产规模迅速扩大，本土汽车产业也呈现跳跃式的发展。在合资汽车生产的拉动下，主流厂家的汽车涂装水平已经跻身国际先进行列。

1. 新涂装材料的应用

新涂装材料的应用是涂装技术进步的先导，在不断满足涂层性能要求的前提下，始终以应用可减少公害、降低涂装成本的材料为主要发展目标。

由生物可降解性活性剂配制的脱脂剂，无镍磷化液，无亚硝酸盐磷化液，无铬钝化剂，低温脱脂剂（处理温度 43℃），性能与常规相同的低温（35℃）少渣（比常规低 10%～30%）磷化液，无铅无锡阴极电泳涂料及低温固化（160℃，10min）、低 VOC 挥发量（0.4%～0.8%）型阴极电泳涂料在欧美及日本已经推广应用多年。在北美和欧洲，可替代传统中涂料的二次电泳涂料已经开始应用。

在欧洲，有些汽车公司已经在近些年新建涂装线上全部采用水性涂料，VOC 排放量已低于法规要求的 $35g/m^2$（德国 TA-Luft，1995 年）。从 20 世纪 90 年代开始，所有新建涂装线底漆全部采用了电泳底漆或粉末涂料，中涂采用水性涂料或高固体分材料，面漆采用水性底色加高固体分清漆。目前，粉末清漆已经开始应用于轿车的车身涂装。继粉末罩光漆工业化应用后，粉末金属底色也已经商业化。在北美，粉末中涂已经工业化应用多年，同时水性面漆底色近几年普及得非常快，高固体分中涂和面漆应用也相当普遍。欧美的紫外光（UV）固化涂料在汽车涂装中的应用技术已经接近成熟。日本也在积极开发和推广水性涂料、高固体分及超高固体分罩光漆。

我国几大汽车公司在漆前处理材料和电泳漆的应用方面与国际水平相差不大，但由于应用水性中涂和水性面漆必须使用专用设备，提高了涂装成本。尽管国外独资及合资企业具备在国内生产水性中涂和水性面漆的能力，但汽车涂装中涂和面漆仍采用传统的中低固体分溶剂型涂料，涂装 VOC 排放落后于欧洲。

2. 涂装工艺及设备

近十多年来，涂装工艺及设备的进步主要体现在环保型涂装材料的应用，减少废水、废渣的排放，降低成本，优化汽车生产过程等几个方面。由于涂装材料的进步，车身涂层体系的设计也有了革命性的进展，几种典型的新涂装体系及新技术已经或即将用于工业生产。

(1) 节水及废料回收技术　前处理和电泳是汽车涂装耗水量和废水排放量最大的环节。随着膜技术的不断成熟，采用膜分离技术（UF 和 RO）回收脱脂液，再生清洗水和前处理废水，使得实现真正意义的电泳闭路清洗成为可能。目前，膜分离技术已经开始应用。

近几年来，随着发达国家环保涂料的工业化应用，一些涂料的循环利用技术（如粉末浆再循环利用技术、粉末底色及清漆回收技术、废漆絮凝干燥器技术、超滤法、冷却法和静电吸附法回收水性漆技术、过喷漆雾的水性漆回收技术等）也得以应用，从而使涂装线的涂料利用率进一步提高，最大限度地减少了废漆渣的排放。

(2) 几种新的车身涂装工艺

① 逆过程工艺。在车身外表面先喷涂粉末涂料，待热熔融后再进行电泳涂装，随后粉末/电泳涂膜一起烘干。使用这种工艺可减少约 60% 的电泳涂料用量，用厚度为 $70\mu m$ 的粉末涂层替代车身外表面的电泳底漆和中涂层，取消中涂及烘干工序，从而节省材料和能源费

用，降低 VOC 排放量。

② 二次电泳工艺。采用两涂层电泳材料，用第二层电泳（35~40μm）替代中涂。电泳工艺自动化施工，稳定可靠，一次合格率及材料利用率也高，设备投资少（不需空调系统），因此可省 48% 的费用，减少了维修频率及传统中涂的漆渣和 VOC 的排放。

③ 一体化涂装工艺（三涂层概念）。采用与面漆同色的功能层（15μm）替代中涂，功能层与面漆底色间不需烘干，取消了中涂线，在提高生产效率的同时，大幅降低了 VOC 排放量。

(3) 敷膜技术替代塑料覆盖涂装　敷膜技术是预制一种适应于热成形的面漆涂膜，其经热成形后的产品的面漆性能和外观与传统的烘烤喷涂涂膜非常相近。该技术主要应用于塑料件生产，采用"夹物模压"或"内模"工艺将预制好的复合涂膜在塑料件浇注成形的同时完成成形并与塑料件成为一体，得到无缺陷的涂装覆盖件。车身骨架采用传统冲压焊装工艺制造，涂装车间只对车身骨架进行涂装，面漆采用粉末喷涂技术。由于车身骨架外露面积较小，所以面漆颜色不必与覆盖件相同，深浅各一种即可。大面积的覆盖件都是采用敷膜技术制造的塑料件，颜色有上千种，这样大大简化了车身涂装工艺，在降低涂装成本的同时，使涂装的 VOC 排放达到 $7g/m^2$ 左右，远低于欧洲排放法规的要求。

(4) 车身涂装 P2Zero 概念　所谓 P2Zero 概念就是零排放油漆车间。在满足苛刻的环保要求和用户质量要求的前提下，减少三废处理的成本，减少油漆车间操作成本和简化油漆工艺。车身钢板的防腐底漆在制成零件前进行涂覆，进入油漆车间的车身不需再涂底漆，只喷涂一道粉末底色和一道粉末罩光，因此可最大限度地减少工艺等待时间。取消传统的调漆间，工艺调整更加灵活。从钢板到涂漆前车身的生产过程取消了防锈工艺，彻底消除了传统涂装焊缝及空腔结构防腐差的问题，节省涂装车间面积，降低了三废处理费用，无需漆渣系统及废漆处理系统，无喷漆室排气，空气污染和固体废料趋于零，无液体排放，涂料制造及使用效率大于 95%，无气味，无危险。

(5) 底盘类零件的涂装　在发达国家，底盘类零件涂装普遍采用磷化、阴极电泳或粉末喷涂工艺。对于大总成，一般是零件先进行电泳或粉末喷涂，然后装配，根据需要再对总成喷涂低温或室温固化面漆。由于阴极电泳和粉末涂层具有良好的力学性能，有些零件的机械加工可以在涂装后进行，这样可以避免零件在涂装前因加工时间长而锈蚀。车架、底盘类零件毛坯多是热轧板和铸件，成形前或涂装前多采用喷丸或喷砂处理，酸洗处理已经逐渐被淘汰。目前，我国的零部件涂装生产规模普遍较小，总体上相对落后。轿车及其他小型乘用车相对较好，载货车、客车、农用运输车的涂装工艺和使用的涂料水平都不高。

(6) 新型涂装运输机　国内目前车身涂装线前处理和电泳采用的典型运输机有推杆悬链、摆杆链和程控葫芦。它们各有优缺点，共同的缺点是都不能解决车身内部诸多空腔结构体内的有效排气问题，尤其是车顶盖内的气袋问题，这些部位不能得到磷化和电泳处理。新型的多功能穿梭机和滚浸运输机诞生后，不仅解决了这些问题，而且继承了前述的运输机的所有优点。

(7) 其他涂装设备结构和功能的改进　在欧洲，涂装设备的结构材料以不锈钢为主，设备的电气线路均设计在设备结构中，取消了电气管路，设备的模块化设计和车间的立体分区布置，最大限度地保证了涂装的高清洁度要求和安全防火要求。无外部风管及内部辐射强化对流的新一代烘干室，大幅度提高了热效率和烘干温度的均匀性。随着机器人技术的进步，车身自动涂装机逐渐被多自由度的喷涂机器人取代，喷涂和密封大量采用机器人自动操作，比涂装机更适应柔性化生产。机械化传动链条普遍采用非金属材料,大幅度降低了传动噪声。

3. 涂装管理

随着涂装自动化程度的提高和涂装材料公司、涂装设备公司服务范围的延伸,世界汽车涂装生产的管理已经朝着专业化分包管理的方向发展。所谓专业化分包管理,指汽车厂涂装车间的生产是由汽车厂、涂料厂、涂装设备厂或专门的管理公司共同管理。

专业化分包管理很重要的前提条件是涂装车间自动化程度较高和高度的计划生产,我国在汽车涂装生产管理上也引入了这种先进的模式。最近几年,各大汽车厂纷纷以各自的方式进行简化管理的尝试,收效显著,专业化分包管理会因此进一步得到推广。

汽车公司的涂装车间还可以由涂装材料公司或涂装设备公司投资建设,并负责生产管理,根据汽车公司的整车生产计划进行涂装生产,汽车公司只需制定技术标准和验收、监督涂装产品质量。这将成为涂装管理的一大发展趋势。例如,DC公司在法国的SMART轿车厂的车身涂装车间就是由德国著名的EISENMANN公司投资建设和生产管理的,按整车生产计划完成车身涂装,交付合格涂装车身给总装。

目前汽车涂层的耐腐蚀性和耐候性通过汽车涂料和涂装技术的更新已达到一定高的水平,今后一段时期内汽车涂装技术的主要发展趋势有以下几方面:

(1) 为适应市场竞争的需要和追赶新潮流,努力提高汽车涂层的外观装饰性(高光泽、高鲜映性、多色彩性、增加立体感等)、耐擦伤性、抗石击性和耐环境对涂膜的污染性。

(2) 为控制汽车涂装生产带来的环境污染,美国和欧洲的环保法规对挥发有机物(VOC)都有明确规定。

为减少VOC的排放量,汽车涂料向水性化、高固体化和粉末涂料方向发展。为提高涂装效率,减少VOC的排放量,中涂、面漆喷涂将普遍采用高转速杯式自动静电涂装机涂装和机械手补喷涂工艺。

(3) 尽可能提高涂装生产效率,减少材料及能源消耗,降低成本。

总之,将来汽车涂装领域发展方向是在不提高汽车成本的条件下提高产品质量,减少对环境的污染,使涂装对环境的污染降到零。

汽车涂装技术无论在新材料、新工艺、新设备还是在管理等方面都发生了巨大变化,可以总结为以下几点:

(1) 涂装材料不但实现了自身在涂装过程中少或无三废排放,而且在施工性能和涂膜性能上都有很大提高,使涂装工艺进一步简化、能耗进一步降低成为可能。预涂钢板应用于车身制造的新概念将使车身涂装简化到只涂一道面漆成为可能,某些涂装替代技术已经应用于汽车零部件生产,某些精确的工艺控制技术和节能环保技术开始应用,并将进一步普及。

(2) 完全可按工艺要求设计动作程序的运输设备和多功能涂装机器人的推广应用,使车身涂装彻底告别了涂装设备对工艺的制约,不仅有利于提高涂装质量,减少涂装材料和能源的消耗,降低涂装成本,而且在一条生产线可实现多车型不同工艺生产。

(3) 专业化分包管理模式将成为汽车涂装管理的发展潮流。中国汽车涂装技术的应用与国际水平的差距在不断缩小,但发展仍不均衡。就涂装质量的保证而言,几大轿车生产企业已经达到或接近国际水平。

汽车涂装材料厂商和汽车涂装专家普遍认为,21世纪汽车涂装的开发方向为保护地球环境、提高涂装的经济性和涂层的品质、增加产品的附加值三个方面。

思考与练习

一、选择题

1. 根据涂装的对象不同,汽车涂装可以分为( )体系。
   A. 新车制造涂装和修补涂装　　　　　B. 轿车涂装和货车涂装
   C. 刮涂和浸涂　　　　　　　　　　　D. 发动机涂装和电气设备涂装
2. 已经固化了的涂料膜称为( ),由两层以上组成的复合层的称为涂层。
   A. 漆面　　　　　B. 面漆　　　　　C. 面层　　　　　D. 涂膜或漆膜
3. 汽车经过涂装后,除使汽车具有优良的外观外,还使汽车车身耐腐蚀,从而提高汽车的( )。
   A. 商品价值　　　　　　　　　　　　B. 使用价值
   C. 商品价值和使用价值　　　　　　　D. 性能
4. 汽车属于户外用品,因而要求汽车涂层适应各种( )条件。
   A. 社会　　　　　B. 地形　　　　　C. 气候　　　　　D. 人文
5. 涂装的三要素包括( )。
   A. 涂装方法、涂装技巧、涂装设备　　B. 涂装管理、涂装基础、涂装材料
   C. 涂装环境、涂装工艺、涂装材料　　D. 涂装管理、涂装材料、涂装工艺
6. 涂装工艺是充分发挥涂装材料的性能,获得( ),降低( )的必要条件。
   A. 利润　成本　　　　　　　　　　　B. 颜色　缺陷
   C. 经验　错误　　　　　　　　　　　D. 优质涂层　生产成本
7. 涂装管理包括( )管理等方面。
   A. 工艺、设备、工艺纪律、质量、现场环境、人员
   B. 场地、设备、材料、现金、成本、人事
   C. 综合
   D. 技术
8. 汽车涂装中常用的涂装方法有( )。
   A. 搓涂、辊涂、刮涂、喷涂　　　　　B. 电泳、喷涂、静电喷涂、刷涂
   C. 浸涂、刷涂、辊涂、刮涂　　　　　D. 电泳、静电喷涂、喷涂、搓涂
9. 轿车车身涂层的总厚度一般控制在( )μm。
   A. 100～200　　B. 30～60　　C. 70～100　　D. 200～250
10. 汽车涂装按车身结构可以分为( )涂装。
    A. 车身外表、车厢内部、车身骨架、底盘部件、发动机部件、电气设备
    B. 新车制造涂装和汽车修复涂装
    C. 轿车涂装和货车涂装
    D. 大面积涂装和局部涂装

二、判断题(正确画√,错误画×)

1. 汽车表面涂装是典型的多涂层涂装。( )
2. 汽车经过涂装后,只能提高汽车车身的耐腐蚀能力。( )
3. 汽车涂装只起到装饰和保护作用。( )
4. 汽车涂装只属于保护性涂装。( )
5. 汽车涂装是典型工业涂装。( )
6. 涂装工作的最终效果起决定性作用的是涂装材料。( )
7. 浸涂方法对周围环境影响较小,涂料浪费较少。( )
8. 刷涂是出现比较早的涂装方法。( )
9. 刷涂对涂装操作人员的技术水平要求不高,因此应用较广。( )
10. 涂装材料是获得优质涂层的基本保障。( )

三、简答题

1. 涂装的防护作用是从哪两个方面保护汽车的？
2. 汽车涂装有哪些特点？
3. 汽车常用涂装方法有哪些？
4. 在涂装三要素中为何涂装管理对涂装效果有着决定性的作用？
5. 汽车涂装按不同分类要素可以进行哪些分类？

第二章
涂装施工安全与三废处理

【学习目标】 1. 掌握涂料涂装施工时的安全防护知识和注意事项。
2. 掌握涂装施工中的三废处理常用方法。

【重点难点】 重点：施工过程中正确的操作方法和安全防护知识。
难点：安全防护设备和工具的使用与维护。

【考核标准】 应知：各工具、设备的正确操作知识、安全防护与三废处理知识。
应会：能做好安全防护措施和对三废正确地处置。

　　汽车修理的喷漆作业是钣金修理作业的延续，也是最后一道修理工序。喷漆作业的场地一般都与钣金修理的场地相毗邻。在喷漆区内从事喷漆作业，必须重视安全保护工作，以免发生各种意外事故，危及人身安全或严重污染环境。

　　一般在汽车涂装作业过程中，由于涉及对身体有害的化工物料较多，汽车修补涂装中还会产生很多粉尘，这些物质长时间地侵入身体，会对人体的不同部位和器官产生不同程度的伤害。另外，涂装也是对环境污染较大的一个行业，无论是在涂料干燥过程中挥发出来的大量有机溶剂，还是每次喷涂完毕后人为丢弃的剩余涂料和溶剂、耗材等，都给环境造成了较大的污染和危害。因此在喷涂行业工作，必须重视安全防护工作，污染较重的环节，作业人员一定要佩戴防护用品，对环境有害的废料一定要经过处理才能排放。

第一节　安全操作知识

一、安全操作知识

　　1. 安全用电常识

（1）电流对人的作用与危害　　人体触电后，产生电击和电伤两种伤害。电击是指电流通过人体内部器官而受到的伤害，此时肌肉发生收缩，最后由于神经系统受到损失，使心脏和呼吸停止，造成死亡事故。所以电击的危险性最大，也是经常遇到的一种伤害。

　　电伤是指由于电弧或保险丝熔断时的金属末等对人体的伤害，如烧伤、金属溅伤等，虽不如电击严重，但仍不能忽视。一般人体主要是心脏通过 0.05A 以上电流，就会有生命危险，达到 0.1A 就会致命。

　　人体的安全电压一般定为 36V，电流为 0.05A。在此范围内，对人体不会产生什么伤害。在低温、干燥的厂房内，安全电压定为 60V，但在特别潮湿且地面可导电的厂房内，安全电压定为12V。

(2) 保护接地与保护接中线　人体带电通常由于接触带电导体，或者带电电气设备而造成。原因是由于绝缘破坏，带电导体和设备金属外壳相接使得设备带电。对于这种情况，一般采用保护接地或保护接中线的装置来避免危险的产生。

(3) 静电现象的产生与消除

① 静电的产生。同类或不同类物质通过紧密接触和迅速分离的过程，使一些物质失去电子，另一些物质得到电子。得到电子的物质带负电荷，这些电荷又不易移动，便不断堆积，形成集团电荷而产生静电。在涂装施工中，溶剂在管道中的快速流动，各种物料在搅拌机中的高速运动和摩擦都会产生静电。

② 消除静电的方法。由于静电的影响使易燃物质产生燃烧和爆炸，为了安全生产，就要设法抑制静电的产生和消除静电。消除的方法有下面几种：

a. 接地。一般接地电阻在 4Ω 以下，即已与大地作了良好的连接，静电荷已不可能产生。

b. 泄漏法。用增温法及加抗静电剂等办法来降低物质电阻以消除静电荷。

c. 工艺控制法。从生产工艺中采取措施，限制电荷的产生和控制电荷的聚积。

(4) 使用电气设备的安全常识

① 防止触电。

a. 为防止触电，高、低压电气设备均应制定安全操作规程。

b. 一般只允许用 36V 的手提灯，在金属结构和特潮湿的屋内，则只允许使用不超过 12V 的手提灯。

c. 在低压设备中，严禁直接触及带电的部件如闸刀、变阻器等，并应有适当的保护装置，或采用保护接地或保护接中线。

d. 使用低压电器时，变压器的原线圈电压必须是 380V 或 220V 而不能更高，而变压器的外壳必须接地。

e. 在任何情况下，不能用手来鉴定导体是否带电。

f. 电流未切断前，不得更换保险丝。

② 电动机的主要安全操作规程。

a. 电动机的旋转部分，例如联轴器、皮带轮、风扇等，均应很好地遮盖起来。

b. 电动机的接线端必须盖好，以免无意中触电。

c. 电动机及其启动装置不得在运行中修理。

d. 高压电动机的开关及启动设备必须严格关锁。使用时专人负责，开关附近备有安全用具，以备操作时使用。

2. 工具与设备的安全使用

喷漆车间使用的工具和设备有手动、气动和电动的三类。使用工具和设备基本的安全要求如下：

(1) 手动工具要保持清洁和完好。应经常清洁沾有油污和其他杂物的工具，检查其是否有破损，以免使用时发生机械事故，伤及人身。

(2) 使用锐利或有尖角的工具时应当小心操作，以免不慎划伤不应触及的部位或伤及人身。

(3) 专用工具只能用于专门的操作，不能移作他用。

(4) 不要将旋具、手钻、冲头等锐利工具放在口袋中，以免伤及本人或划伤汽车表面。

(5) 使用电动工具之前应检查是否接地,检查导线的绝缘是否良好。操作时,应站在绝缘橡胶地板上进行(或穿有绝缘靴)。

(6) 用气动或电动工具从事打磨、修整、喷砂或类似作业时,必须戴安全镜。

(7) 必须确认电动工具上的电路开关处于断开位置后,才允许接通电源。电动工具使用完毕,应切断电路,并从电源上拔下来。

(8) 清理电动工具在工作时所产生的切屑或碎片时,必须让电动工具停止转动,切勿在转动过程中用手或刷子去清理。

(9) 任何操作都不宜过度探身,防止滑倒事故。

(10) 气动工具必须在规定的压力下工作。当喷嘴处于末端时,用以吹除灰尘的压缩空气的压力应保持在 200kPa 以下,压缩空气的减压装置如图 2-1 所示。

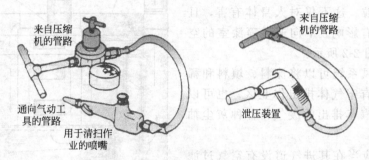

图 2-1 压缩空气的减压装置

(11) 使用液压机具时,应保持液压压力处于安全值以下,操作时应戴安全眼镜,并站立在液压机具的侧面。

(12) 只有经过训练的工人才能在漆装岗位上进行作业。

3. 涂装环境控制、通风和排放

(1) 涂装环境控制

① 通风。在使用腐蚀剂、脱脂剂、底漆和表面涂料时,适当的通风是非常重要的。可采取换气系统进行地面抽气,或以强力抽气中心来抽吸磨料和喷漆场地灰尘的方法进行通风。喷漆室需要充分换气,这样不仅可以加速涂面的挥发和干燥,也可以去除有害混合物和气体。

② 一氧化碳。只有在通风良好的地方运行发动机才能防止一氧化碳的危害。假如工厂装有尾管排气系统,应用它排出一氧化碳。如果没有,则可用直接通往室外的管道系统或者是机械通风系统排气。有些工厂使用加热器,这也是一氧化碳的主要来源。所以应当定期检查,使通风系统处于畅通状态。

③ 涂料、填料和稀料。用于大多数涂料的稀料具有麻醉作用,操作人员长期接触会引起不可挽救的伤害。除去通风外,在喷涂场地内,还应戴上呼吸保护器,如上所述的橡胶或安全手套,当处理漆料和稀料时应当戴上。如任何一种这些材料触及皮肤,要迅速地用肥皂水清洗所影响的部位。

④ 灰尘。灰尘是喷漆车间的一个难题。它是在喷砂、打底漆、涂填料等操作过程中产生的。进行这类工作时,应当戴上灰尘和微粒呼吸保护器或面罩。有些车间安装了"无尘"喷砂系统。借此系统用足够的空气量和速度,通过专用的孔吸出空气中的喷砂灰尘。有些系统不间断地运行,其他的则是按照需要,人工操作运行。采用无尘系统后,车间可以符合"职业安全与卫生局规定的空中灰尘标准",并省去昂贵的、非生产性的净化处理。有些无尘

系统制造厂家声称其设备能吸去对铅化合物、铬基汽车漆和底漆进行喷砂时所产生的有毒灰尘的99%。

(2) 涂装作业中通风和排放 涂装环境随着涂装工业的快速发展，涂装作业中的危害变得越来越常见。日益增多的宣传报道和行业水平的进步，促使人们越来越重视涂装作业的危害性。

在作业区内从事喷漆作业，如使用腐蚀剂、脱脂剂，喷涂底漆和面漆时，都会排出有毒气体或颗粒。这不仅对人身体有害，且对喷漆质量也有影响。下向通风喷漆室的空气更换装置如图2-2所示。

良好的通风系统可以将涂料、填料和稀释剂所挥发的有害气体排出作业区，也可以将工作区内的汽车排出的废气、各种灰尘抽离出去。

通风系统应当在其进气道设有空气过滤装置，滤去空气中的杂物，保持进入作业区的空气达到要求的纯净度；同时，在其排气道也应该装上过滤装置，将作业区的污物阻挡在过滤器表面上，使排出的气体不会污染大气，实现对环境的保护。

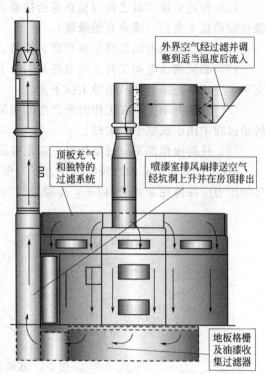

图2-2 下向通风喷漆室的空气更换装置

湿过滤系统使用水作为过滤介质，喷涂区的污水的排出也有相应的环保过滤措施，防止废渣、废液对环境的污染。

一般来说，通风系统是喷涂作业环境保护最重要的环节。

4. 涂装危害

(1) 涂装作业中对环境的危害 涂装是一个高污染的行业，既有废水污染又有废气和废渣的污染。其中涂装前处理和电泳涂装是汽车涂装废水排放量最大的环节，另外诸如水磨原子灰和水帘柜喷漆中都会产生污水，这些废物通常很少有经处理再排放的，其中不少都是含酸或磷酸盐超标的。尽管其对环境会有怎样的危害还在继续调查和论证中，但存在危害是可以肯定的。

涂装作业中产生的废气量也是惊人的。涂料在其使用过程中，挥发出的有机溶剂含有大量的有害气体，如苯、甲苯、二甲苯、苯酚、醛、酮和胺等，漆膜和涂层在干燥过程中还会产生大量含有汽油、苯类和酯类等有害物质的有机废气。这些有机化合物循环至大气层，除了会发生光化学污染以外，还会随着降雨抵达地球各个角落，直接危害动植物的生长。高毒性的苯和苯系化合物还会通过生物链进入人体，造成生理危害。为此，现在世界各国都在为减少TVOC（Total Votatileo Organic Compound，总挥发性有机化合物的缩写）的排放量而努力。在欧美和日本等一些发达国家，相继规定了严格的TVOC排放标准，于是相对环保型的水性涂料、粉末涂料和高固体分涂料得到大量的应用。

目前市面上有些涂料虽然标明是环保型的，销售商在向顾客介绍时也说是无害的，但实际上只是把有害化学溶剂的含量降低到一定程度。

涂装行业中的废渣主要来自于涂装的过程中产生的漆雾颗粒、打磨粉尘、涂装用剩的涂料和耗材，以及一些稀料回收时产生的废渣等。一般对这些废料都是未经处理直接当垃圾丢弃，对环境产生的污染也是很大的。

（2）涂装作业中对人体的危害　涂装工是涂装行业最直接的受害者。涂装工因为长期身处有毒、有害、粉尘的环境下作业，患职业病甚至丧失劳动能力的人数正在不断增加，例如粉尘性肺沉积等。噪声对人听觉系统和心理情绪的刺激等也不容忽视，至于违章作业发生意外的事故，比如涂料或有机物的燃烧、爆炸，危害面积和程度就更大了。涂装作业对人体的危害如图 2-3 所示。常见的颗粒直径及对肺部的危害如图 2-4 所示。

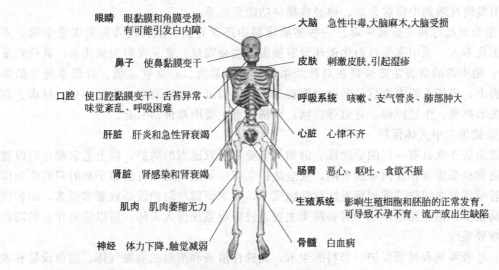

图 2-3　涂装作业对人体的危害

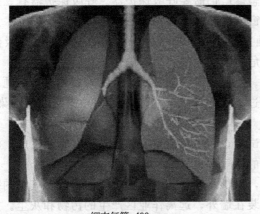
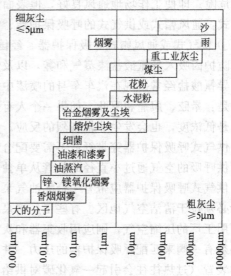

图 2-4　常见的颗粒直径及对肺部的危害

涂料对人体的伤害主要有以下几类：

① 影响生育。大量研究资料证实，长期接触溶剂型涂料，其中的有毒物质可致不孕不育或生育畸形。

② 血液疾病。涂料中的苯、苯系化合物（甲苯、二甲苯等）可以通过呼吸系统进入肝

脏，损害人体的造血机能，引发血液病，甚至致癌；也可通过皮肤渗透使人慢性中毒，产生诸如血压脉搏下降、皮肤惨白、功能胜障碍、白血球减少、食欲不振等症状。

③ 过敏症状。诸如固化剂和普通聚酯漆中的重要组分 TDI（甲苯二异氰酸酯），在国家标准 GB/T 5044—2008 中被列为高度危害级物质，它会诱发皮疹、头晕、免疫力下降、呼吸道受损、哮喘等过敏反应。并且 TDI 可以在长达 3~15 年的时间里不断产生游离 TDI 单体，其蒸气会刺激眼黏膜、催泪，刺激呼吸系统，引起咳嗽，喉咙痛，长期吸入损害肺部，引起头痛、支气管炎和哮喘，也会产生癌症（肝癌），喝酒会促进人体对游离 TDI 的吸收。

④ 神经受损。稀释涂料用的溶剂（稀释剂）长期蓄积于中枢神经系统，导致大脑细胞受损，引发慢性溶剂中毒综合征、神经性精神功能紊乱等。

⑤ 重金属超标和重金属中毒。一些劣质涂料中还含有铬、汞、铅等高危害重金属。汞对人体无孔不入，汞中毒是以消化道和肾脏损害为主要表现，常见毒物为氯化汞，其致死量约为 1g；铅中毒的危害主要表现在对神经系统、血液系统、心血管系统、骨骼系统等的终生性伤害上，成年人铅中毒后经常会出现疲劳、情绪消沉、心脏衰竭、腹部疼痛、肾虚、高血压、关节疼痛、生殖障碍、贫血等症状；而铬中毒主要因高价铬引起。

5. 涂装施工中人体保护

虽然涂装作业具有一定的危险性，但如果作业者采取适当的防护，以上危害都是可以避免的。通常根据涂装作业内容的不同，安全防护会有所偏重，比如打磨原子灰时只要防尘即可，但若喷漆就必须防漆雾和挥发性化学物质了，要求佩戴的防护设备就要多很多，防护程度也要高很多。由于涂装作业中有害物质主要通过呼吸系统侵入人体，所以涂装作业的防护重点是呼吸系统。

(1) 呼吸系统和肺部保护　磨料的尘末、腐蚀性溶液和溶剂的蒸发气体、底面涂层和表面涂层的喷雾，都会给呼吸系统和肺带来危险，特别是给日复一日在污染环境中工作的工人带来危险。即使工作场地通风良好，但表面整修厂仍需要呼吸保护器。呼吸保护器有三种主要形式：通风帽式或供气式的呼吸保护器、窗式过滤呼吸保护器和防尘呼吸保护器。

① 供气式或通风帽式呼吸保护器。经国家职业安全与卫生局批准的一种供气呼吸保护器可防护因吸入异氰酸盐漆蒸气和雾，以及危险溶剂蒸气所引起的过敏和其他危险。

异氰酸盐经常出现在汽车车身的喷漆中。暴露在异氰酸盐中，可引起多种健康问题。其症状是：晕眩、腹痛和呕吐。如果一个人有过敏倾向或已经过度暴露于异氰酸盐的污染中，即使是低浓度，也会发生非常剧烈的反应。

供气式呼吸保护器穿带舒适不需要配合试验，它由半面罩、整面玻璃、帽盔组成，清洁的可供呼吸的空气通过小直径的软管从单独的压气源供入。

供气式呼吸保护器应带有一台无油气泵，来供给帽盔式呼吸保护器的空气。气泵的空气入口必须位于清洁空气地区。有些工厂将泵装在墙外，远离作业区产生的污物和灰尘。如果必须用工厂的压缩空气，则应用收集器和炭末过滤器过滤掉油、水、屑片和异味。供给的空气必须有一阀来匹配呼吸保护器的压力。并有一个在空气过热状况下自动鸣响或关闭压缩空气的装置（过热往往会引起一氧化碳对供给空气的污染）。

供气式呼吸保护器的空气源必须设置在喷漆场地外边的清洁的新鲜空气环境中。供气式呼吸保护器如图 2-5 所示。

② 滤筒式呼吸保护器。假如表面整修的喷漆中不会有异氰酸盐，可以采用一种带有有机蒸气滤筒的滤筒式呼吸保护器。这种呼吸保护器可防止吸入非活性的瓷漆、硝基漆以及其他非氰化物的蒸气和喷雾。

这种呼吸保护器由一个适应面形并形成密封的橡皮面具构成。它包括可拆卸的前置过滤器和滤筒，籍以去除空气中的溶剂和其他蒸气。呼吸保护器还有进气和排气活门，以保证所有进入的空气都通过过滤器。使用滤筒式呼吸保护器时，要将其与面孔贴合以防止污染的空气从漏缝中进入呼吸系统，这一点非常重要。

在使用呼吸保护器之前，应进行定量的配合试验及正压和负压检查。穿戴者应将手心放在滤筒上面并吸气来检查负压。如面罩凹陷到穿戴者的脸上，则表明保护器与面部

半面式供气面罩　　　　全面式供气面罩
图 2-5　供气式呼吸保护器

配合良好。穿戴者盖上呼气阀门并呼气作正压检查，如面罩鼓胀而无泄漏，则配合是合适的。另一种配合试验方法是将天那水靠近环绕面孔的封闭罩，如闻不到气味则说明配合是适当的。滤筒式呼吸保护器有几种不同的规格，可装有或不装有面罩。大多数常用规格的保护器均可提供良好的保护。但是这种形式的呼吸保护器的穿戴者应当注意面部的毛发可能会妨碍面罩的气密性，给穿戴者的健康带来危害。所以面部毛发多的操作人员应当采用正压供气的呼吸保护器。因为面部毛发将妨碍面罩贴紧面部从而影响了呼吸保护器的效能。另外，滤筒式呼吸保护器只适应于通风好的场地，一定不能在含氧量少于 19.5% 的环境中使用。滤筒式呼吸保护器的维护，主要是保持它的清洁，按照制造厂的说明定期更换前置过滤器和滤筒。

以下是一些其他的维修要点：

a. 当通过保护器进行呼吸发生困难时，应更换前置过滤器；

b. 至少每周更换一次滤筒，一旦发现有溶剂气味时应及早更换；

c. 定期检查面罩，肯定其没有任何破裂或凹痕；

d. 将呼吸保护器保存在密闭的储器中；

e. 按照制造厂的说明书进行工作，以保证正确的维修和佩戴。

滤筒式呼吸保护器如图 2-6 所示。

③ 防尘呼吸保护器使用。防尘呼吸保护器，可以防止吸入喷砂灰尘。车身修理厂喷砂作业会产生粉尘，如吸入后能引起支气管发炎，也可能长期地危害肺部。不论何时，只要在靠近喷砂场地工作，就应戴上防尘呼吸保护器。按照说明书对防尘呼吸保护器进行正确的维修和佩戴。防尘呼吸保护器如图 2-7 所示。

(2) 头部保护　车身修理人员应戴上安全帽，在车下工作时应戴上硬质安全帽。但应注意，防尘护罩不能防止吸入蒸气。在开始工作之前一定要将长发扎在头后，头发也必须防灰尘和防喷漆污染。要始终戴帽子，在喷漆室要戴上喷漆防护罩，以保持头发的清洁。喷漆防护罩如图 2-8 所示。

工厂各处均有飞扬的灰尘和碎屑等，可能伤害眼睛，故眼睛需要保护。在操作磨床、砂轮机、钻床、气动凿等，以及在清除碎玻璃或在汽车底下工作时，应戴上清晰的安全防尘镜、护目镜或防护面具等保护用品。即使已戴有一般眼镜，也还要求戴上防尘镜或安全镜。因为在工厂的任何位置总可能有飞来物，如灰尘、微粒或液体的喷溅物进入眼中。在焊接时必须戴上有遮光镜的焊接头罩或焊接保护镜，它可以保护眼睛和面孔不受飞溅物、熔化微粒

和有害光线的伤害，太阳镜不能保护脸部不受伤害。3M 安全防尘镜如图 2-9 所示。3M 防护面具如图 2-10 所示。

图 2-6 滤筒式呼吸保护器

图 2-7 防尘呼吸保护器

图 2-8 喷漆防护罩

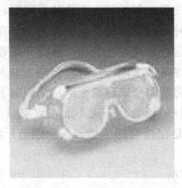
图 2-9 3M 安全防尘镜

图 2-10 3M 防护面具

（3）耳部的保护 敲打钢板、喷砂发出尖锐的噪声，巨大的响声，会使工人不能听到任何其他声音，如不采取适当措施足以使人震聋。在金属加工车间工作时，要戴上耳塞或耳机护套，以保护耳膜不受噪声的伤害。常用的耳塞如图 2-11 所示。耳机护耳器如图 2-12 所示。

图 2-11 耳塞护耳器

图 2-12 耳机护耳器

（4）身体的保护 肥大的衣服、未扣上的衬衣袖子、悬摆的领带、首饰及将衬衣悬在外面，这在车身修理厂都是非常危险的。需要穿上规定的修车工作服。在喷漆场地应穿着清洁的修车工作服或不起毛的工厂工作服。脏的、被溶剂浸渍的衣服会积存一些化学物质，贴近到皮肤时就会导致疼痛发炎或皮疹。一定要穿长袖工作服以保证安全。穿戴涂装连体工作防护服示意图如图 2-13 所示。

图 2-13　穿戴涂装连体工作防护服示意图

(5) 手的保护　为防止溶液、底漆及外层涂料对手的伤害，可以戴上手套，在涂漆作业中应使用不透水手套如橡胶手套。手套的选择可参考手套材料安全数据表。粗厚强力手套应在准备工作时使用，在离开工作场地时要彻底洗手，以防止吸收任何有害成分。洗手时建议使用适当的清洁剂。每天工作结束时要用一种不含硅的护肤膏滋润皮肤，不要把稀释剂当清洁剂来用。无硅乳胶安全手套如图 2-14 所示。PVC 和丁腈混合手套如图 2-15 所示。3M 洗手膏如图 2-16 所示。

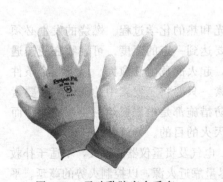  

图 2-14　无硅乳胶安全手套　　　图 2-15　PVC 和丁腈混合手套　　　图 2-16　3M 洗手膏

(6) 脚的保护　穿上有金属脚尖衬垫及防滑鞋底的安全工作鞋。金属衬垫可保护脚趾不受落下物体的伤害。好的工作鞋会使长时间站立的工作者感到舒适。使用方便的鞋套、罩已被喷漆工厂广为选用。喷漆时可穿上使用方便的鞋盖。

(7) 个人安全准则

① 掌握信息，读懂写在产品标签上和制造厂说明书上的注意事项。假如希望得到更多的资料，可从工厂办公室或材料提供厂家索取，进而得到一些特定产品的安全数据表之类的

详尽资料，它包括危害性成分资料和应采用的防护措施等。

② 动力喷砂过程。进行喷砂作业时，灰尘和污物飞入空中。它们在没有适当保护的情况下会进入眼、肺和头发中。安全眼镜或防尘镜可以保护眼睛。在打磨、喷砂或处理溶液时，不要让衣服接触。头罩可以保护头皮和头发。防尘面具可以防止吸入灰尘和微粒。所有的面具应与皮肤紧密贴合。

③ 压缩空气吹洗过程。用气枪吹洗门的侧壁和其他难以达到的地方时，应当戴上眼睛保护装置和防尘面具。

④ 金属处理过程。金属调理剂含有磷酸，吸入这种化学物质或其与皮肤、眼睛或衣服接触，可以引起发炎。使用这些材料时，建议使用安全镜（防止溅沫进入眼睛）、工作服、橡胶手套及经批准的有机气体呼吸保护器。假如工作服被溶剂浸渍时，应立即更换，以免伤害皮肤；或用水浸泡以稀释化学物。

⑤ 配制和操作过程。配制表面涂料时，应在远离储放或使用这些涂料、有良好通风的地方进行。打开储罐或搅拌时，涂料可能溅出，为防止溅入眼睛，应戴上防护镜。

⑥ 喷涂底漆和表层漆过程。喷底漆和表层漆需要用喷漆设备，使用不当则有危险。在使用无空气或静电涂漆方法时，会产生静电，要特别注意设备的接地和连接，防止事故。

⑦ 存储漆料。所有喷涂材料应当储放在远离实际工作区的地方。保存在工作区的漆料应限制在一天的用量内。每天应将空的容器处理掉。一天作业结束时应将用去一部分漆的容器牢固地封闭好并放入适当的金属（防火的）储存柜中。

⑧ 防止恶作剧。对恶作剧恰当的引导有助于防止事故的发生。恶作剧不是开玩笑，它会把人送进医院。有些事情如用空气喷枪打闹，用工作小车进行比赛，或是开玩笑，在工作场地是绝对不允许的。

⑨ 搬运物品。抬起和搬运物品时，应弯曲膝部而不能弯背，也不要弯曲腰部。重物必须用适当的设备进行提升和移动。

二、防火知识

1. 燃烧与防火

燃烧就是可燃物质在一定条件下，与氧化合而产生光和热的化学过程。燃烧的发生必须具备三个条件：一要有可燃物，二要有助燃物质氧，三要达到一定的温度。可燃物在受热遇火发生燃烧时的最低温度称为该物质的燃点。燃点愈低，起火的危险性愈大。以上三个条件是发生燃烧的必要条件，缺一不可，故称为燃烧的三要素。只要将三要素中的任何一个要素除去，即可达到防（灭）火的目的。一切消防器材和消防措施都是根据燃烧三要素的原理而设计的，是通过降温或使燃烧物表面和空气隔绝而达到灭火的目的。

(1) 二氧化碳灭火器　二氧化碳灭火器适于室内油脂、电气及贵重仪器的灭火，不适于扑救着火的钾、钠、镁、铝等。使用时应将二氧化碳的喷射口尽量靠近火源，以控制火势的蔓延。平时应避免日晒撞击，存放温度不宜超过40℃，并定期进行检查。二氧化碳灭火器如图2-17所示。

(2) 四氯化碳灭火器　它的适用范围和二氧化碳灭火器相同。因为四氯化碳灭火器不仅灭火效率低，而且其灭火时还会产生有毒气体。随着灭火器材技术的发展和新产品的应用，在20世纪90年代已勒令停止销售。

(3) 干粉灭火器　干粉灭火器适用于对有机溶剂和电气设备的灭火。使用时，将灭火器放在地上，手握紧喷雾胶管，一手用力拉起钢瓶上的提杯，干粉即可高速喷出，在离火源3～4m处亦可扑救。手提式干粉灭火器如图2-18所示。

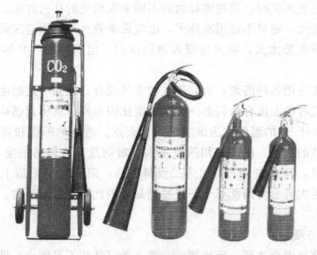

图 2-17 二氧化碳灭火器

图 2-18 手提式干粉灭火器   图 2-19 泡沫灭火器

(4) 泡沫灭火器 除电器着火以外，均可应用。使用时，将钢瓶顶部压盖内药玻璃瓶口螺旋盖旋开，并将钢瓶倒置，二氧化碳泡沫可自行喷出。平时应定期检查喷嘴是否堵塞，药剂是否失效，冬季应注意防冻。泡沫灭火器如图 2-19 所示。

(5) 1211 灭火器 它适用于扑救油类、电气设备、化工化纤原料等初期火灾。使用时拔出铅封或横销，用力压下压把即可喷出。每年检查一次质量。1211 灭火器如图 2-20 所示。

图 2-20 1211 灭火器

当涂装生产中发生火灾时，应视燃烧物的不同采取相应的扑灭方法。例如油类、有机溶剂、金属钾、钠等着火，绝对不能用水扑灭，电气设备着火不能用泡沫灭火器，同时，应迅速报告有关部门，若火势太大，应火速报告消防部门，组织扑灭，并尽快地将可燃物撤离现场。

在涂装施工中要使用各种溶剂，当其蒸气和空气混合，达到一定温度后，遇火即发出蓝色的突然闪光，闪光时的温度称为闪点。如果温度比闪点高，就引起燃烧。当其发生的火焰能开始继续燃烧不少于 6s 的温度称为该溶剂的着火点。溶剂的闪点和着火点，表明了其发生爆炸或火灾可能性的大小。因此常用闪点来划分溶剂及其涂料的危险等级。闪点在 28℃以下的为一级易燃品，闪点在 28~45℃ 为二级易燃品，闪点在 45℃ 以上为三级易燃品。在涂装施工中使用的绝大部分溶剂都属于一级易燃品，因此在储存、运输、使用时都必须特别注意防火。

2. 爆炸极限与防爆

当溶剂蒸气与空气混合达到一定比例，一遇火源（往往不是明火）即发生爆炸，此时的最低爆炸浓度称为爆炸下限，最高爆炸浓度称为爆炸上限。当混合气体里可燃气体过少（低于爆炸下限）时，由于过剩空气可吸收爆炸放出的热，使爆炸的热不再扩散到其他部分而引起燃烧和爆炸；当可燃气体过多时（高于爆炸上限），混合气体内含氧不足，也不会引起爆炸。所以常用爆炸界限（下限至上限）来衡量溶剂的危险等级。通用漆用溶剂的闪点及爆炸界限见表 2-1。

表 2-1 通用漆用溶剂的闪点及爆炸界限

溶剂名称	分子式	闪点/℃	爆炸极限/%
苯	C_6H_6	-11	1.4~4.7
甲苯	$C_6H_5CH_3$	4	1.3~7.0
二甲苯	$C_6H_4(CH_3)_2$	29.5	1.0~5.3
200号溶剂汽油		32.0	1.1~6.0
乙醇	C_2H_5OH	14	3.3~19
正丁醇	C_4H_9OH	35	1.45~11.25
异丙醇	$(CH_3)_2CHOH$	12	2~2.02
乙二醇单乙醚	$HOCH_2CH_2OC_2H_5$	40	2.6~15.7
醋酸乙酯	$CH_3COOC_2H_5$	-5	2.6~11.0
醋酸丁酯	$CH_3COOC_4H_9$	23	1.7~15.0
醋酸戊酯	$CH_3COOC_5H_{11}$	25	6~6.1
丙酮	CH_3COCH_3	-17	2.2~13
甲乙酮	$CH_3COC_2H_5$	-7	1.8~11.5
环己酮	$C_6H_{10}O$	47	
松节油		30	

常见引起爆炸的主要原因及其预防方法如下。

(1) 明火 明火是引起混合气体或粉尘爆炸的直接原因，所以在涂装施工现场和仓库严禁吸烟，禁止携带火柴及打火机，严禁任何使用直接火或易于燃烧的用具及装置。若必须采用明火时，设备必须密封，炉灶应在隔离的厂房内。

(2) 撞击火花　撞击火花是由于摩擦和撞击而产生的火花，也容易引起爆炸，所以在涂装施工时房间禁止进行可以产生火花的工作，不能用铁棒敲打开封的金属漆桶，不要穿带铁钉的鞋和使用产生火花的工具。如需敲击时，可用铜工具或木质工具，这样可以避免撞击火花的产生。

(3) 电气火花　电气火花主要是由电气设备或电线超负荷时会产生剧热而导致着火和爆炸，在生产现场接错线路也将产生电火花而引起爆炸。所以，在涂装施工车间的照明电灯应有防爆装置，电气设备一律应使用防爆型的，并要定期检查电路及设备，如绝缘有无破损，电动机是否超负荷。不准使用能发生火花危险的电气用具和仪器。在使用溶剂的生产现场，禁止安装闸刀开关、配电盘、断路器及普通的电动机。

(4) 接地　所有电气设备的接地要牢固可靠，并用有三线插销的插头。静电在生产过程中不可避免得要发生摩擦，这是产生静电的主要原因，当静电电荷聚集到一定量时便出现放电现象而产生火花，引起爆炸和火灾。所以，生产管道和设备应使导线良好接地，避免静电集聚。易燃易爆车间，应保持一定的相对湿度，在皮带轮转动装置上，禁止使用松香擦皮带。

三、电气防爆

1. 易燃易爆的产生

由于涂装施工中使用的原料大多数是易燃易爆的物质。它们燃点低，极易挥发，加上生产设备多为非密封式，因而在生产场所的空间，必然会有一定浓度的混合性气体。如果生产场所通风装置不好，那么，这类气体就极易达到燃烧和爆炸的极限。如果遇到振动、冲击、过热或微小火花等原因，就可能引起燃烧和爆炸。因此，这类生产场所内的电气装置一般都采用防爆型及安全型的，以确保安全。

2. 防爆措施

一般来说，防爆场所的照明灯具，电动机控制按钮，指示信号均应采用防爆型。导线应尽量采用电缆和铁管敷设，至于电路的主要电气元件也应尽量采用封闭式，同时应相对集中于该场所隔离的特定场所内。

3. 注意事项

(1) 使用防爆电气需有防爆标记和许可证；
(2) 防爆电气的金属外壳必须可靠接地；
(3) 建立防爆电气设备档案；
(4) 制定防爆电气检修规程；
(5) 培训有关电气人员进行防爆知识的知识教育和业务教育。

第二节　涂装材料储存与运输安全知识

一、涂装材料储存知识

1. 涂料危险品的等级划分

为了确保涂料的安全储存和运输，各国政府都作了涂料危险的等级划分规定。我国目前已公布的法规、标准，主要有：GB 6944—86《危险货物分类和品名编号》、GB 12268—90《危险货物品名表》、GB 13690—92《常用危险化学品分类及标志》及 2002 年 3 月开始施行的《危险化学品安全管理条例》。将危险化学品分为八大类，每一类又分为若干项。汽车涂料属于易燃液体，本类物质在常温下易挥发，其蒸气与空气混合能形成爆炸性混合物。其闭杯试验闪点等于或低于61℃。其中包括易燃的液体、液体混合物或含有固体物质的液体。按其闪点可分为3类。

① 低闪点液体：闪点低于-18℃的液体。
② 中闪点液体：闪点在-18℃至低于23℃的液体。
③ 高闪点液体：闪点在23～61℃的液体。

通常将闪点作为决定液体火灾危险性大小的重要依据，目前，按照我国的划分标准：闪点在28℃以下的为一级易燃品，闪点在28～45℃为二级易燃品；闪点在45℃以上为可燃液体。汽车涂料大多属于一级易燃品和二级易燃品，极易发生火灾事故，一旦着火，燃烧猛烈，延烧时间长，会造成严重后果。

(1) 一级易燃危险品

① 各种稀释剂、各种防潮剂、各种催干剂（不包括厚漆催干剂）、脱漆剂、环氧固化剂；

② 硝基漆类（腻子除外）、过氯乙烯漆类（腻子及过氯乙烯耐氨磁漆、各色过氯乙烯、氯化橡胶磁漆除外）；

③ 丙烯酸清漆、清烘漆、聚乙烯醇缩醛胶液、丙烯酸银幕白漆等。

(2) 二级易燃危险品　涂装车间常见的二级易燃危险品很多，其主要产品有：

① 乙烯防腐蚀底漆、油基清漆、各种丙烯酸底漆、各色丙烯酸磁漆、丙烯酸氨基清烘漆、各色过氯乙烯耐氨磁漆、过氯乙烯和氯化橡胶各色磁漆、14号有机硅耐高温漆、各色防腐蚀漆、红丹油性防锈漆、沥青磁漆、沥青锅炉漆、沥青半导体漆、各种沥青清漆、沥青醇酸氨基烘漆、环氧腻子、一环氧富锌底漆、各种环氧清漆、绝缘漆、绝缘清烘漆；

② 醇酸清烘漆，各种环氧磁漆、各种环氧防腐蚀漆，环烷酸铜防虫漆、油基硅钢片漆、403油封清漆，各种松香防污漆、钙脂清漆、贴花快干清漆、玻璃绝缘漆、各种氨基清烘漆、各种氨基醇酸绝缘漆、各种氨基透明漆、各种氨基静电清烘漆、酯胶清烘漆、各种酯胶清漆、铝粉酚醛磁漆、铝粉醇酸磁漆、钼粉酚醛磁漆、铝粉乙烯底漆、铝粉铁红防锈漆、铝粉氯化橡胶底漆、铝粉有机硅耐热漆、铝粉偏硼酸钡酚醛防锈漆、铝粉环氧沥青耐油底漆、银灰氨基锤纹漆、银灰三防锤纹漆、751土银灰酚醛磁漆、酚醛硅钢片漆、各种酚醛烘漆、各种酚醛清漆、各种酚醛绝缘漆、各种酚醛漆包线漆、酚醛透明漆；

③ 偏氯乙烯底漆、各种偏氯乙烯磁漆，硝基腻子，黑色氯丁橡胶可剥性涂料、煤焦沥青清漆、聚合清油、聚酰亚氨漆包线漆；各种聚氨酯磁漆，聚酯树脂漆、各种醇酸清漆等。

2. 涂料储存知识

(1) 涂料产品储存处要加强明火管理，标明"禁止吸烟"、"严禁火种"等危险字样，平时加强保管，严格出入制度。

(2) 一级易燃危险品必须储存在经当地公安部门审核指定的场所，不得随意存放。

(3) 涂料产品储存处必须备有相适应的灭火器材，如干粉和泡沫，二氧化碳等灭火器。

(4) 涂料产品应储存在干燥、阴凉、通风、隔热、无阳光直射、邻近无直接火源的仓库内，库房温度最好保持在6～32℃之间。

(5) 涂料产品储存过程中，应严防烈日暴晒，风吹雨淋、过度寒冷。温度过高，溶剂挥发会引起包装桶变形、爆裂或漆液变稠；温度过低，水性涂料、乳胶漆会结冰而影响水溶性能；涂料遭受雨淋渗入水分，轻者涂膜起泡，发白，重者霉烂变质报废。

（6）涂料产品原则上应和其他物资分库储存，但根据情况，如欲和不燃性普通货物同库，至少应隔3m以上距离。但绝不允许和可燃物、氧化剂、爆炸品、自燃品及容易飞扬的金属粉末等物资同库储存。

（7）仓库内不准调漆。调漆场所和仓库应有一定距离，以免易燃有毒的挥发性蒸气移散到库房内。仓库内不允许存放开启未用完的敞口油漆桶。

（8）库内应保持清洁，通道应宽敞，特别是擦过漆或溶剂的纱头、碎布、纸屑等易燃物品不得随意乱抛，以防引起火灾。

（9）库内严禁热源火种。焊补渗漏包装桶时不能直接用火烧烙铁，最好用电烙铁并需搬到库外安全地点操作。

（10）涂料产品在搬运堆垛时，应轻装轻卸以保持容器密封和包装完整。切忌在地上滚移。

（11）在收存双组分涂料产品（分装）时，要特别注意各组分的配套，不能弄乱。

（12）在储存过程中应注意观察涂料产品的变化，如发现结皮、沉底、结块、增稠等现象时，应及时采取措施后使用掉，以避免损失。

（13）在储运过程中应防止冲击和静电引起的燃烧和爆炸，若万一发生火灾，应及时切断电源；立即以黄砂及泡沫灭火机施救，严禁以水浇救，以免火势变化。

二、涂装材料安全运输知识

1. 包装要求

（1）185L的大桶包装必须坚固，桶口及边缘应严密不渗漏，起运时以草绳圈住。

（2）18.5L及小于185L的马口铁或黑铁皮桶包装，盖口及边缘应严密不渗漏，并装入大小适宜的坚固藤条或竹木箱内。用玻璃瓶装的虫胶清漆、磷化液、固化剂等，瓶口应密封，外加草套，再装入木箱，内衬锯末或刨花等，以防止碰撞。

2. 包装标志

（1）一级易燃品要贴易燃物品标志（白纸正印红色火炬）及毒害品标志（白纸印黑色骷髅）。

（2）二级易燃品贴易燃物品标志（白纸正印红色火炬）。

第三节 涂装车间三废处理

汽车涂装对车体起保护基层、延长寿命、装饰外观、提高商品价值等作用，但同时也产生大量的废气、废水与废渣，如不加以治理，势必会严重污染生存环境。在环境保护法令日益强化的现代社会中，对涂装施工中产生的有害物质（废水、废气、废渣等）必须进行适当处理，以防止对水质和大气的污染。解决"三废问题"是涂装安全技术中的重要内容。

一、废气处理技术

废气造成环境污染的主要物质是粉尘和有害气体，如喷漆施工中有大量的粉尘漆雾，有毒有害气体向空气中扩散。一般液体涂料中含溶剂为50%~60%（硝基漆含70%以上），这些溶剂的气体在涂装和干燥过程中会大部分或全部挥发到大气中，严重污染环境；而干磨腻子或中涂漆所产生的粉尘，更是危害大气，所以必须及时进行处理。

1. 废气的排放标准

我国对工业废气规定的排放标准是：

(1) 第一类生产性粉尘不得高于 $100mg/m^3$；

(2) 第二类生产性粉尘不得高于 $150mg/m^3$；

对溶剂蒸气臭气浓度控制在施工环境最大许可浓度的程度，才为合格。

2. 废气治理的目的

废气治理是将涂装施工排放废气中的有害物质尽可能地减少，使其排放浓度小于该物质在空气中的最高允许浓度，而不致造成对大气的污染。

3. 废气的处理方法

对排放废气的方法通常有以下几种：活性炭吸附法，气液传质吸收法，触媒燃烧法和直接燃烧法等。

二、废水处理技术

1. 工业废水的产生

汽车涂装施工过程中的废水，主要来源于漆前表面处理（指磷化处理）和喷漆过程中产生的废水。如磷化处理时为清除金属工件表面上的油污、锈蚀及磷化后的水洗等会产生大量的含有酸碱和重金属离子的废水；在喷涂过程中产生的废水含有残漆雾及有机溶剂成分，故必须进行处理。

2. 工业废水的类型

涂装施工中的废水含有酸、碱、溶剂、树脂、颜料、填料、重金属、乳化剂以及其他污染物，这些物质的排放造成了水质污染，因此必须经过净化处理，使之符合工业"废水"最高允许排放浓度和地面水水质卫生要求。

工业废水中有害物质最高允许排放浓度分为两大类。

(1) 长远有害高毒性物质　长远有害高毒性物质指能在环境或动物体内蓄积，对人体健康产生长远影响的有害物质，如汞、铅化合物等。含有此类物质的废水在车间或车间处理设备排出口的浓度应控制在 $0.05 \sim 0.5mg/L$ 以下。

(2) 长远有害低毒性物质　长远有害低毒性物质指其长远影响小于第一类的有害物质，在工厂排出口的水中有害物质的浓度应控在 $0.5 \sim 5mg/L$ 以下，pH 值为 $6 \sim 9$；悬浮物，$500mm/L$；生物需氧量（5 天，20℃），$60mm/L$；化学需氧量（重铬酸钾法），$100mg/L$。

3. 工业"废水"的处理

工业"废水"的处理分为三级：

(1) 一级处理　用机械方法或简单化学方法进行的预处理，可使废水中的悬浮物或胶状物沉淀下来，并能初步中和酸碱度。

(2) 二级处理　二级处理主要目的是解决可分解或氧化的有机溶解物或部分悬浮固体的污染问题，常采用生化处理或添加凝聚剂使固体悬浮物凝聚分离，二级处理能极大地改善水质，大部分可以达到排放标准。

(3) 三级处理　三级处理亦称深度处理，主要是用来对付难以分解的有机物和溶液中的无机物，处理方法有活性炭吸附法、离子交换法、电渗析法、反渗透法和化学氧化法等。通过三级处理可使废水水质达到地面水、工业用水和生活用水的水质标准。在涂装的施工中的废水处理多采用生化法和添加凝聚剂的方法。

三、废渣处理技术

1. 废渣来源

(1) 漆前处理过程中产生的各种沉淀物,如油污残渣、锈蚀残渣、磷化残渣等。

(2) 在清理涂料输送管道及容器时产生的废涂料残渣及胶化变质的废涂料等。

(3) 清理喷漆室、烘干室及涂装设备时所产生的各种凝固层或凝块涂料。

(4) 水性树脂涂料所产生的各种残渣。

(5) 在涂装水处理过程中产生的各种沉渣。废渣的成分,如前处理所产生的废渣主要是不溶于水的各种金属盐类,而各种涂料产生的废渣主要是颜料、树脂及少量溶剂。

2. 废渣的排放控制

对废渣的排放控制,应按国家颁布的《工业企业设计卫生标准》及废渣处理规定进行处理。对涂装产生的废渣,能回收利用的进行回收利用,不能回收利用的,可按有关标准在适当的场所进行掩埋处理。

总之,通过三废治理,不仅可以减少涂装施工造成的环境污染,而且可以达到综合利用的目的,也有助于提高企业经济效益。

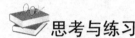
思考与练习

一、选择题

1. 人体安全电压一般定为（　　）V。
   A. 60　　　　　　B. 110　　　　　　C. 220　　　　　　D. 36

2. 人体通过的安全电流一般定为（　　）A。
   A. 1　　　　　　B. 5　　　　　　C. 0.05　　　　　　D. 0.01

3. 以下方法中不能有效消除涂装车间静电的是（　　）。
   A. 接地　　　　　B. 泄漏法　　　　C. 工艺控制法　　　D. 短接法

4. 总挥发性有机化合物的缩写是（　　）。
   A. TVC　　　　　B. TV　　　　　　C. TVOC　　　　　D. TVO

5. 双组分涂料中的固化剂含有（　　）,对人体的危害比较特殊,要特别注意防范。
   A. 芳香烃类　　　　　　　　　　　B. 醚类
   C. 醇类　　　　　　　　　　　　　D. 甲苯二异氰酸酯（TDI）

6. 涂装过程中针对呼吸系统和肺部的保护的用具中不包括以下（　　）选项。
   A. 供气式或通风帽式呼吸保护器　　B. 滤筒式呼吸保护器
   C. 防尘呼吸保护器　　　　　　　　D. 医学防护口罩

7. 在喷涂过程为保护听觉要佩戴（　　）防护用具。
   A. 护耳器　　　　B. 护目镜　　　　C. 防尘镜　　　　D. 防护面具

8. 灭火效率低、使用时还会产生有毒气体的灭火器的类型是（　　）。
   A. 二氧化碳灭火器　　　　　　　　B. 四氯化碳灭火器
   C. 干粉灭火器　　　　　　　　　　D. 泡沫灭火器

9. 衡量溶剂的危险等级通常用（　　）来进行衡量。
   A. 燃点　　　　　B. 爆炸界限　　　C. 沸点　　　　　D. 挥发速率

10. 一级易燃品和二级易燃品区别闪点是（　　）℃。
    A. 24　　　　　　B. 30　　　　　　C. 28　　　　　　D. 22

二、判断题（正确画√,错误画×）

1. 在特别潮湿且地面可导电的厂房内,安全电压定为36V。（　　）

2. 通过接地法可以有效地消除静电。（　）
3. 电动机及其启动装置一般都在运行中修理，可以很方便地发现故障部位。（　）
4. 用气动或电动工具从事打磨、修整、喷砂或类似作业时，必须戴安全镜。（　）
5. 甲苯二异氰酸酯的英文缩写为 TVOC。（　）
6. 为防止异氰酸盐漆蒸气和漆雾必须佩戴防尘呼吸保护器。（　）
7. 燃烧发生三个必然条件是可燃物、氧和温度。（　）
8. 1211 灭火器适用于扑救油类、电气设备、化工化纤原料等初期火灾。（　）
9. 当混合气体里可燃气体高于爆炸上限或低于爆炸下限时即发生爆炸。（　）
10. 废气处理主要是通过燃烧的方式进行处理。（　）

三、简答题

1. 简述电路对人体的伤害。
2. 静电是如何产生的？如何消除静电？
3. 涂装作业中为什么要进行通风和排放？
4. 涂装过程对环境的危害有哪些？
5. 涂装过程对人体的危害具体有哪些防护措施，如何进行？
6. 常见的灭火器有哪些种类，各适应于什么场合？
7. 简述爆炸极限和发生爆炸的条件。
8. 涂料如何储存？

第三章 汽车涂装材料

【学习目标】 1. 了解汽车涂料的组成成分。
2. 知道汽车涂装常用涂料。
3. 了解汽车涂装常用辅料的种类，理解其性能。

【重点难点】 重点：汽车涂装常用涂料。
难点：汽车涂装常用涂料的合理使用。

【考核标准】 应知：汽车涂料组成，命名及分类，汽车常用辅料的种类。
应会：汽车常用涂料种类及特点。

第一节 汽车涂料的组成

一、涂料及其要求

涂料是一种可用特定的施工方法涂布在物体表面上、经过固化能形成连续性涂膜的物质，并能通过涂膜对被涂物体起到保护、装饰等作用，称已经固化了的漆膜为涂膜。

以前，人们大多以植物油脂为主要原料制漆，故有油漆之称。随着科学技术的不断发展，石油化学工业为制漆提供了各种人工合成树脂原料，丰富了漆的品种，提高了漆的质量，扩大了漆的使用范围，使油漆产品的面貌发生了很大的变化，油漆一词已经不能恰当地表示其真正的面目。从它们的功效来讲，用涂料一词来表示更为合适，因此现在已经正式采用涂料这个名词。但在具体的涂料产品品种名称中，仍可以用漆字来表示涂料，例如，醇酸磁漆、硝基清漆、丙烯酸漆等。

1. 汽车用涂料应满足的要求

根据汽车的使用条件和汽车涂装的特点，要求汽车用涂料满足以下的要求：

（1）极好的耐候性和耐腐蚀性 要求适用于各种气候条件，涂层的使用寿命接近汽车的使用寿命，要求在苛刻的使用条件如强烈日照、风雨侵蚀、风沙等情况下保光、耐风沙，不开裂、不脱落、不粉化、不起泡、无锈蚀现象。

（2）极好的施工性和配套性 对于汽车制造工业要求能适应高速度流水线作业，对汽车修理而言，要求能适应手工喷涂的工艺要求和设备。对涂膜要求干燥迅速，能够适应"湿碰湿"的操作和烘干，要求涂层之间结合优良，不引起咬起、泛色、渗色、开裂等涂膜弊病。

(3) 极好的装饰性　汽车涂装的特性，要求涂层色泽鲜艳和多种多样，要求外观丰满、鲜映性好，使人看上去舒适，这点对轿车用面层涂料尤其重要。

(4) 极好的机械强度　为适应汽车行驶中的振动和石击，要求涂膜坚韧、耐磨、耐迸裂性和抗划伤性能优良。

(5) 较好的化学稳定性　要求涂膜干燥后能够具有耐汽油、机油和公路用沥青等的作用，在上述介质中浸泡一定的时间后不产生软化、变色、失光、溶解或产生斑痕等现象；要求能耐清洗剂、鸟或昆虫的排泄物和酸雨等的侵蚀，与这些物质接触后不留痕迹。

(6) 高推广性和环保性　由于车用涂料的用量大，要求货源广、价格低廉，并要求逐步实现低公害化和无公害化，便于进行"三废"处理。

2. 汽车不同部位的涂层应用

由于汽车涂层基本上属于多层涂装，在汽车上的使用部位不同，所以对于汽车用涂料的某一品种来讲，并非要求都具备上述特点。汽车涂装材料根据使用的部位不同，要求也有差异，主要要求差异如下：

(1) 汽车车身用涂料　汽车用涂料主要针对的就是汽车车身用涂料，所以从一般意义上来说，汽车用涂料主要指的是车身用涂料。车身涂层一般由底涂层、中间涂层和面涂层等三层构成，它们基本上要兼备上述车用涂料的6条要求。

(2) 行走和悬架等部件用的涂料　行走和悬架等部件用的涂料主要技术指标是要求耐腐蚀性能要好，同时要耐盐雾、耐水性好，要求涂膜坚韧、耐磨并具有一定的耐汽车其他工作添加液或功能添加液，例如工作添加液有防冻液、风窗玻璃清洗剂等；功能添加液主要有润滑油、齿轮油、制动液等。

(3) 发动机部件用涂料　发动机部件用涂料主要要求涂料具备低温快干性能和良好的耐热性、耐机油、汽油等性能。

(4) 车内装饰用涂料　车内装饰用涂料指客车、轿车等内装饰件用的涂料，主要性能指标为高装饰性、耐紫外线和不粉化等。

(5) 特殊部位用涂料　主要是指包括蓄电池固定架所用的耐酸涂料；油箱内表面用的耐汽油涂料；汽车消声器、排气管等部位所用的耐热涂料；车身底盘下部表面所用的耐磨耐冲击和防声涂料；车身焊缝用的密封涂料等。

二、涂料的组成、干燥和成膜原理

1. 涂料的组成

涂料由三大部分组成，分别为：主要成膜物质、次要成膜物质和辅助成膜物质。

主要成膜物质是指油料和树脂等，是涂料的基础，常称为基料，它既可以单独成膜，也可粘结颜料等共同成膜，并牢固地粘附在被涂物表面，所以油料和树脂等主要成膜物质又称为粘结剂或固着剂。

次要成膜物质主要是指颜料，它不能离开主要成膜物质而单独成膜，必须在油料或树脂的固着下形成涂膜。颜料赋予涂膜一定的遮盖能力和色彩，并增强涂膜的韧性，增加涂膜的厚度，提高涂膜的耐磨、耐热、耐化学腐蚀等性能。

辅助成膜物质主要是涂料中的溶剂、稀释剂和其他添加剂等辅助材料，这些物质也不能单独形成涂膜，但它们有助于改善涂料的性能。在形成涂膜时有一部分辅助成膜物质要挥发掉，如溶剂、助溶剂、稀释剂等；有些最后存在于涂膜中而不挥发掉，如催化剂、固化剂等。涂料的组成见表3-1。

表 3-1 涂料的组成

分类		组成	
油	动物油	鲨鱼肝油、带鱼油、牛油	主要成膜物质
	植物油	干性油:桐油、亚麻油、梓油、苏子油等	
		半干性油:豆油、向日葵油、棉籽油	
		不干性油:蓖麻油、椰子油、花生油	
树脂	天然树脂	虫胶、松香、天然沥青	
	合成树脂	松香衍生物、纤维衍生物、氧茚树脂、酚醛、醇酸、氨基、丙烯酸、环氧等	
稀料	溶剂		辅助成膜物质
	稀释剂		
	助溶剂		
其他材料	辅助材料	催干剂	
		其他(增韧剂、乳化剂、稳定剂等)	
颜料	体质颜料	滑石粉、硫酸钡、碳酸钙等	次要成膜物质
	无机颜料	铬黄、铁红、铁蓝、钛白、铁黑、铬绿等	
	有机颜料	耐晒黄、甲苯胺红、酞菁蓝、苯胺黑等	
	防锈颜料	红丹、偏硼酸钠、氧化铁红、云母氧化铁等	

(1) 树脂 人工合成的固相介质。一般以聚苯乙烯为基质,当经修饰带有磺酸基或羧基时可用作阳离子交换剂;携带伯氨基或季氨基时可用作阴离子交换剂等。现在汽车所用的涂料中已经不含油料,完全采用树脂作为主要成膜物。

树脂是多种高分子复杂化合物相互溶和而成的混合物。它是非结晶的固体或黏稠液体,虽没有固定的熔点,又不溶于水,但在受热时会软化或熔化,多数树脂可溶于有机溶剂。熔化或溶解了的树脂能与颜料均匀地相互混合,其黏着性很强。将它涂附在物面上待溶剂挥发后能形成一层光亮、坚韧而耐久的薄膜。所以树脂是与颜料一起形成涂膜的主要物质,树脂的性质决定涂料加工的品质和涂膜性能的好坏。

树脂按其来源可以分为天然树脂和人工合成树脂两大类。最初在涂料工业中使用的树脂都是天然树脂,但由于一般的天然树脂在产量和性能上都满足不了日益发展的工业生产上的需要,随着近代化学工业的发展,人们已经能够生产出各种人工合成树脂,即用天然高分子化合物加工制得的人造树脂及用化工原料合成的合成树脂。人工合成树脂无论从品种、性能、产量和用途等方面都大大超过了天然树脂,现在使用的各种汽车涂料除个别品种外,基本上都是由人工合成树脂作为基料的。树脂的分类见表 3-2。

汽车涂料中常用的树脂有以下几种。

① 沥青。沥青是一种由碳、氢、氧、硫、氮等组成的复杂化合物。沥青光滑,性状或为黑色可塑性固体,或为黑色无定形黏稠状物质,易熔融,可溶于烃类溶剂或松节油中。沥青具有独特的耐水、耐酸碱性能,电绝缘性能优良,涂膜光滑,所以被广泛用来炼制防锈、防腐涂料用于车辆的底盘部位。

② 醇酸树脂。醇酸树脂是由多元醇(如甘油、季戊四醇等)和多元酸(如邻苯二甲酸酐、异苯二甲酸等)缩合而成。分为纯醇酸树脂和改性醇酸树脂两类。改性醇酸树脂又称聚酯树脂,是由纯醇酸树脂经植物油或其脂肪酸改性而成,具有极好的附着力、光泽、耐久

性、弹性、耐候性和绝缘性等，所以在涂料中应用广泛，不但可以用来制造清漆、底漆和原子灰等，还可与其他树脂合用以相互提高性能。

表3-2 树脂的分类

分类	组成
天然树脂	松香：脂松香、木松香
	化石树脂：琥珀、刚果柯巴树脂等
	半化石树脂及新生树脂：东印度树脂、乳香等
	动物胶：虫胶、牛皮胶等
	沥青：天然沥青
合成树脂	沥青：石油沥青、煤焦沥青、硬脂沥青
	松香衍生物：石灰松香、甘油松香等
	纤维衍生物：硝酸纤维素、醋酸纤维素、醋酸丁酸纤维素、乙基纤维等
	氧茚树脂、萜烯树脂等
	橡胶：氯化橡胶、环化橡胶等
	缩合型合成树脂：醇酸树脂、酚醛树脂、有机硅树脂、环氧树脂等
	聚合型合成树脂：聚氯乙烯树脂、过氯乙烯树脂、聚丙烯酸酯树脂等

③ 硝基纤维素。又称为硝酸纤维酯或硝化棉，是硝基漆的主要成分。硝酸纤维素是将植物纤维（如棉花纤维等）经过硝酸硝化后所得到的产品。它具有良好的耐油性，在常温下能耐水、耐稀酸；但极不耐碱、不耐光、遇热易分解，且易燃、易爆。它能与多种树脂互溶，能溶于酯、酮类溶剂而不溶于醇类和苯类溶剂。

④ 氨基树脂。氨基树脂是由醛类与氨类缩聚而成的热固性树脂。涂料工业中常用的有两种：一种是尿素与甲醛缩聚，并以丁醇或甲醇改性而成的称为"丁醇（或甲醇）改性尿素甲醛树脂"，简称"脲醛树脂"；另一种是用三聚氰胺或取代三聚氰胺与甲醛缩聚并以丁醇或甲醇改性而成的称为"丁醇（或甲醇）改性三聚氰胺甲醛树脂"，简称"三聚氰胺树脂"。

氨基树脂具有优越的保色、坚硬、光亮、耐溶剂及耐化学品的性能，但附着力差且过分坚脆，因此要与其他树脂如醇酸树脂等合用方可充分发挥各自的优点，既改善了氨基树脂的低附着力和硬脆性，又提高了醇酸树脂的硬度、耐碱性和耐油性。

⑤ 环氧树脂。凡分子结构中含有环氧基的聚合物即称为环氧树脂。它主要是由二酚基丙烷与环氧氯丙烷在碱性介质中缩聚而成的高分子聚合物。

环氧树脂具有粘合力强、收缩性小、稳定性高、韧性好、耐化学性和电绝缘性优良等优点。环氧树脂用来制造车用涂料，不但耐腐蚀方面优越，而且力学性能和弹性等都优于酚醛和醇酸树脂涂料，被广泛应用。

⑥ 聚氨酯树脂。聚氨酯树脂是聚氨甲基酸酯树脂的简称。聚氨酯树脂是由各种含异氰酸酯的单体与羧基或其他活性物质反应所得的聚合物，其结构中含氨基甲酸酯基团。除此之外，根据所用原料和制漆成膜方式的不同，聚合物结构中还可以含有脂肪烃、芳香烃、酯类、酰胺基、脲基、缩二脲基和脲基甲酸基等。

聚氨酯树脂性能优越，广泛用于制造防腐涂料和室内装饰涂料，并能与其他多种树脂合用制成多种性能优异的改性涂料。

⑦ 丙烯酸树脂。丙烯酸树脂是由各种丙烯酸单体聚合而成。丙烯酸树脂具有保光、保

色、不泛黄、耐候、耐热、耐化学品等性能，故被用来制造各种用途的涂料。

（2）颜料　颜料是具有一定颜色的矿物质或有机物质。它一般不溶于水或油等其他介质，但其细微个体粉末能均匀地分散在介质中。

颜料是涂料的次要成膜物质，它不仅使涂膜呈现必要的色彩，遮盖被涂物的底层，使涂膜具有装饰性，更重要的是它能改善涂料的物理及化学性能，提高涂膜的机械强度、附着力和防腐性能。有的颜料还可以滤去紫外线等有害光波，从而增强涂膜的耐候性和保护性，延长涂膜的使用寿命。例如，在有机硅树脂涂料中使用铝粉颜料，在高温下铝粉与硅形成硅、氧、铝键（═Si═O═Al═），能提高涂膜的耐高温性；在涂料中加入云母氧化铁可以放射紫外线和减少透水性，因而能显著提高涂膜的防锈、耐候和抗老化等性能。

颜料的品种很多，按它们的化学成分可以划分为有机颜料和无机颜料两大类。每大类中，按其来源不同又可以分为天然颜料和合成颜料。在涂料工业中，根据颜料在涂料中所起的主要作用不同，可分为着色颜料、体质颜料和防锈颜料3类。

① 着色颜料。着色颜料在涂料中的主要作用是赋予涂料各种不同的颜色，提高涂料的遮盖性能，满足涂料的装饰性和其他特殊的要求。常见的着色颜料类型见表3-3。

表3-3　常见的着色颜料类型

颜料类型	化学成分	颜料名称
白色颜料	无机	氧化锌、锌钡白、钛白、锑白、铅白、盐基性硫酸铅等
黑色颜料	有机	苯胺黑、磺化苯胺黑
	无机	炭黑、松烟、石墨等
红色颜料	有机	颜料猩红、蓝光色淀性红、黄光颜料红等
	无机	银朱、镉红、钼红、锑红等
黄色颜料	有机	颜料耐光黄、联苯胺黄、槐黄等
	无机	铅铬黄、锑黄、铬黄、锶黄等
绿色颜料	有机	孔雀石绿、维多利绿、亮绿、草绿等
	无机	铬绿、锌绿、铬翠绿、钴绿、巴黎绿、铁绿等
蓝色颜料	有机	酞菁铜、孔雀蓝等
	无机	铁蓝、群蓝、钴蓝等
紫色颜料	有机	氧化铜、甲基紫、苄基紫、茜素紫、枣红等
	无机	群青紫、钴紫、锰紫、亚铁等
氧化铁颜料	人造	氧化铁红、氧化铁黄、氧化铁黑、氧化铁绿等
	天然	土红、棕土、黄土、煅棕土、煅黄土等
金属颜料	—	铝粉、铜粉

② 体质颜料。又称为填料或填充料。涂料中凡折光率较低的白色或无色的细微固体粒子，配合其他颜料分散在有色颜料当中，用以提高颜料的体积浓度，增加涂膜的厚度和耐磨能力，几乎无着色力和遮盖力的，统称为体质颜料。体质颜料见表3-4。

③ 防锈颜料。防锈颜料是涂料中主要起防锈作用的底漆等的重要组成，多为具有化学活性的物质。

金属的腐蚀机理分为化学腐蚀和电化学腐蚀类。金属与接触到的介质（如氧气、二氧化硫、硫化氢等干燥气体或汽油、润滑油等非电解质）直接发生化学反应而引起的腐蚀称为化学腐蚀；不纯的金属或合金与液态介质（如水溶液、潮湿的气体）或电解质（如酸碱溶液）接触时，发生电化学反应而引起的腐蚀称为电化学腐蚀。一般情况下这两种腐蚀现象往往是同时发生的，但后者更为普遍。

表 3-4 体质颜料

颜料化学成分	颜料类型
碱土金属盐	硫酸钡、硫酸钙（也称石膏）、碳酸钙、石粉（也称大白粉）
硅酸盐	滑石粉、高岭土、石棉粉、云母粉、石英粉、硅藻土
铝镁轻金属化合物	碳酸镁、氧化铁、氢氧化铝

涂料用于防腐其主要作用是从两方面来进行的：一种是用物理隔绝的方法，即用与金属表面具有足够附着力的涂料将金属物体整体覆盖，使其不与外界介质直接发生接触，从而避免或减少金属化学腐蚀的发生；另一种方法是用化学侵蚀的方法，即用具有一定化学侵蚀作用的涂料涂布在金属表面，使其表面发生侵蚀作用而钝化，这样在与电解质接触时由于金属的钝化表面很难再发生电化学反应，从而达到防腐的目的。

防锈涂料由于起防锈作用的侧重点不同，有的偏重于物理防锈，有的偏重于化学活性防锈，因此采用的防锈颜料也不尽相同。

近年来还出现了一些新的品种，如磷酸锌、磷酸铁、钼酸锌、氟化铬和磷酸铬等，分别用于防锈涂料、磷化底漆、电泳底漆和预涂底漆中，也可与其他防锈颜料配合使用，使其具有更好的防锈效果。

(3) 溶剂 凡能够溶解其他物质的物质叫做溶剂。涂料用的溶剂是一种能溶解成膜物质（油料和树脂等）的、易挥发的有机液体。在涂料干燥成膜后，溶剂全部或部分挥发而不留存在涂层中，故溶剂又称为挥发成分。

溶剂是涂料的重要组成部分，起着辅助成膜的作用。它能溶解或稀释油料或树脂，降低其黏稠度以便于施工，并改善涂料的流平性，避免涂膜过厚、过薄起皱等弊病。还能对涂料的成品在储存过程中起稳定作用，不使树脂析出或分离以及变稠、结皮等。涂料施工后，溶剂能增加涂料对物体表面的润湿性和附着力，并随着涂料的干燥而均匀地挥发减少，使被涂物面得到一个薄厚均匀、平整光滑、附着牢固的涂膜。有的溶剂本身在涂料中既是溶剂又是成膜物质，如苯乙烯在无溶剂涂料中是很好的溶剂，但又能与树脂交联成膜，提高了涂膜的丰满度，同时减少了因溶剂挥发而造成的污染。

涂料中溶剂主要有以下特性。

① 溶解力。溶解力即溶剂溶解油料或树脂的能力。溶剂的溶解力越强，被溶于其中的物质浓度越大。

溶剂的溶解力与其分子结构有关，每种物质都只能溶解在和它分子结构相类似的溶剂中。如松节油对松香来说是溶剂，而对硝酸纤维来说它则没有溶解能力。所以，溶剂也是相对的，甲可以溶于乙中则乙是甲的溶剂；丙可以溶于丁中则丁是丙的溶剂；但甲不能溶于丁中，则丁就不是甲的溶剂。溶剂在使用中一定要注意不可用错，如果使用错误或不当，轻则导致涂膜粗糙不光滑或影响涂膜质量，重则会导致涂料失效报废。

下面是依据溶剂的官能团将常用溶剂进行简单的分类。

  a. 醇类：甲醇、乙醇、丁醇。

  b. 酯类：乙酸乙酯、丁酸乙酯。

  c. 醚类：乙基溶纤素、丁基溶纤素。

d. 酮类：丙酮、丁酮、甲基异丁酮。

e. 硝基化物：硝基乙烷、硝基丙烷。

f. 烃类

（a）脂肪烃：汽油、石油醚；

（b）芳香烃：苯、甲苯、二甲苯；

（c）卤代烃：三氯乙烯、四氯乙烯。

② 沸点和挥发率。溶剂的挥发率即溶剂的挥发速率，它能控制涂膜处于流体状态的时间长短。挥发率必须适应涂膜的形成，太快会影响流平，造成橘皮或干喷；太慢会造成针孔、起泡、流挂、干燥时间过长等。

溶剂的沸点可以作为比较挥发速率的参考数据。溶剂可根据其沸点的高低粗略地分为3类。

低沸点溶剂：沸点在100℃以下。

中沸点溶剂：沸点在100～150℃。

高沸点溶剂：沸点在150℃以上。

低沸点溶剂在喷涂时涂料从喷枪口到物面的过程中就能大部分挥发掉，使到达物面上的涂料的固体含量和涂料黏度都得到了提高；高沸点溶剂可以用来提高涂膜的流动性，它们能使涂膜在较长时间内保持流动性；中沸点溶剂在各种场合的涂料中都能用，它们最初使涂料保持流动性，当喷涂到物面一段时间后能使涂膜较快地凝固。

根据溶剂的这一特性，汽车涂料中常将稀释剂制成快干、中性和慢干等几种。快干稀释剂用于较低的环境温度条件（15℃以下）施工和环境比较差，灰尘较多的场合；慢干稀释剂用于施工环境温度较高（35℃以上）或大面积喷涂时使用；中性稀释剂使用的场合较为广泛，大部分施工条件均可使用。

③ 闪点。闪点即指混合气体在遇火花或火焰产生爆燃的最低温度。涂料中含有大量的易燃液体，这些易燃液体会逐渐挥发。当一定空间内，挥发的易燃液体蒸气与空气相混合形成非常危险的混合气体，此时在一定温度条件下，混合气体遇到火花或火焰会突然燃烧（爆燃）。熟知各种常用溶剂的闪点对于安全施工具有非常重要的意义。

④ 毒性和气味。某些溶剂如苯，对人体有积累性毒性，而另一些溶剂在空气中的浓度超过一定数值之后对人体也是有害的。溶剂一般都有不同程度的刺激性气味，可以刺激人的呼吸道，所以在使用溶剂时一定要注意安全和劳动保护。

很多汽车涂料在其溶剂成分中有两种或两种以上的溶剂，这些溶剂在涂料当中的作用是不同的。按其在涂料中的作用，一般将它们划分为真溶剂、助溶剂和稀释剂3类。

a. 真溶剂。真溶剂是具有溶解涂料所用的有机高聚物的能力的溶剂。

b. 助溶剂。又称为潜溶剂，它本身不能溶解有机高聚物，但在一定的限量内与真溶剂混合使用则具有一定程度的溶解能力，并可影响涂料的其他性能。

c. 稀释剂。稀释剂本身也不能溶解有机高聚物，也不具备助溶作用，但在一定量内和真溶剂和助溶剂混合使用则可以起到溶解和稀释的作用。

稀释剂的价格要比前两者低很多，为降低涂料的成本。大多数涂料中都含有比真溶剂便宜的稀释剂。在施工时，为了调整涂料的黏度，保证良好的喷涂雾化效果和涂膜质量，都要使用稀释剂，但稀释剂的使用量必须有一定的限度，因为溶液型涂料无论是在储存、施工和干燥过程中都必须保持溶液状态，涂料中要保持足够的溶剂存在并使涂料中最后挥发的分子是真溶剂。如果在涂料应用的任何一个阶段中稀释剂变得过多，就会使成膜聚合物沉淀析出。这时，如果涂料是清漆就会发混；如果是色漆则会使涂膜的光泽降低。

(4) 辅助材料　辅助材料又称为助剂，它虽然不是主要或次要的成膜物质，用量一般又很少，但它对改善涂料的性能，延长储存时间，扩大涂料的应用范围，改进和调节涂料施工的性能，保证涂装品质等方面都起很大的作用。

涂料的辅助材料品种很多，根据它们的功能来划分，主要品种有：催干剂、防潮剂、固化剂、紫外线吸收剂、悬浮剂、流平剂和减光剂等。这些辅助材料有些是在涂料制造时就添加到涂料当中的，如悬浮剂、紫外线吸收剂等；有些需要根据施工情况进行添加，如防潮剂、流平剂、减光剂等。

① 催干剂。催干剂是一种能加速涂层干燥的物质，多使用于醇酸树脂涂料中。催干剂能促进涂膜中树脂的氧化-聚合作用，大大缩短涂膜的干燥时间，尤其是在冬季施工中涂膜干燥很慢的情况下，加入催干剂后即使环境温度没有变化，干燥时间也会有明显的提高。

② 防潮剂。也称化白剂、化白水，是由高沸点的酯类、酮类溶剂组成的。将它加入硝基漆等自然挥发型涂料中能防止涂膜中的溶剂挥发时产生的泛白现象。此外施工环境温度过低接近露点或空气湿度过高和喷涂用的压缩空气中含有过多的水分等，也会引起泛白。涂料中加入适量的防潮剂后，由于高沸点溶剂的增多，可减缓溶剂的挥发速度，减少水分凝结现象的发生。

③ 固化剂。固化剂多为酸、胺、过氧化物等物质，与涂料中的合成树脂发生反应而使涂膜干燥固化。该类型的涂料在未加入固化剂时一般不会干燥结膜，与固化剂混合后在常温下即可发生化学反应而干燥固化。若适当加温（50~80℃）效果更好。不同树脂的涂料所使用的固化剂成分也不同，例如聚酯树脂用过氧化物作为固化剂；环氧树脂用胺类作为固化剂；丙烯酸聚氨酯类用含异氰酸酯类为固化剂等。

④ 紫外线吸收剂。紫外线吸收剂对阳光中的紫外线有较高的吸收能力，添加在涂料当中可减少紫外线对涂膜的损害，防止涂膜粉化、老化和失光等。

⑤ 悬浮剂。悬浮剂主要用来防止涂料在储存中结块。涂料中加入悬浮剂后，可使涂料稠度增加但松散易调和。

⑥ 流平剂。流平剂能降低涂料的表面张力，防止缩孔的产生，增加涂膜的流平性能。在喷涂时，由于被涂物表面清洁不彻底，残存有油脂、蜡渍等或由于压缩空气中含有未过滤的油分，会由于该部分涂膜表面张力增大而产生缩孔现象，俗称鱼眼、走珠。在发生此类故障时，在涂料中适量加入流平剂缩孔的现象会大大改善。

⑦ 减光剂。减光剂具有降低涂膜光泽的作用。有时为了喷涂特殊部位，如塑料保险杠等，需要使涂料产生哑光效果，适量加入减光剂可以达到所需的要求。

涂料的辅助材料种类多样，品种繁多，以上介绍的仅为比较常用的一些，还有很多这里不做介绍。

2. 涂料的干燥和成膜机理

(1) 涂膜的干燥　涂料的干燥成膜是指涂料施工后，由液态或黏稠状涂膜转变成固态的化学和物理变化过程。为了达到预期的涂装目的，除了合理地选用涂料，正确地进行表面处理和施工外，充分而适宜的干燥过程也是重要的环节。涂料施工后，未经过适当的干燥，既不能保证涂膜的性能，又会影响以后的涂膜处理工作（比如抛光等），严重的甚至会前功尽弃。在涂料施工中，由于干燥不良经常造成涂膜的品质事故。所以，涂料的干燥是涂装施工中重要的环节。

涂料的干燥方式主要有自然干燥、加速干燥和高温烘烤干燥 3 种。

① 自然干燥。也称空气干燥，它是指涂膜可以在室温条件下干燥，其干燥条件是温度为 15~20℃，相对湿度不大于 80%。可自然干燥的涂料包括溶剂挥发型、氧化-聚合型和双组分型涂料等。自然干燥型涂料由于在自然环境下就可以固化，对促进涂膜固化的设备要求不高或不要求，因此广泛应用在工业涂装领域，比如桥梁、汽车修理、船舶修理等，还可用于不适宜高温烘烤的皮革、塑料制品的涂装上色等。

② 加速干燥。为了缩短涂装的施工周期，加快生产速度和效率，常常在自然干燥型涂料中加入适量的催干剂以促进固化。另一种加速干燥的方法是将自然干燥型涂料在一定的温度下（50~80℃）低温烘烤。例如醇酸磁漆在常温下完全干燥需要 24h，而在 70~80℃时仅仅需要 3~4h。适于低温烘烤加速干燥的涂料与一般自然干燥型涂料有一定的区别。由于涂料的主要成膜物质不同，有些树脂具有热塑性，即在常温下是固体性状，而加温到一定程度时会变软，恢复或部分恢复其可塑性，以这类树脂为主要成膜物的涂料要加速干燥只能用加入催干剂的方法，而不能用低温烘烤。

③ 高温烘烤。有许多涂料在常温下是不能干燥结膜的，涂料中的树脂在高温的作用下才引起化学反应而交联固化成膜，这一类涂料称为热聚合型涂料。热聚合型涂料经烘烤干燥后的涂层在硬度、附着力、耐久性、耐腐蚀、抗氧化和保光、保色以及涂料的鲜映性等方面都要比自然干燥型和加速干燥型涂料要好得多。许多高品质、高装饰性涂层多用这种涂料。

自然干燥型和加速干燥型涂料由于干燥温度比较低，所以又称为低温涂料。在汽车修理涂装中由于车身上许多部件不耐高温的烘烤，因此通常采用低温涂料。而大型的汽车制造厂家在新车制造的自动喷涂流水线上通常使用高温烘烤型涂料。

(2) 涂料的成膜机理　涂料在涂布之后到干燥成膜期间要有一系列的化学和物理变化，不同的涂料其干燥成膜机理也不同。涂料的干燥成膜方式主要有溶剂挥发干燥成膜和化学反应干燥成膜两大类，其中化学反应干燥成膜又有氧化聚合型、热聚合型和双组分型 3 种。

① 溶剂挥发干燥成膜。溶剂挥发干燥成膜指依靠涂料中的溶剂自然挥发而干燥成膜。这种自然干燥的涂料在干燥成膜后树脂的分子间并没有交联，所以每层涂膜干燥后要薄一些，因此需要涂装的层道数多一些，往往需要几道甚至十几道。另外，这种涂料的涂膜很容易被溶剂溶解掉，其耐溶剂性能要差一些。这种涂料的典型代表为硝基涂料。硝基涂料在被发明后成为天然树脂涂料的替代品一度被广泛应用于汽车的涂装，到 20 世纪五六十年代后逐渐退出了汽车制造涂装，但在汽车修补涂装中还在继续，现在仍有部分地区和部分车辆使用。溶剂挥发干燥成膜机理示意图如图 3-1 所示。

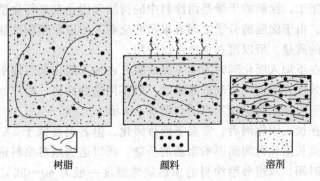

图 3-1　溶剂挥发干燥成膜机理示意图

② 氧化聚合型涂料的干燥成膜。氧化聚合型涂料的干燥成膜是在涂料中溶剂挥发的同时，树脂靠吸收空气中的氧而氧化聚合交联。由于涂膜的分子之间有了交联，所以涂膜的性

能比依靠自然挥发而干燥成膜的涂料要有一定的提高。但因为该种涂料是有限交联，而且需要很长的时间，因此这种涂料被应用于一部分底漆和中涂底漆，在出现了双组分型涂料之后很快被代替。氧化聚合型干燥成膜机理示意图如图3-2所示。

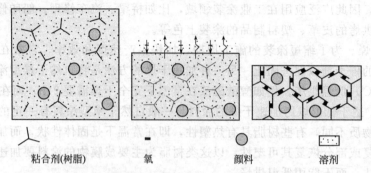

图3-2　氧化聚合型干燥成膜机理示意图

③热聚合交联型干燥成膜。涂料是在高温下树脂发生化学反应而紧密交联干固成膜，干燥后的涂膜为热固性，并不能被溶剂溶解，涂膜性能非常好。这种涂料在常温下不会干燥，所以适宜大规模的涂装生产和有高温烘烤设备的大型涂装流水线使用，因此被广泛应用于汽车制造涂装流水线，通常被称为原厂漆或高温漆。现在所见到的轿车的原厂漆绝大多数是这种涂料。热聚合交联型干燥成膜机理示意图如图3-3所示。

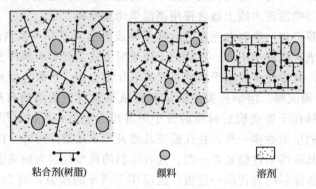

图3-3　热聚合交联型干燥成膜机理示意图

④双组分聚合型涂料。双组分聚合型涂料由涂料和与之配合使用的固化剂按照一定的比例混合之后进行施工，涂膜的干燥是由涂料中的树脂和固化剂进行化学反应，分子之间产生紧密交联而成膜。由于涂膜的分子之间有紧密的交联，所以涂膜的性能非常优越，具备与原厂涂层不相上下的质量，所以现在也被广泛应用。

双组分型涂料在不加入固化剂时不能干燥成膜，在加入固化剂后即引起化学反应，所以具有一定的使用时效性，因此汽车制造流水线一般不用这种涂料，而广泛应用于汽车的修理涂装。双组分聚合型干燥成膜机理示意图如图3-4所示。

双组分型涂料在加入固化剂后，常温下即可固化。但若温度低于5℃时，会使化学反应缓慢甚至不反应，延长固化时间而影响涂膜的质量，所以适当地对涂料进行加温能促进反应的速度，加快干燥时间。双组分型涂料的加热烘烤温度一般为60～80℃，不可过高。这主要是因为：一方面由于汽车修补涂装时往往是整车进行烘烤，汽车上有很多部件是不耐高温的，若温度过高会造成损坏；另一方面是因为如果在烘烤时温升过快或温度过高会引起涂膜在干燥过程中产生应力而影响涂膜的性能。

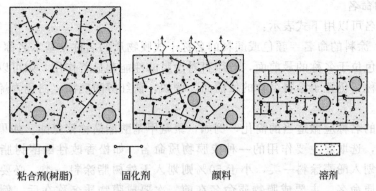

粘合剂(树脂)　　　固化剂　　　颜料　　　溶剂

图 3-4　双组分聚合型干燥成膜机理示意图

三、涂料的命名和分类

对于涂料的命名和分类，我国的国家标准有明确的规定。但是，由于现在许多国外的品牌涂料和中外合资企业生产的涂料多半沿用的是国外品牌的代号，所以比较繁杂。在这里简单介绍我国关于涂料的命名和分类的规定。

1. 涂料的分类

我国国家标准《涂料产品、命名和型号》（GB 2075—92）规定，涂料产品的分类是以涂料基料中主要成膜物质为基础，若主要成膜物质为混合树脂，则按其在涂膜中起主要作用的一种树脂为基础。成膜物质分为17类，相应地，涂料产品分为17大类，其类别代号见表3-5。

表 3-5　成膜物质分类表

成膜物质类型	主要成膜物质
油脂	天然植物油、鱼油、合成油等
天然树脂	松香及其衍生物、虫胶、动物胶、大漆及其衍生物
酚醛树脂	醛酸树脂、改性醛酸树脂
沥青树脂	天然沥青、煤焦沥青、硬质沥青、石油沥青
醇酸树脂	甘油醇酸树脂、改性醇酸树脂、及其他醇类的醇酸树脂
氨基树脂	脲醛树脂、三聚氰胺甲醛树脂等
硝基	硝基纤维素、改性硝基纤维素
纤维素	乙基纤维、苄基纤维、醋酸纤维、羟基纤维等
过氯乙烯树脂	过氯乙烯、改性过氯乙烯
烯烃类树脂	氯乙烯共聚物、聚苯酸乙烯及其共聚物、聚苯乙烯树脂、氯化聚丙烯树脂等
丙烯酸树脂	丙烯酸树脂及其共聚物改性树脂
聚酯树脂	饱和聚酯树脂、不饱和聚酯树脂
环氧树脂	环氧树脂、改性环氧树脂
聚氨酯树脂	聚氨基甲酸酯
元素有机聚合物	有机硅、有机钛、有机铝等
橡胶	天然橡胶及其衍生物
其他	以上16类不能包括的成膜物质，如无机高分子材料、聚酰亚胺树脂等

2. 涂料的命名

涂料的命名可以用下式表示：

涂料的命名＝颜色或颜料的名称＋成膜物质的名称＋基本名称

涂料的颜色位于名称的最前面，若颜料对涂膜的性能起显著作用，则可以用颜料的名称代替颜色的名称，仍置于涂料名称的最前面。例如，铁红醇酸底漆、白色丙烯酸磁漆、锌黄酚醛防锈漆等。

成膜物质的名称应做适当的简化，例如，聚氨甲基酸酯简称聚氨酯。如果基料中含有多种成膜物质时，选取起主要作用的一种成膜物质命名。如松香改性酚醛树脂占树脂总量的50%以上，则划入酚醛涂料一类，小于50%则划入天然树脂涂料一类。必要时，也可以选取两种成膜物质命名，主要成膜物质命名在前，次要成膜物质名称在后，例如，环氧硝基磁漆。

对于涂料的名称，仍采用我国已经广泛使用的名称，如清漆、磁漆、罐头漆、甲板漆等。凡是烘烤干燥的涂料，名称中都有烘干或烘字样。如名称中没有烘干或烘字样，即表明该漆是常温干燥或烘烤干燥均可。

3. 涂料的型号

为了区别同一类型的各种涂料，在名称之前必须有型号。

涂料的型号由三部分组成：第一部分由字母表示涂料的类别，是按成膜物质划分的；第二部分是基本名称，用两位数字表示；第三部分用数字表示涂料产品的序号。第二部分与第三部分之间用短划线"－"隔开。如C04-2，其中C表示主要成膜物质为醇酸树脂；04代表磁漆；2表示有光；在氨基漆类中，清漆、磁漆、底漆等的产品序号划分不符合此原则，而是按自干型漆划分；属于酸固化氨基自干漆，也按此规定，但在型号之前用"＊"加以标志。氨基专业用漆按涂料专业用漆的序号统一划分。涂料类别及代号见表3-6。涂料基本名称及代号见表3-7。涂料产品的序号代号见表3-8。

表3-6 涂料类别及代号

代号	涂料类别	代号	涂料类别
Y	油脂漆类	X	烯类树脂漆类
T	天然树脂漆类	B	丙烯酸漆类
F	酚醛树脂漆类	Z	聚酯漆类
L	沥青漆类	H	环氧树脂漆类
C	醇酸树脂漆类	S	聚氨酯漆类
A	氨基树脂漆类	W	元素有机漆类
Q	硝基漆类	J	橡胶漆类
M	纤维素漆类	E	其他漆类
G	过氯乙烯漆类		

4. 辅助材料的编号规则

涂料用的辅助材料有稀释剂、防潮剂、催干剂、固化剂等，其型号由一个汉语拼音字母和1~2个阿拉伯数字组成，在字母和数字之间用短划线"－"分隔。字母表示辅助材料的分类；数字表示序号，用以区别同一类型的不同品种。例如，X-5为丙烯酸漆稀释剂；J-1为环氧漆固化剂。辅助材料的类别代号见表3-9。

表 3-7 涂料基本名称及代号

代号	基本名称	代号	基本名称
00	清油	38	半导体漆
01	清漆	40	阻污漆、防蛆漆
02	厚漆	41	水线漆
03	调合漆	42	甲板漆、甲板防滑漆
04	磁漆	43	船壳漆
05	粉末涂料	50	耐酸漆
06	底漆	51	耐碱漆
07	腻子	52	防腐漆
09	大漆	53	防锈漆
11	电泳漆	54	耐油漆
12	乳胶漆	55	耐水漆
13	其他水溶性漆	60	耐火漆
14	透明漆	61	耐热漆
15	斑纹漆	62	示温漆
16	锤纹漆	63	涂布漆
17	皱纹漆	64	可剥漆
18	裂纹漆	66	感光涂料
19	晶纹漆	67	隔热涂料
20	铅笔漆	80	地板漆
22	木器漆	81	渔网漆
23	罐头漆	82	锅炉漆
30	绝缘漆(浸渍)	83	烟囱漆
31	绝缘漆(覆盖)	84	黑板漆
32	磁漆(绝缘)	85	调色漆
33	绝缘漆(粘合)	86	标志漆、马路划线漆
34	漆包线漆	98	胶液
35	硅钢片漆	99	其他
36	电容器漆	67	
37	电阻漆、电位器漆	80	

表3-8 涂料产品的序号代号

涂料品种		代　　号	
		自干	烘干
清漆、底漆、腻子		1～29	30以上
磁漆	有光	1～9	50～59
	半光	60～69	70～79
	无光	80～89	90～99
专业用漆	清漆	1～9	10～29
	有光磁漆	30～49	50～59
	半光磁漆	60～64	65～69
	无光磁漆	70～74	75～79
	底漆	80～89	90～99

表3-9 辅助材料的类别代号

代号	辅助材料名称	代号	辅助材料名称
X	稀释剂	T	脱漆剂
F	防潮剂	H	固化剂
G	催化剂		

第二节　汽车涂装常用涂料

目前汽车涂装常用的材料种类繁多，归纳起来大致可分为底层涂料、中涂漆、素色面漆和金属色面漆、进口汽车涂料、汽车修补涂料、阻尼涂料、原子灰与麻眼灰及其常用辅助材料如稀释剂、固化剂、脱漆剂与接口水、密封胶等。其中面漆涂料是汽车多层涂装中最后涂层用涂料，它直接影响汽车外观的装饰性能与耐候性等。

一、底漆

底漆也称底层涂料。底层涂料是汽车涂装使用的第一层涂料（即头道底漆）。它的作用是对金属基材有较好的附着力和防锈、防腐性能，同时对中涂漆和面漆也有很好的结合力。对非金属基材（如塑料、玻璃钢、木质面等）所用的底层涂料应具有对基材附着力强且与中涂漆和面漆涂料配套好等特点，可直接在板件上使用。

1. 金属基材常用的底层涂料

金属基材常用的底层涂料可分为钢铁制品用底层涂料和铝材用底层涂料两大类型。

钢铁制品在汽车制造过程中常用的底层涂料主要有防锈漆和铁红底漆两种类型。铝材常用的底层涂料主要有锌黄底漆等。

（1）汽车涂装常用的防锈漆品种　汽车涂装常用的防锈漆品种见表3-10。

表 3-10 汽车涂装常用的防锈漆品种

序号	型号标号	名 称	组成、特性和用途	备 注
1	F53-32 HG2-582 HG2-74	灰酚醛防锈漆（灰防锈漆）	由氧化锌与长油度酚醛漆料等颜料、体质颜料研磨并加催干剂和 200 号油漆溶剂油等调配而成；防锈性能较好，主要用于普通中档客车的钢制骨架等防锈打底	施工方式用浸涂、刷涂均可，不适于喷涂，否则易产生流漆
2	F53-33 HG25-83 HG2-74	铁红酚醛防锈漆，也称磁性铁红防锈漆或铁红防锈漆	由长油度或中油度酚醛漆料与铁红和适量的防锈颜料研磨并加催干剂、200 号油漆溶剂油调制配成；附着力好，但漆膜较软，主要用于涂覆室内外防锈要求不高的钢铁结构表面	采用刷涂、喷涂均可，但不适于喷涂
3	F53-34 HG2-24 HG2-74	锌黄酚醛防锈漆，也称锌黄防锈漆	由长油度酚醛漆料与锌黄、氧化锌等颜料、体质颜料研磨并加催干剂、200 号油漆溶剂油调配而成；因锌黄能使金属表面钝化，故有良好的保护性。适于铝及其他轻金属物体的表面涂装，作防锈打底用，不适于钢铁表面防锈	
4	F53-36	铁黑酚醛防锈漆，也称黑防锈漆（企标）	由长油度酚醛漆料与铁黑等颜料、体质颜料研磨并加催干剂、200 号油漆溶剂油调制而成；涂刷性好，用于室内外要求不高的建筑表面作打底或盖面用，也可用作钢铁的防锈	适用于客车的发动机盖、脚踏板及挡泥板等部件表面防锈涂装，也可作黑面漆用
5	F53-39	硼钡酚醛防锈漆	由长油度酚醛树脂漆料、偏硼酸钡、体质颜料研磨并加催干剂、200 号油漆溶剂油调配而成；防锈性及附着力良好，适用于各种钢铁制件表面的涂装	施工方式以刷涂为主
6	F53-40	云铁酚醛防锈漆	由酚醛漆料与云母氧化铁粉、铝粉浆、滑石粉研磨并加催干剂、200 号油漆溶剂油调配而成；防锈性能好且涂刷方便，用于涂刷钢铁物件，起防锈打底作用	适于刷涂
7	C53-32	锌灰醇酸防锈漆（企标）	由长油度醇酸树脂与氧化锌等防锈颜料及少量体质颜料混合研磨后再加入催干剂与有机溶剂等调制而成；干燥和防锈性及耐久性比酚醛防锈漆好。适用于涂灰色的汽车钣金件、底架等打底防锈	刷涂、喷涂均可；刷涂用松节油调稀，喷涂用二甲苯调稀
8	C53-34	云母铁红醇酸防锈漆（企标）	由长油度季戊四醇酸树脂、云母氧化铁颜料、催干剂、有机溶剂等调成；漆膜坚韧，附着力好并具有较好的耐候性、防潮性及抗污气的拒蚀性能，适用于各种汽车车架等起防锈打底作用	喷涂、刷涂均可，刷涂时用松节油稀，喷涂时用二甲苯调稀
9	KC	磁化铁醇酸快干防锈漆（新型防锈漆）	由亚麻油、磁化铁颜料（黑色或棕色）与适量的填料、催干剂、有机溶剂等调制而成，干燥快，防锈性优，适用于一般汽车零部件表面防锈与打底	施工方式采用刷涂、浸涂均可
10	C53-33	锌黄醇酸防锈漆，也称 726 醇酸锌黄防锈漆（企标）	由酚醛改性醇酸树脂与锌铬黄等防锈颜料经研磨后加入催干剂，并用 200 号油漆溶剂油苯调制而成，漆膜防锈性能好，干燥较快；适用于铝金属及其他轻金属器材、物件等，起表面防锈及打底作用	刷涂、喷涂均可

(2) 汽车涂装常用的底漆品种 汽车涂装常用的底漆品种见表 3-11。

(3) 汽车涂装常用的电泳漆品种 电泳涂装是现代轿车车身表面涂漆的新工艺，它是利用水溶性涂料液（阳离子型电泳漆）在电场下产生的电泳、电解、电沉积的电渗作用，使浸在漆液中的工件被涂上漆。它生产效率高，质量好，漆膜附着力强且平整光滑；不论箱体断面结构及边、角、棱、焊缝等复杂部位都能均匀涂上漆，漆的利用率高达 90%～95%（喷涂仅达 60%），对环境污染小，但只能当底漆用。汽车涂装常用的电泳漆品种见表 3-12。

2. 非金属基材常用的底层涂料

汽车制造使用的非金属材料主要有玻璃钢和塑料两类材质，如各种轿车的保险杠、客车的保险杠多用玻璃钢或塑料材料制成，而各种中、高档客车的前后围则主要使用玻璃钢材料，同时各种汽车的前面罩、挡泥板、仪表板、轮罩等也由塑料或玻璃钢制成。对于这些基材的底漆涂装，必须使用专用底漆或多功能底漆进行涂装，才能保证涂层的质量达到优良，并提高外表装饰性。而对于竹制底板或各种公交普通中档长途客车的里部使用木制或塑料制地板，也要使用专用底漆进行涂装，如竹材压缩制成的底板（车架上铺用），可用防蛀的沥青作为底漆，塑料地板多用铁红或紫红色地板漆涂装。

表 3-11 汽车涂装常用的底漆品种

序号	型号标号	名称	组成、特性和用途	备注
1	L06-33	沥青烘干底漆	由石油沥青、松香改性树脂、干性油、黑颜料、体质颜料、200号溶剂、苯类溶剂等组成，附着力强、防潮、耐水、耐热、耐润滑性能良好；适用于发动机等金属表面打底	施工方式采用浸涂、喷涂均可，烘干条件为180℃/30min
2	L06-34	沥青烘干漆	由沥青漆料、炭黑、200号汽油等溶剂组成；附着力好、遮盖力强、漆膜坚硬，适用于汽车发动机等底漆涂装	施工方式采用喷涂、浸涂均可
3	L06-39	沥青烘干漆	由石油沥青、松香改性酚醛树脂、黑颜料、体质颜料、200号溶剂、苯类溶剂等组成；能耐200℃高温；主要用于耐烘烤的汽车零部件打底	施工方式采用喷涂、浸涂均可
4	C06-1 HG2-113 HG2-74	铁红醇酸底漆	由改性的中长油度醇酸树脂、氧化铁红、铬黄等颜料、体质颜料、催干剂、有机溶剂等混合调制而成，防锈性能和附着力均良好，同硝基、醇酸等多种面漆涂层的结合力良好；适用于各种车辆、机器等金属表面打底	施工方式采用喷涂，稀释用二甲苯或X-6稀料
5	C06-17	铁红醇酸底漆（企标）	由铁红颜料、酚醛改性醇酸树脂、体质颜料、催干剂、有机溶剂等组成。干燥快、附着力及耐硝基性良好，适用于普通汽车车身及零部件等打底漆	喷涂施工，自干、烘干均可
6	106-4 HG2-614 HG2-74	各色硝基底漆	由硝化棉、醇酸树脂、松香甘油酯、防锈颜料、体质颜料、稀料等组成。干燥快易打磨，但性能不如其他底漆，主要用于汽车局部补修底漆，加快修补施工进度	喷涂施工，采用X-1、X-2硝基稀料调稀
7	G06-4 HG-623 HG-74	锌黄过氯乙烯底漆	由过氯乙烯树脂、醇酸树脂、颜料、体质颜料及酯、有机溶剂、二甲苯、酮类等混合而成，干燥比硝基底漆快，防锈及耐化学性比底漆好，附着力不太好，但低温烘烤可提高附着力。适用于普通车辆打底防锈	喷涂施工
8	806-4 HG2-27 HG2-74	（分装）乙烯磷化底漆	漆料和磷化液分装，使用时按比例混合，用于钢铁基材表面能代替磷化处理，可防锈蚀和增强有机涂层结合力	喷涂施工
9	H06-1	云母环氧底漆（分装）（企标）	组分一：由601环氧树脂、煤焦沥青、云铁、铝粉浆和二甲苯、丁酯等组成 组分二：己二胺乙醇按比例使用；自干性好，附着力强漆膜耐盐雾、耐温热、耐水等性能优；适用于沿海地区及亚热带地区汽车骨架漆涂装	喷涂施工
10	H06-2 HG2-605 HG2-76	铁红、锌黄环氧酯底漆	由环氧酯与铁红或锌黄等防锈颜料与体质颜料混合研磨后加入少量氨基树脂、催干剂、有机溶剂制成漆膜，干燥快韧、附着力强，同乙烯磷化底漆配套用可提高漆膜的三耐性能（耐湿热、耐盐雾、耐水），适用于沿海及湿热带气候地区的汽车金属基材作底漆，其中铁红用于钢铁表面，锌黄用于铝材表面，自干、烘干均可	喷涂施工为主，用环氧稀料调稀
11	H06-3	铁红、锌黄环氧底漆	组成简单且具有良好的耐化学性能和耐水性，附着力强，适用于能烘烤的汽车金属件打底及驾驶室覆盖件	同 H06-2
12	H06-19	铁红、锌黄环氧酯底漆	组成同 H06-2 基本相同，漆膜坚硬，耐久性及附着力好，可与磷化底漆配套用于驾驶室、覆盖件	同 H06-2
13		防护绿底漆	双组分环氧树脂漆，适用于车身或汽车底盘打底，表面平滑易打磨，对金属附着力好，可作为原子灰的底层	

表 3-12 汽车涂装常用的电泳漆品种

序号	型号	名　称	特点与用途
1	F08-9	棕黄酚醛电泳漆	高电压、高泳透力、漆液稳定性好，采用电泳方法施工，主要用于汽车驾驶室
2	F11-90	铁红纯酚醛烘干电泳漆	采用电泳方法施工，烘干漆膜性能同F06-9，附着力好，用于汽车覆盖件，包括水箱罩、发动机罩、前保险杠、翼子板、百叶窗
3	F08-17	铁红纯酚醛电泳底漆	主要用于铸件
4	F08-10	铁红纯酚醛电泳底漆	采用电泳方法施工，漆膜附着力强，防锈性好，漆膜平整且同面漆结合力好，用于覆盖件
5	F06-5	铁红环氧电泳底漆	采用电泳施工，蒸馏水作溶剂，附着力好、耐水、耐湿及防锈性能优，用于能烘烤的汽车金属件打底及驾驶室覆盖件等
6	F11-55	保护色纯酚醛烘干电泳漆	特性同H06-5，适用于汽车防锈
7	F11-57	各色纯酚醛烘干电泳漆	采用电泳施工，烘干；漆膜丰满，附着力、耐水性、耐腐蚀性及力学性能均良好，漆液稳定性也较好，用于涂装金属结构和零部件
8	F11-54	各色酚醛油性烘干电泳漆	电泳施工，烘干，具有良好附着力、耐水性、耐腐蚀性和力学性能，漆液稳定性好，用于涂装钢铁金属表面
9	TH-200	阴极电泳漆	双组分型阴极电泳涂料，具有高泳透力、高防腐蚀性能（耐盐雾大于或等于1000h），适用于汽车车身、车辆及零部件涂装
10	TH11-92	阴极电泳漆(灰色、黑色)	双组分型阴极电泳涂料，具有高泳透力、高防腐蚀性能，适用于汽车车身、车辆及零部件涂装

(1) 塑料基材常用的底漆品种　如 D815、D816 是两种专用塑料底漆，都是附着力促进剂，适用于汽车上的各种塑料底材。D834/835 环氧底漆适用于其他所有的塑料底材。立邦 PP 透明塑料底漆是聚丙烯保险杠专用底漆。

另外，还有日本关西涂料公司的 SOFLEX 系列塑料用涂料及北京阿克苏涂料公司生产的红狮塑料底漆及福莱姆 XTD 系列底层涂料 XTD6900 等。

(2) 多功能底漆品种　如鹦鹉牌汽车修补用底涂料中的 285-100 填充底漆，它特别适用于塑料配件，也适用于全车喷涂或小修补。其填平性和耐候性优良，而且容易施喷，可湿碰湿喷涂。801-1552 环氧树脂底漆防锈性极佳，不仅适用于钢板、铝板，还适用于塑料件，用来增强附着力。

(3) 客车底板用底漆　客车底板指各种中档客车车身里部底架上铺设的 20～25cm 厚竹材或木材压缩板，对这种压缩板往往使用沥青漆进行两面封闭型（正面和背面都要涂漆）涂装，以防板材受潮开裂或翘皮。这种沥青漆是由天然沥青或石油沥青经热炼过滤后与酚醛树脂混合热炼，再加入适量催干剂和有机溶剂混合调制而成，具有涂刷性好、防虫蛀、耐水、耐潮性好等优良性能，主要用于竹制或木制板的封闭底漆。

(4) 客车地板用底漆　客车地板包括公交车里的地板，不论是木地板或塑料地板（包括铝合金地板），都可使用铁红或紫红色酚醛地板漆进行涂装。该地板漆的特点是：刷涂性好，耐水，耐擦，一般涂两道为宜。

二、中涂漆

中涂漆也称中涂涂料、中间层漆、二道浆、二道底漆或可喷腻子，主要用于汽车涂层的底漆（或腻子）上面与面漆的下面，是介于底漆与面漆涂层之间的用来增加涂层厚度并协助底漆、腻子进一步填平基层细微缺陷，提高面漆鲜映性与光泽等所用的涂料。中涂漆颜料和

图 3-5 中涂漆

填料的含量比底漆多，比腻子少，涂料中不含防锈颜料，流平性与填密性好，表干速度快，可一次性喷涂 2~3 道或 3~4 道，将涂层表面上的细小缺陷填平为止，但不能作为头道底漆使用，以防影响涂层的附着力，其颜色多为灰色和黄色，为节省面漆材料和简化车身内部涂装工艺，会倾向与面漆同色。常用的中涂漆品种繁多，除各种型号的二道底漆外，还有各种油漆厂生产的与面漆、底漆配套的各种中涂漆。近几年杜邦与 ICI 公司又发展并推出了可调灰色度底漆与中涂漆，用户可以利用浅灰、中灰与深灰三种颜色调配出各种不同色调的底漆二道浆来与面漆配伍，这样不仅可提高遮盖力，还能有效减少喷涂次数，达到完全遮盖，且省料、省时、省工，很值得推广。中涂漆施工采用手工喷涂或自动静电喷涂均可，具有良好的湿打磨性，且打磨后能得到非常平滑的表面。中涂漆如图 3-5 所示。

中涂漆的主要作用是填平底漆和腻子表面上的砂纹、细小麻眼、针孔等细小缺陷，干燥磨光后能提高涂层的平整度，为喷涂面漆打好基础。这不仅能提高面漆涂层的鲜映性和丰满度，提高整个涂层的装饰性和抗石击性，还能提高面漆的附着力，减少溶剂向底层的渗透，使漆膜表面的平整度和色泽得到改善。高中档轿车、客车几乎都用中涂漆；但对于表面平整度较好的载货汽车和乘用车等，由于它们对装饰性的要求不太高，所以大批量流水线生产时，一般不用喷中涂漆。

对中涂漆的要求是：填平填密性能优，涂层干燥快，易打磨，能高温烘干，干燥性能优，打磨时不沾砂纸，与底漆、面漆的结合力好，不易被面漆的溶剂所咬起，硬度适中，具有良好的抗石击性能，且价格便宜。常用的中涂漆品种见表 3-13。

表 3-13 中所列的各种二道底漆品种中，除个别膜有光泽外，均含有大量的体质颜料（即填料或填充料），涂后的漆膜无光泽；但填密性和打磨性都好，且价格便宜，很适用于各种中档汽车的中间层漆涂装。由于漆中所含体质颜料较多，易产生沉淀，在使用之前在先开桶充分搅拌均匀后，再过滤干净后使用。

对表中有光泽的中涂漆，其光泽通常为 70%（光泽计测试）左右，漆中的树脂成分含量高，漆膜的附着力和遮盖力都较好，同时可一次性喷涂较厚的漆，所以既能单独用于中涂漆，也可替代同色的头一道面漆用，用以降低面漆的涂装成本。

另外，目前各地油漆厂生产的与底、面漆配套的中涂漆品种很多，可根据情况进行选用。

三、素色面漆

素色面漆，即本色面漆、实色面漆。它是汽车面漆涂料按装饰性能来分的两种类型的其中之一（另一种类型是金属色面漆），即除金属色面漆之外的其他各单色的面漆均为素色面漆。它通常指素色（又称实色），如黑、白、红、黄、奶白、浅黄等不掺和闪光材料（如铝粉、云母等）的各色涂料。素色按其色彩又可细分为有彩色和无彩色两种。有彩色是指红、黄、蓝、绿等带有颜色的色彩。无彩色是指白、黑、灰等不带颜色的色彩。

表 3-13 常用的中涂漆品种

类型	型号与名称	主要组成与性能用途
普通型	T06-6 各色酯胶二道底漆	由顺酐树脂漆料与顺料、体质颜料研磨,加催干剂、200号溶剂调配而成;附着力和填密性良好,易打磨,用于填平腻子面上的孔隙及打磨的纹道
普通型	F06-13 各色酚醛二道底漆	由中油酚醛树脂漆料、立德粉、炭黑、填充料混合研磨后加催干剂、200号溶剂调配而成,性能比T06-6优良,用途同T06-6
普通型	C061-0 醇酸二道底漆	由醇酸树脂与颜料、大量的体质颜料研磨后加入催干剂和有机溶剂调制而成;漆膜细腻,好打磨,且对腻子层及面漆的附着力好,自干、烘干均可,烘干效果显著,适用于喷涂打磨光滑的腻子层上,以填平腻子层上的砂孔和纹道
快干型	Q06-5 灰硝基二道底漆	由硝化棉、醇酸树脂、顺酐树脂、颜料、体质颜料和有机溶剂调制而成;干燥快,填孔性好,易打磨,附着力优良,专作填平腻子层孔隙和砂纸划痕等缺陷用
快干型	G06-5 各色过氯乙烯二道底漆	由过敏乙烯树脂、醇酸树脂、颜料与填料、增韧剂、酯、酮苯类溶剂组成;干燥比Q06-5慢,但比醇酸漆快,易打磨,用于填平针孔、砂纹等缺陷,增加面漆附着力和丰满度
快干型	G06-8 灰过氯乙烯二道底漆	由过氯乙烯树脂、醇酸树脂、颜料与填料、增韧剂、稳定剂、有机溶剂等组成,漆膜有良好的打磨性能,对腻子表面的砂孔封闭性好,提高面漆的平整度与丰满度
烘干型	A06-3 氨基烘干二道底漆	由氨基树脂、干性油改性醇酸树脂、颜料、较多填料、催干剂、二甲苯及煤油组成,漆膜细腻,易打磨,附着力好,主要用于底漆和腻子表面缺陷填平,与氨基烘干面漆配套使用
烘干型	B-04-51 氨基丙烯酸烘干中涂漆	由氨基树脂、丙烯酸树脂、颜料、体质颜料、助剂及混合溶剂组成,因漆中含树脂较多,所以漆膜有一定的光泽,而且其填密性好,遮盖力好,易打磨,三耐性(耐酸碱、耐烟雾、耐霉菌)好,它不仅适用于轿车,还适用于中、高档客车;同氨基烘干漆配套使用
烘干型	IA9401 汽车专用中涂漆	由聚酯树脂、环氧树脂、特制氨基树脂、颜料、体质颜料助剂及混合溶剂组成。此中涂漆属有光泽中涂漆,填密性好,且易打磨,与聚酯氨基汽车面漆配套使用
烘干型	氨基醇酸烘干中涂漆	由氨基树脂、醇酸树脂、颜料与填料、二甲苯等溶剂组成;漆膜坚韧,遮盖力强,附着力好,且易打磨,既可用于中涂,也可代替头道面漆用,可厚涂,填孔性好
超快干烘干型中涂漆	氨基丙烯酸快干中涂漆	由氨基、丙烯酸等树脂、颜料、填料及其有机溶剂组成,用于氨基超快干烘干型涂料,在120℃时烘10min即可干燥;漆膜坚韧平滑,附着力好,填密性优良,适用于中、高档轿车及豪华客车等中间层涂料;此中涂漆既可喷涂施工,也可以浸涂施工
中高档型	H06-12 环氧酯醇酸二道底漆	由环氧酯、中油度酚醛树脂与颜料、填料、催干剂、二甲苯及有机溶剂组成。填密性好,易打磨,用作中、高档汽车底漆和填平腻子表面小缺陷;可自干,也可烘干,同聚氨酯等中、高档面漆配套使用
中高档型	H06-16 各色环氧二道底漆(分装)	属于双组分漆,其中环氧树脂漆料为组分一,固化剂为组分二,使用时按说明书上的规定比例混合;附着力好,易打磨,适用于各种汽车底漆与腻子表面砂孔等缺陷的填平,是聚氨酯等中、高档面漆的配套中涂漆
中高档型	丙烯酸聚氨酯中涂漆(分装)	双组分中涂漆,主要漆料为乙组分,进口原装固化剂为甲组分,使用时按规定比例进行调配;自干、烘干均可;填密性好,易打磨,四耐性(热、盐、雾、久)优,适用于各种中、高档汽车中间层漆的涂装
中高档型	9705 车用二道浆	由含羟基丙烯酸树脂、颜料、填料、助剂及有机溶剂配以芳香族聚异氰酸酯作为固化剂组成,易打磨,层间附着力优良,抗石击能好,属双组分、自干低温干燥型

1. 普通汽车零部件常用的素色面漆品种

(1) F04-1 各色酚醛磁漆 其漆膜光亮、色彩鲜艳、附着力好,价格便宜。它适用于一般客车、货车、机械等质量要求不高的零部件面漆的涂装,刷涂、浸涂施工均可,但不宜喷涂。

(2) F04-11 各色纯酚醛磁漆 其耐水、耐候性好,干燥快,附着力好,用途同F04-1,可刷涂施工,也可喷涂施工,刷涂用200号汽油或松节油调稀,喷涂用二甲苯调稀。刷涂施工按该漆的质量加5%~8%的稀料,喷涂加10%~15%的稀料。头道漆涂后干燥24h,二道干燥48h。

(3) F04-16 各色酚醛磁漆 其漆膜坚韧光亮,附着力好,可自干,也可100℃烘干。它既适用于普通汽车零部件,又适用于中小型农用车、机械等一般面漆涂装。

(4) F80-11紫红酚醛地板漆 其漆膜坚韧，平整光亮，自干性好，且耐水和耐磨性好，价格便宜。它适用于普通客车、公交车木质地板和钢质地板涂装。刷涂施工，用松节油调稀。

(5) L04-1沥青磁漆 其漆膜黑亮，附着力好、自干、烘干均可，烘干后漆膜有较好的耐水性和防潮性，主要用于汽车底盘、水箱、脚踏板及其他不直接受阳光照射的且要求涂黑色的零部件，喷涂、浸涂施工均可。自干18～24h，烘干100～120℃，烘干时间为40～60min。喷涂用二甲苯调稀，浸涂时用X-6醇酸稀释剂或200号煤焦溶剂。

(6) F03-2各色酚醛调和漆 该漆的性能是漆膜光亮，适用于普通汽车零部件及一般金属和木材表面涂装用。

(7) F03-1各色酚醛调和漆 其漆膜光亮鲜艳，但耐候性比F04-1稍差，用途同F03-2。

(8) C954（C03-2）醇酸调和漆 其漆膜质量比酯胶调和漆好，用途同F03-1。

(9) C03-3各色醇酸调和漆 其漆膜光泽、硬度、附着力、耐久性比C03-1各色醇酸酯胶调和漆好，适用于普通汽车内外和一般金属、木质物件及建筑物表面保护性涂装。

2. 汽车车身所用的素色面漆品种

车身上所用的素色面漆品种很多，常用普通型自干素色面漆如醇酸磁漆，它既可用于车身内部涂装，又可用于车身外部涂装，为SE1和SB2各色汽车专用面漆所常用。快干型素色面漆有硝基、过氯乙苯烯、丙烯酸类面漆。自干型面漆是指涂膜在常温条件下就能干燥的各种面漆，如普通型自干面漆、快干型面漆、高装饰性自干面漆等。为了便于叙述、了解和使用参考，现综合列表3-14。

四、金属色面漆

所谓金属色面漆涂料，即多色涂料，俗称多色油漆，漆中含有约2.9%～10%的铝粉片（小金属片），小金属片就像一面面很小的镜子能反射太阳的光线，产生金属颜色效应在金属色漆中，铝粉粒子和通透颜料共同作用，既提供颜色的深度，又提供高遮盖力。用金属色面漆涂装汽车，漆膜的丰满度好，光泽度高（95%左右），附着力好，装饰性优良，但涂装程序比用其他漆涂装工序多。用金属漆色浆涂装后，必须再用配套的清漆罩光才能提高涂层的保护性能和显示金属漆的美观，增强装饰性能。

目前汽车涂装使用的金属漆主要有银粉漆、闪光漆及珠光漆（珍珠漆）三大类。

1. 常用的银粉漆

常用的银粉漆（即铝粉漆）分自干和烘干两种，其中自干银粉漆主要指丙烯酸聚氨酯银粉漆。

(1) 自干银粉漆 该漆属双组分涂料，有粗银、中银、细银、特细银之分，其中粗银与中银银粉漆主要用于中高档客车的表面涂装；细银和特细银银粉漆由于价格较贵，主要用于中高档轿车或高档豪华客车等表面涂装；自干银粉漆主要用在常温条件下，表干为20～30min，实干为24h，低温烘烤60～70℃时为2～2.5h。

在使用自干银粉漆时，应先将银粉色浆彻底搅拌均匀，而后再按产品规定的比例，分别加入稀料和固化剂，充分混合均匀后，过滤干净，连续、均匀、细致地喷涂二道，再将配套的清漆与固化剂按比例混合均匀，加稀料稀释至施工黏度，湿碰湿地喷涂进行罩光。

(2) 烘干银粉漆 烘干银粉漆属单组分漆，其中氨基聚酯银粉漆具有烘干温度低，价格便宜，漆膜丰满度好，附着力强，耐久、耐晒、耐水性优良等特点，适用于中高档客车的面漆涂装，以此来提高外观的装饰性能。

表 3-14 车身常用的素色面漆

序号	型号	名称	性能与作用	备注
1	C04-2	各色醇酸磁漆	具有较好的光泽和机械强度,其干燥性、耐候性均比调和漆及酚醛磁漆优良,但耐水性不如酚醛磁漆,如用60~70℃烘干,可提高耐水性,适用于客车、公交车里部及行李舱等面漆涂装,喷涂、刷涂施工均可	涂二道为宜,涂头道漆后干燥12~18h,二道漆干燥24h
2	C04-10	各色醇酸磁漆	附着力、耐水性和耐油性均较好,适用于木质车厢外表面涂装;喷涂施工为主	
3	C04-48	各色醇酸磁漆	漆膜坚韧光亮,对金属附着力好,色泽鲜艳,耐油性、耐候、耐热性优良,并有一定的耐水性;适用于普通汽车、机械、家具等面漆涂装	喷涂施工为宜
4	C04-49	各色醇酸磁漆	漆膜坚韧,丰满度好,光亮,三耐性(耐水、耐候、耐油性)较好,附着力良好,适用于货车驾驶室及零部件的面漆涂装,自干、烘干均可	喷涂施工,用二甲苯调漆
5	C04-61	各色醇酸光泽磁漆	漆膜具有较好的附着力,三耐性(耐水性、耐油性、耐候性)优,主用于汽车驾驶室、车体、车厢等部位涂装	
6	C04-63	各色醇酸半光磁漆	漆膜坚韧,光泽比同类磁漆稍高,质地细密、干燥快,具有较好的附着力和户外耐久性,可用各种要求涂装半光的汽车及部件	喷涂施工,稀释用二甲苯
7	C04-64	各色醇酸半光磁漆	漆膜坚韧,光泽柔和,附着力强,耐久性好;用于各种厢式汽车及要求半光的汽车外部涂装,但不宜用于湿热带地区的汽车外部涂装	喷涂二道为宜,用二甲苯调稀
8	H04-12	环氧沥青磁漆	属双组分漆,使用时要按规定的比例进行调配;自干性好,漆膜气耐性能(耐水、耐潮、耐化学腐蚀剂)良好,专供载重汽车底盘、底架及不受阳光照射的金属等部件涂装,喷涂、刷施工均可	现用现配,用多少配多少,配后混合漆料在规定时间内用完
9	SB-1	各色汽车专用面漆	属双组分(2K)型漆,由高耐候性含羟基丙烯酸树脂、溶剂、助剂、颜料等配制而成,固化剂为脂肪族异氰酸酯,丰满度好,耐候性优,平整、光泽度高,抗划伤性佳,耐磨、耐油性、耐化学腐蚀性、耐潮湿性好;自干或低温烘烤均可	漆料与固化剂之比(质量)4∶1,配套使用,现用现配
10	SB-2	各色汽车专用面漆	属经济型双组分汽车漆,由漆基为含羟基丙烯酸树脂、溶剂、助剂、固化剂为脂肪族异氰酸酯、颜料等配制而成。漆膜坚韧,光泽度高,耐候性较好,自干或低温烘烤干均可	漆料与固化剂之比(质量比)5∶1,配套使用,现用现配
11	G04-9	各色过氯乙烯外用磁漆	漆膜光亮,色泽鲜艳,易打磨,耐候性比硝基外用磁漆好,但耐汽油性差,如果60℃烘2~3h可提高其性能,适用于各种车辆等表面面漆涂装	喷涂施工,湿碰湿连续喷2~3道
12	G04-18	各色过氯乙烯磁漆(分装)	漆膜坚硬,丰满度好,光泽及附着力均比一般过氯乙烯磁漆好;适用于普通中档车辆、机械及精密仪器等面漆涂装;使用时按产品规定比例现用现配	配后混合的漆料要在规定时间内用完
13	G04-19	各色过氯乙烯磁漆(分装)	漆膜坚硬,丰满光亮,三耐性(耐水、耐汽油、耐机油)好。适用于各种车辆、机械、仪表、仪器等金属表面涂装	属双组分漆,应按规定比例现用现配

续表

序号	型号	名称	性能与作用	备注
14	G04-60	各色过氯乙烯半光磁漆	耐候性比 Q04-2 硝基磁漆好,但干燥慢,附着力差;适用于要求半光的厢式汽车金属或木质涂装	价格便宜
15	Q04-2	各色硝基外用磁漆	漆膜坚硬光亮,干燥快,耐候性好,可上蜡抛光;适用于汽车、机床等要求快干面漆涂装	属于传统汽车喷漆
16	Q04-3	各色硝基内用磁漆	漆膜光泽良好,但耐候性稍差,适用于涂装客车里部和货车驾驶室里部	该漆的配套底漆是硝基类
17	Q04-4	各色硝基外用磁漆	漆膜光亮,耐候性较好,干燥快,可抛光;适用于汽车、摩托车及自行车、机床、机器设备等表面涂装	抛光应喷涂三道以上
18	Q04-5	浅灰硝基醇酸磁漆	漆膜丰满光亮,干燥快,耐候性好,若用 60~70℃烘干,各种性能更好,但不宜抛光,适用于中小型客货汽车等面漆涂装	稀释用该漆,与稀料1:1混合
19	Q04-17	各色硝基醇酸磁漆	耐候性较好,喷涂、刷涂施工均可,但干燥不如 Q04-5,适用于普通车辆或机械设备涂装	
20	Q04-31	各色硝基磁漆	漆膜平滑,干燥快,且有较好的耐温变性及机械强度,耐候性比 Q04-2 好;适用于高档轿车面漆涂装	同硝基或丙烯酸中涂漆配套
21	Q04-34	各色硝基磁漆	漆膜光泽好,干燥快,硬度好,耐汽油及耐候性较好,但柔韧性较差;供中高档轿车涂装	为 110 轿车漆
22	Q04-82	各色硝基无光磁漆	漆膜平整,干燥快,适用于军用汽车、航空仪表、仪表高刻度盘等涂装	
23	B04-11	各色丙烯酸磁漆	漆膜光亮,具有保光、保色性能,并有较好的耐湿热、耐烟雾、抗霉菌性能;适用于普通、中档汽车等金属表面涂装	调漆用 X-1 或丙烯酸稀料均可
24	7182	各色聚氨酯磁漆(分装)	具有漆膜丰满光亮、附着力强、硬度高、耐磨、保色、保光等优良性能;适用于中高档豪华客车、小轿车等面漆涂装	使用时与 H-5 聚氨酯漆固化剂按比例混合,数小时内用完
25	7650	各色聚氨酯磁漆(分装)	漆膜耐磨,干燥快,耐油、耐候、耐化学性能良好;适用于轿车面漆涂装;使用时与7312固化剂及混合溶剂按(10:3)~(5:2)比例混合调配,6h 内用完	
26	S04-60	各色聚氨酯半光漆(分装)	漆膜半光,附着力好,坚韧且耐水、耐油、耐碱和耐湿热,性能优良;适用于汽车油箱、水箱、玻璃钢保险杠或中高档客车里部等要求半光的部位涂装;调配时按产品规定比例现配现用,用多少配多少,配后漆在 4~6h 内用完	调配时用产品配套的固化剂和稀料,喷涂施工
27	S04-72	草绿聚氨酯半光烘干磁漆(分装)	漆膜附着力强,耐磨性、耐潮性和耐候性均优良,适用于汽车、机床、拖拉机、军工器械的涂装	
28	KNT929	各色汽车面漆	以聚酯树脂为主体,氨基树脂为交联树脂;漆膜丰满光亮,附着力好,抗石击性能优良,具有优异的保光、耐候性和抗划伤、耐酸雨性;适用于汽车车身涂装	

氨基丙烯酸聚氨酯银粉漆的烘干温度较高,通常需130℃烘30min漆膜才能干燥。烘干后的漆膜光泽、硬度、平整光滑度等均比氨基聚酯银粉漆优良,但价格较贵,涂装成本高。它主要适用于普通中档轿车、豪华客车表面涂装。

使用氨基烘干银粉漆时,先将该漆色浆彻底搅拌均匀,并用配套稀料稀释至适于喷涂施工的黏度,过滤干净,连续均匀喷涂二道,喷后稍停15～20min,再用配套的清漆进行罩光,最后一并进行烘干。

2. 常用的闪光漆

这类闪光漆包括自干、快干与烘干三种类型。

(1) 自干型闪光漆　自干型闪光漆属双组分涂料,其中甲组分为二异氰酸酯与含羟基树脂的加成物,乙组分为丙烯酸树脂、闪光铝粉、颜料等,属于丙烯酸改性聚氨酯涂料类。其主要特点是:漆膜附着力强,装饰性高,耐候性优良。该漆在常温下表干需30～40min,实干需12～16h,低温烘烤60～70℃时需1～1.5h,主要用于轿车面漆涂装。其使用方法是:按产品说明比例进行调配,调配后在规定的时间内用完,以免固化报废。

(2) 快干闪光漆　快干闪光漆主要有硝基快干闪光漆与丙烯酸硝基闪光漆两种类型。

① 硝基快干闪光漆。硝基快干闪光漆是由硝化棉等树脂、闪光颜料、增塑剂、混合溶剂等组成,具有干燥快、漆膜细密平滑、闪光感强、色彩艳丽等特点。硝基快干闪光漆有银白、蓝色、紫红色、深棕色、绿色等多种颜色,使用时用香蕉水稀释至施工黏度,连续喷涂均匀后再用配套清漆罩光即可。

② 丙烯酸硝基闪光漆。丙烯酸硝基闪光漆由丙烯酸树脂、硝化棉、闪光铝粉、增塑剂、有机溶剂等组成。该漆表干需要15～20min,实干需1～1.5h,具有色彩艳丽、闪光感强、漆膜不易泛黄、保色与耐久性优良等特点,适用于高档豪华客车、轿车等面漆涂装。

(3) 烘干闪光漆　常用的烘干闪光漆有以下几种,现将它们的主要组成、性能用途及用法简介如下。

① A04-24各色氨基闪光烘干漆。它们主要由醇酸树脂、透明颜料、氨基树脂、闪光铝粉及有机溶剂组成。其漆膜坚硬、光泽度高(90%以上),保色性和耐久性好,在光线照射下晶莹透明、闪闪发光,而且具有色彩艳丽的美观效果,适用于轿车装饰性面漆涂装,其烘干温度为100～110℃时需要40～60min。

② A04-3各色氨基闪光烘干漆。A04-3各色氨基闪光烘干漆主要由氨基树脂、透明颜料、闪光铝粉、二甲苯、丁醇等组成。其漆膜丰满坚硬且平滑光亮,色彩艳丽,晶莹发光,立体感强,附着力好,耐水、耐汽油等性能优良,其他同A04-24,喷涂施工。

③ 9201丙烯酸氨基闪光烘漆。它主要由丙烯酸-苯乙烯共聚树脂、氨基树脂、颜料、闪光铝粉等组成。其漆膜坚硬,平滑光亮,色彩艳丽,耐候性优良,主要用于轿车、客车仪表等装饰漆,喷涂施工,烘干。

④ 9203丙烯酸改性氨基闪光烘漆。9203丙烯酸改性氨基闪光烘漆主要由丙烯酸改性醇酸树脂、氨基树脂、闪光颜料等组成。其漆膜丰满度好,坚韧光亮,闪烁感强,装饰性良,户外耐久性良好,保色、保光性优良,喷涂施工,烘干温度为120℃时需40min。

⑤ 各色丙烯酸闪光烘漆。各色丙烯酸闪光烘漆主要由丙烯酸树脂、氨基树脂、闪光铝粉、透明颜料等组成。其漆膜坚韧、平滑光亮、闪光感强、色彩艳丽、耐候性、防锈性、防霉性、耐磨性与装饰性优良,但价格贵,适用于轿车表面装饰,烘干温度为120℃时需30min,喷涂施工。

3. 珠光漆

珠光漆也叫珍珠漆，有多种颜色。为了适应汽车喷涂、翻新、修补调配色的市场需要，涂料生产厂家研究开发和生产了上百种色母，建立了各自的调色系统和电脑调色中心。

珍珠色如珍珠一样，从不同角度来看，能发出不同的色彩。珍珠色漆膜给人以高贵华丽之感，但涂装工艺复杂且易出色差。珠光涂料色母选择时一定要先细致观察标准板珠光的板型，选择合适的珠光色母。

要调好金属漆和珠光漆，使之达到满意的效果，必须熟知金属漆和珠光漆的微调要领，并掌握使用色母的技巧，才能应用自如。

五、清漆

清漆是不含着色物质的一类透明涂料，光泽好，成膜快，用途广。主要成分是树脂和溶剂或树脂、油和溶剂。涂于物体表面后，形成具有保护、装饰和特殊性能的涂膜，干燥后形成光滑薄膜，显出物面原有的花纹。

也可加入颜料制成磁漆，或加入染料制成有色清漆，也可用于固定素面画稿、水粉画稿等，起一定防氧化作用，能延长画稿的保存时间。

清漆的类型如下。

（1）酯胶清漆　由干性油与多元醇松香酯熬炼，加入催干剂、200号油漆溶剂油调配而成。漆膜光亮，耐水性好，但光泽不持久，干燥性差。用于涂饰木材面，也可作金属面罩光。

（2）虫胶清漆　虫胶清漆又名泡立水、酒精凡立水，也简称漆片。将虫胶溶于乙醇（酒精95度以上）中即成。干燥快，可使木纹更清晰。缺点是耐水性、耐候性差，日光暴晒会失光，热水浸烫会泛白。专用于木器表面装饰与保护涂层。

（3）酚醛清漆　由干性油酚醛涂料加催干剂、200号油漆溶剂油制成。干燥较快，漆膜坚韧耐久，光泽好，耐热、耐水、耐弱酸碱，缺点是漆膜易泛黄、较脆。用于涂饰木器，也可涂于油性色漆上作罩光。

（4）醇酸清漆　醇酸清漆由中油度醇酸树脂溶于有机溶剂中，加入适量催干剂而制成。干燥快，硬度高，可抛光、打磨，色泽光亮。但膜脆、耐热、抗大气性较差。用于涂饰室内外金属、木材面及醇酸磁漆罩光。

（5）硝基清漆　硝基清漆由硝化棉、醇酸树脂、增韧剂溶于酯、醇、苯类混合溶剂中制成。光泽、耐久性良好。用于涂饰木材及金属面，也可作硝基外用磁漆罩光。

（6）丙烯酸清漆　由甲基丙烯酸酯与甲基丙烯酸共聚树脂、增韧剂溶于酯、醇、苯类混合溶剂中制成。耐候性、耐热性及附着力良好。用于涂饰铝合金表面。

（7）聚酯酯胶清漆　由涤纶下脚料、油酸、松香、季戊四醇、甘油经熬炼后，加入催干剂、200号油漆溶剂油、二甲苯制成。自干、漆膜光亮，用于涂饰木材面，也可作金属面罩光。

（8）高性能清漆　采用氟碳树脂，超耐候颜料，多功能助剂等组成。具有超耐久、低污染、耐各种辐射等优点，其坚硬致密的保护层，能防止混凝土的炭化。

（9）氟碳清漆　以氟树脂为主要成分的常温固化型双组分氟碳清漆，具有超耐候性和耐持久性寿命等优异性能，可用于多种涂层和基材的罩面保护。适用环氧、聚氨酯、丙烯酸、氟碳漆等上光罩面与装饰保护作用；对金属、木材、塑料、古文物、标志性建筑、仿金属外墙罩面。

第三节 汽车涂装常用辅料

一、原子灰和麻眼灰

原子灰（腻子）及麻眼灰是汽车涂装中使用的主要辅料。汽车在涂装、修补、改色或翻新过程中，基层表面上的凹坑、焊缝、裂纹、麻眼、粗砂痕及漆膜表面上的针孔等缺陷，都要先用原子灰等腻子进行刮平，用麻眼灰（填补灰）来快速填补表面细小的刮痕和缺陷，以此来提高涂层的平整度，然后再进行喷漆涂装，使涂装后的涂层质量达到优良。

原子灰（腻子）及麻眼灰的品种很多，在选用时应视车的档次来合理选用。

1. 进口原子灰与麻眼灰

现以 PPG 环球达壮腻子及填补灰为例进行介绍，见表 3-15。

表 3-15 达壮腻子品种

型号	名称	性能与用途	备注
A656	多用途聚酯原子灰	它是优质的双组分聚酯车身填料，对任何金属底材都有很强的附着力，包括镀锌板、不锈钢、铝及玻璃纤维增强材料等难以附着的底材，用途广泛，施工方便，刮涂平滑，干燥快，易打磨	必须干打磨，不能湿磨
A663	慢干型多用途聚酯原子灰	它是双组分聚酯优质的车身填料，对任何金属底材都有很强的附着力，使用寿命长，主要用于大面积及在高温环境下使用	必须干打磨，不能湿磨
A652	柔性聚酯原子灰	它是细而柔韧的聚酯车身填料，对硬质的和柔性的塑料都有非常好的粘结作用，耐轻度冲击和砂石撞击，对车身下围及其漆面起保护作用	也能用于良好的油漆表面
A661	标准聚酯原子灰	它是传统的双组分聚酯车身填料，易施工，易打磨，干燥快，可用于裸钢、玻纤增强材料、玻璃钢和油漆的表面上	将固化剂混入原子灰并充分搅拌均匀再使用，干磨不能湿磨
A659	轻质聚酯原子灰	低密度双组分聚酯车身填料，极易施工，能填补表面较大的缺陷，且质地平滑而致密，具有良好的柔性和耐冲击性，可用于裸钢、油漆、玻纤增强材料和玻璃钢表面上	可用于良好的漆表面，施工前将固化剂混入原子灰并充分搅拌均匀再使用，干燥后干磨
A655	针孔坑补灰	它是一种非常轻的单组分填料，在喷涂光滑、高光泽面漆时用它填补粗脆或不规则表面上的细小缺陷，极适合填补模制件的表面	直接使用，不用固化剂
A242	快干填麻眼灰	是单组分丙烯酸类轻质填料，适合于快速填补表面细小的刮痕和缺陷，可用在喷涂件、底漆或原子灰表面上	是一种快速填补施工过程中产生的细小缺陷的理想填料，直接使用，不需固化剂

另外，还有型号 99 原子灰（日本产）、德国产的焊缝专用白灰和型号 839-53 原子灰、英国产的型号为 P083-60 白色原子灰等。

2. 常见的国产原子灰品种

（1）超特原子灰　广州产超特原子灰易刮涂、干燥快、附着力好，且易打磨、价格便宜，适用于用量较大的普通中档客车、公交车等底漆表面缺陷的填平。每次调量应在 500~1000g 为宜，使用时间为 12min 以内。自干 1~2h，烘干 60℃时用 40min。

（2）蓝孔雀原子灰　深圳产蓝孔雀原子灰同金属基材结合力好、易刮涂、附着力强、干燥快、打磨性好，适用于轿车局部修补缺陷的填平。每次调量应在 100~200g，并在 10min 内用完。涂层干燥后用手工打磨或用机具打磨均可。

（3）900 原子灰　台湾产的型号为 900 原子灰其刮涂性好、附着力强、易打磨，适用于大型客车、卧铺客车、货车驾驶室等外部的刮涂。自干或低温烘干均可。

（4）UP920 原子灰　江苏常州涂料厂生产的 UP920 原子灰其刮涂性好、附着力强、干燥快、易打磨，适用于彻底干燥的底漆表面缺陷的填平。用时将主灰料与固化剂按比例充分调匀，并在规定的时间内用完，以防固化造成浪费。

（5）DD 牌原子灰　武汉产的 DD 牌原子灰刮涂性好、干燥快、易打磨，且在 25℃ 条件下干燥 30min 可水磨，干燥 60min 可干磨或机磨，适于汽车修补涂层刮平。每次调量应以 100~200g 为宜。

（6）J-7010 原子灰　河南洛阳产型号为 J-7010 原子灰易刮涂、附着力强，但干燥速度比 DD 牌原子灰稍慢，自干或低温烘干均可，适用于大中型客车底漆表面刮平。每次调量应在 300~500g，调和后应在 15min 内用完。

二、固化剂和稀释剂

1. 固化剂

固化剂又称硬化剂，分类代号是 H。它是一类能与树脂进行固化反应而使漆膜干燥的物质，是决定聚氨酯漆、不饱和聚酯漆、氨基醇酸漆及甲基丙烯酸漆等干燥的重要辅助材料（在固化型漆中如不加入固化剂就永远不会干燥），与双组分涂料配套使用。固化剂多用于合成树脂制成的涂料和胶，应分装保存和运输，其使用量应按不同树脂所要求的用量加入，且应现用现配，用多少配多少，并在规定的时间内用完。如果固化剂用量过少，漆膜或胶层固化慢；若用量过多，漆膜或胶层固化过快，易出现脆而不耐老化等弊病。

汽车涂装使用的各种双组分涂料都用配套的固化剂，使用时严格按照产品规定的比例进行调配即可。常规型双组分涂料固化剂品种有以下几种：

（1）H-1 环氧漆固化剂，又称 1 号硬化剂、649 固化剂，主要与环氧漆配套使用。

（2）H-2 环氧漆固化剂，又称环氧己二胺加成物，主要与胺固化环氧漆品种配套使用。

（3）H-3 聚氨酯漆固化剂，又称 7511 固化剂，是聚氨酯漆类配套固化剂。

（4）H-4 环氧漆固化剂，又称 650 固化剂、环氧胶、万能胶。它不仅可作为环氧胺固化漆及无溶剂型环氧树脂固化剂，也可用于粘合金属与非金属，浇注机械零件、电容器密封、修补水泥缝等；但不适宜粘结聚苯乙烯、聚氯乙烯塑料类。

（5）H-5 聚氨酯漆固化剂，又称 7110 甲聚氨酯固化剂，适用于含有烃基的聚酯、聚醚等漆类。

（6）H-6 聚酯漆固化剂（分装），又称过氧化环己酮液、环烷酸溶液和蜡液，主要用于不饱和聚酯漆固化成膜。

（7）H-7 聚氨酯漆固化剂，主要与聚氨酯漆配套使用，但要现用现配，用多少配多少，配后的混合漆料要在规定的时间内用完。

2. 稀释剂

稀释剂，也称稀料、稀薄剂，是多种溶剂的混合，是根据其溶解力、挥发速度和对漆膜的影响等情况来考虑而配制的，是涂装施工中最常用的调稀材料。它不能单独溶解涂料中的成膜物质（树脂或油料），但能稀释现成成膜物质溶液的挥发液体以降低涂料的黏度（稠度），使之达到便于施工（喷涂、刷涂或浸涂）的目的，同时能增加被涂物体表面的湿润性和漆膜的流平性，使漆膜均匀平整、附着力强。在涂装施工时，常用来调节涂料的黏度和用来清洗工具设备。

因各种稀释剂的溶解力和挥发速度不同，故使用时必须根据涂料的种类和性能合理选用稀释剂的种类。如醇酸漆稀释剂能溶解醇酸树脂，也能溶解常规型酚醛树脂、酯胶树脂、钙酯树脂及桐油等油类，但不能溶解硝基漆、聚氨酯漆和过氯乙烯等漆，硝基漆用香蕉水稀释；聚氨酯漆可用无水二甲苯、无水环己酮和无水醋酸丁酯的混合溶液作稀释剂；过氯乙烯漆可用醋酸丁酯与丙酮、甲苯及环己酮的混合溶液作稀释剂。千万不能乱用，更不能用错，以免发生质量事故造成浪费。

一般来说，每种涂料都有专用的配套稀释剂，都是由多种溶剂精心混合而成的。在保证稀释剂对漆基具有良好的溶解力，并良好的流平性等条件下，快的干燥时间与挥发速度之间保持平衡。使用前应仔细阅读产品标签上有关溶剂的正确使用量的说明，了解其组成、性能与用途，并按照产品说明合理选用稀释剂的型号与品种。常用的稀释剂品种见表3-16。

表3-16 常用的稀释剂品种

型号标准号	名称	曾用名	型号标准号	名称	曾用名
X-1 HG2-660-80	硝基漆稀释剂	喷漆稀料甲级香蕉水	X-4 HG2-662-74	氨基漆稀释剂	氨基稀料 烤漆稀料
X-2 HG2-660-80	硝基漆稀释剂	乙级香蕉水 乙级天那水	X-5	丙烯酸漆稀释剂	丙烯酸稀料 648稀料
X-3 HG2-661-80	过氯乙烯漆稀释剂	外用过氯乙烯稀料 甲级过氯乙烯稀料	X-6	醇酸漆稀释剂	醇酸稀料 P-1、P-2稀料
X-7	环氧漆稀释剂（企标）	环氧稀料	X-19	氨基静电喷漆稀释剂（企标）	氨基静电喷漆稀料
X-8	沥青漆稀释剂（企标）	自行车黑漆稀释剂 缝纫机末道漆稀料	X-20	硝基漆稀释剂（企标）	特级香蕉水 高级硝基稀料
X-9	缩醛漆稀释剂（企标）	P-6稀料	X-21	环级标志漆稀释剂（企标）	环氧标志漆稀料
X-10	聚氨酯漆稀释剂（企标）	聚氨基甲酸聚酯稀料	X-23	过氯乙烯漆稀释剂（企标）	乙级过氯乙烯稀料
X-11	聚氨酯漆稀释剂（企标）	聚氨酯稀料	X-24	聚酯漆稀释剂（企标）	6240稀料
X-12	有机硅漆稀释剂（企标）	200℃高温漆稀料	X-25	过氯乙烯锤纹漆稀释剂（企标）	
X-13	有机硅漆稀释剂（企标）	300～400℃高温漆稀料	X-27	酚醛沥青漆稀释剂（企标）	皱纹漆稀释剂
X-15	硝基漆稀释剂（企标）	抽条稀料 铅笔漆稀料	X-32	环氧沥青漆稀释剂（企标）	SQX-6稀料
X-18	硝基铝箔漆稀释剂（企标）	金属表面稀料			

三、驳口水

驳口水又称接口水、消雾剂。

汽车修补涂料公司都有配套的驳口水，其主要用于汽车修补涂装或新客车多色涂装漆雾的消除。它是由强力溶剂等混合而成的无色液体，对漆雾的溶解能力强，效果好，能消除局部补漆的漆雾痕迹。汽车在局部修补的情况下，新漆膜和旧漆膜表面间难免存在一定的视觉差。产生色差的原因有两种：

(1) 调色是否准确；

(2) 涂料的雾化程度好与坏。

为使补后的新、旧漆膜接口处能融为一体，使修补面的光泽同大面一致，消减色差，提高修补效果，常用驳口水来解决色差这一问题。驳口水主要用于汽车局部修补漆的雾痕消除。

其驳口工艺是：在完成补漆喷涂后，立即在接口处轻喷一遍，待20s左右再喷涂一道即可。喷洒时应先喷补漆的边缘，然后逐渐扩大喷洒面积，待四周漆雾消除为止；但应用净喷枪加驳口水，按漆雾痕迹喷涂均匀，驳口区域要清洁。

要想得到完美的修补效果，在驳口水中加入适量的罩光清漆，再进行均匀喷涂，效果会更佳。

四、脱漆剂和除油剂

1. 脱漆剂

常用的脱漆材料是脱漆剂，又称洗漆剂、去漆剂、洗漆药水。它是利用成分中的强性溶剂，将涂层或旧漆溶胀以达到脱漆目的的液体或乳状物，主要用于清除旧漆层，是汽车修补涂装等不可缺少的一类辅料，通常汽车大修后或改色翻新时用量大。

脱漆剂的品种很多，如有机溶剂脱漆剂、碱性脱漆剂、酸性脱漆剂、不燃脱漆剂、快脱漆剂、多功能脱漆剂等。现将几种常用的脱漆剂品种列于表3-17。

表3-17 常用脱漆剂品种

型号与名称	组成、特点与用途	施工方法
T-1脱漆剂（乳状脱漆剂）	它是由强力溶剂酮类、醇类、酯类、苯类等混合后，再加入适当的石蜡调制而成的一种乳白糊状物。其特点是质浓、挥发速度慢，对酯胶漆、酚醛漆等低档旧漆膜的溶胀能力强；主要用于清除酯胶漆或酚醛漆，用量为150g/m² 左右；用其能用不容易清除的垂直面的旧漆除干净，达到满意的脱漆效果	使用时先用毛刷蘸脱漆剂涂于旧漆表面上，每面应尽量涂得厚些，待10min左右旧漆就会溶胀鼓起。先用灰刀将鼓起的旧漆层清除掉，若一次清不干净，可重复涂刷脱漆剂，直到清除净。净后再用丙酮或乙醇（酒精）将表面上的残迹清洗干净，就可刮腻子或涂新漆
T-2脱漆剂（液体脱漆剂）	它属于特种脱漆剂，是由溶力强的酮、苯、酯等类溶剂混合而成的透明液体。溶胀能力强，适用于酯胶漆、酚醛漆，又可用于溶胀醇酸漆和溶解硝基漆	使用时用毛刷蘸脱漆剂反复涂刷旧漆表面，待旧漆溶胀后清除掉（硝基旧漆可直接溶解掉）；用量为190g/m² 左右，但因挥发快、气味大，使用时应戴防毒口罩，以防中毒
T-3脱漆剂	它是由二氯甲烷、石蜡、乙二醇乙醚、甲基纤维素、甲苯等材料混合而成的；特点是挥发速度快、毒性小、脱漆效果好；主要用于清除硝基旧漆，也可用于清除醇酸旧漆	
P271-PJ-255进口脱漆剂（高效脱漆剂）	P271-PJ-255型脱漆剂产于英国，它是一种高效脱漆剂，具有脱漆能力强、速度快、效果好等特点，但价格贵。主要用于轿车翻新、改色的清除或高档豪华客车部件如保险杠等旧漆的清除	刷涂于被涂的旧漆表面，待胀起时，用铲刀铲除掉，使用以150～180g/m² 为宜
碱性脱漆剂（乳状脱漆剂）	它是由氢氧化钠25%、淀粉浆35%、棉纸30%、防腐剂少量、水适量等原料混合搅拌均匀至糊状而成	使用时，用毛刷蘸脱漆剂刷于旧漆表面，待漆胀发软起时，用铲刀清除干净，再用水洗净物面

2. 除油剂

除油剂是以水基质的有机与无机化学品组成的复杂混合物，是利用"乳化"、"皂化"原理而研制的新型工业除油剂。

除油剂由多种表面活性剂及助洗剂等配制而成。呈液状清洗剂，手工擦洗及浸泡皆可，完全替代了易燃易爆的石油溶剂，可轻易去除各种物质表面的润滑油脂、碳剂、霉斑等，使用安全、简便、经济、效果显著。产品特点：强力渗透乳化，去污速度快；含独特的锈抑制剂，兼具短期防锈；不燃不爆；呈弱碱性，不腐蚀机器和设备。

可广泛用于汽车工业、机械零件加工、食品加工、石化、机械设备的维修保养、宾馆大理石瓷砖、地毯的清洁等。除油剂用于手工清洗及高压清洗和超声波清洗。超声波清洗可稀释10～20倍；高压水清洗可稀释20～30倍；手工清洗要根据油污的程度调整稀释比例，设备拆封脱油和油污较重零部件清洗可稀释1～5倍。清洗汽车等设备外表可稀释10～20倍。

五、化白水

化白水也称防潮剂，是由高沸点的酯类、酮类溶剂组成的。将它加入硝基漆等自然挥发型涂料中能防止涂膜中的溶剂挥发时产生的泛白现象。此外，施工环境温度过低接近露点或空气湿度过高和喷涂用的压缩空气中含有过多的水分等也会引起泛白。涂料中加入适量的防潮剂后，由于高沸点溶剂的增多，可减缓溶剂的挥发速度，减少水分凝结现象的发生。

六、干燥剂

也叫催干剂、干料，其主要作用就是加速涂膜干燥。如果将它用在室温干燥的油性涂料、油基涂料以及醇酸树脂涂料中，可以促进涂膜中的油和树脂的氧化、聚合作用，使涂膜干燥时间大大缩短。常用的催干剂有钴、锰、铅、钙等金属的氧化物、盐类以及它们的各种有机皂类。

使用催干剂时必须注意：控制用量，按比例进行（见各造漆厂产品说明），过量催干剂不但不能促进涂膜干燥，还很容易使涂膜出现起皱、橘皮、加速老化等弊病。

七、车蜡

车蜡是传统的汽车漆面保养物。车蜡以天然蜡或合成蜡为主要成分，它通过渗透入漆面的缝隙中使表面平整而起到增加光亮度的效果。传统汽车打蜡是以上光保护为主，而今随着汽车美容业的发展，汽车打蜡被赋予新的内涵，即研磨蜡的出现及日益广泛的应用。如果一部车打了蜡，能够达到较好的光亮效果就需要比较厚的蜡层。但车蜡属于油性物质，油膜与漆面的结合力差，保护时间较短，这种蜡常常因下雨或冲洗等因素流失，有时甚至附着在风挡玻璃上，而形成油垢，所以汽车美容打蜡应该定期进行。

1. 英特使车蜡

（1）英特使玫瑰红镜面蜡　英特使玫瑰红镜面蜡由人工蜡和天然蜡混合而成，用于新车及金属漆面轿车，能够在漆面上形成两层蜡膜，上层能抵御紫外线和含酸碱水的雨侵蚀，下层能对漆面添加油分，养护漆面，并能防御有害物质的渗透。抛光使用本品效果更好。

（2）英特使钻石镜面蜡　英特使钻石镜面蜡是一种高级美容蜡，含巴西天然棕榈蜡级特别色彩增艳剂，用后可防止各类有害物质对漆面的侵害，车身光如镜面，特别光亮，且长时间保留。适于各种颜色的高级轿车。

（3）绿宝石金属蜡　绿宝石金属蜡是由各不相同的蜡提取物及含无毒研磨剂聚合物组合成的特别混合物，用后车身可迅速光亮，耐清洗，并延长漆面寿命。适于金属漆车身表面。

（4）红景天三重蜡　红景天三重蜡是由三种不同蜡提取物高度熔炼而成，无论车漆表面干燥或湿润均可使用，且可一次性抛光整个漆面，省时省力，甚至在曝晒的环境下作业也不会严重影响其效果。可耐受各种清洗剂清洗，保持时间长。

2. 冈底斯车蜡

（1）汽车水晶蜡　汽车水晶蜡耐磨、透明，不易被分解，长时间保持车漆光亮如新，抗紫外线、耐酸雨、防油污、沥青等。使用时只需薄薄涂一层。

(2) 汽车水彩蜡 汽车水彩蜡能使漆面很快去污、去氧化膜及水渍，并覆盖一层光滑、坚韧的保护膜。具有省时、省力、清洁、保养、抗氧化等功效。使用后，汽车表面亮丽光滑，并可防紫外线、静电、酸雨等对漆面的影响。

(3) 汽车水蜡 汽车水蜡能使漆面很快去污、去氧化膜及水渍，并覆盖一层光滑、坚韧的保护膜。

(4) 汽车镜面抛光蜡 镜蜡主要用于处理一般粗蜡、细蜡抛光后遗留的抛光痕，处理后漆面能产生镜面反射光泽，且保持时间长，是一种品质优良的抛光机用镜面抛光剂。

3. 普乐车蜡

(1) P24 普乐车蜡 P24 普乐车蜡是一种添补增光剂，可以去除轻度氧化层，还可以去除抛光后形成的轻微痕迹和涡旋。

(2) P47 普乐素色车蜡增光剂 P47 普乐素色车蜡增光剂是抛光研磨蜡，可快速完成清洁抛光和上蜡作业，省时省力。

思考与练习

一、选择题

1. 车身涂层一般由（　　）等三层或底涂层和面涂层构成。
   A. 底涂层、中间涂层、面涂层　　B. 原子灰、银粉、清漆
   C. 底漆、素色漆、珍珠漆　　　　D. 溶剂、副料、颜料
2. 涂料一般由（　　）三部分组成。
   A. 真溶剂、潜溶剂、助溶剂
   B. 着色颜料、树脂、稀释剂
   C. 主要成膜物质、次要成膜物质、辅助成膜物质
   D. 树脂、清漆、底漆
3. 主要成膜物质是（　　）。
   A. 颜料　　　　B. 溶剂　　　　C. 增稠剂　　　　D. 油类和树脂
4. 次要成膜物质主要是（　　）。
   A. 颜料　　　　B. 树脂　　　　C. 增稠剂　　　　D. 油类和树脂
5. （　　）的性质决定涂料加工的品质和涂膜性能好坏。
   A. 颜料　　　　B. 溶剂　　　　C. 辅助材料　　　D. 树脂
6. 颜料按化学成分可以分为（　　）两大类。
   A. 天然和合成　B. 着色和防腐　C. 鲜艳和昏暗　　D. 有机和无机
7. 低沸点溶剂的沸点是（　　）℃以下。
   A. 150　　　　　B. 200　　　　　C. 100　　　　　D. 70
8. 直接涂布于物体表面的打底涂料称为（　　）。
   A. 原子灰　　　B. 中涂漆　　　C. 底漆　　　　　D. 面漆
9. 溶剂的主要特性有（　　）。
   A. 燃点、沸点、纯度
   B. 燃点、闪点、挥发率
   C. 溶解力、沸点和挥发率、闪点、毒性和气味
   D. 毒性和气味

二、判断题（正确画√，错误画×）

1. 汽车用涂装材料一般指的是涂装和修补汽车、摩托车和其他机动车及其零部件所用的涂料及其辅助

材料。（　　）
2. 对汽车不同部位所使用的涂装材料没有明显的差异。（　　）
3. 涂料中的主要成膜物质（树脂）大部分来自于自然界。（　　）
4. 大部分颜料都是有机物质。（　　）
5. 涂料中的颜料只是赋予涂膜颜色。（　　）
6. 涂料的干燥方式只有自然干燥一类。（　　）
7. 涂料的干燥成膜方式主要有溶剂挥发干燥和化学反应干燥成膜两大类。（　　）
8. 涂料的命名＝颜料名称＋基本名称。（　　）
9. 汽车修补用涂料大多为高温涂料。（　　）

三、简答题

1. 简述涂料的定义，分类方法。
2. 简述涂料分类代号的含义。
3. 汽车涂装常见的涂料有哪些类型？
4. 汽车涂装常见的辅助材料有哪些？
5. 简述稀释剂对涂料施工的影响。
6. 常用进口涂料有哪些，其品牌有哪些系列？
7. 简述固化剂的概念和使用方法。
8. 常用的固化剂有哪些种类，各有何特性与用途？
9. 简述催干剂的概念和使用方法。
10. 原子灰都有哪些种类？
11. 原子灰都有哪些特点？

第四章 调色系统

【学习目标】 1. 掌握颜色的定义和影响颜色的三要素及其对颜色的影响。
2. 掌握颜色的三属性。
3. 掌握常见调色设备和工具的使用与维护。
4. 掌握调色的基本程序和方法，了解金属漆和珍珠漆的调色方法。

【重点难点】 重点：掌握调色的基本程序和金属漆、珍珠漆的调色方法。
难点：金属漆和珍珠漆的比色与色彩校对。

【考核标准】 应知：色彩定义、颜色三要素、三属性及调色基本程序。
应会：能利用设备和工具进行简单的调色。

第一节 颜色基础知识

一、颜色的概念

颜色在生活中扮演着重要的角色。从出生以来到这个世界开始，就发现这个世界是如此得美丽。湛蓝的天空，绿色的草地。而当没有光线或熄灭灯光，又见不到月光时，常常漆黑一片。这一切都是眼睛感知的结果。人们对能分辨出颜色都习以为常，很少有人探究其中的奥秘。但如果要学习汽车涂装，在日常工作中会经常接触各种色彩和相应的变化色，要求进一步了解人们是如何感知和认识色彩的。

1. 光的定义

（1）光的分光和组成 1665 年牛顿经过试验发现，一束白光通过三棱镜后会发生色散，形成由红、橙、黄、绿、青、蓝、紫各色组成的光带，即光谱，预言白光是这些分色光的混合光。但未经证明。后又经麦克斯韦用红光、绿光、蓝光在白屏幕上混合出黄色、品红色、蓝色和白光，证实了牛顿的预言，从而得出得出"有光才有色，无光便无色"结论。按照它们的波长大致可分为短波长（如蓝紫色）、中波长（如黄绿色）和长波长（如红色）。三棱镜折射分光如图 4-1 所示。

（2）光线的定义 光是能够在人视觉上引起明亮的颜色感觉的电磁波。人的眼睛只能感受到自然界 400～760nm 波长的电磁波。这段能看到的波长电磁波为可见光，可见光的光谱如图 4-2 所示。

人们所看到的太阳光是白光，光的波长不同便表现出不同的色彩。400～450nm 波长的光呈现蓝紫色；450～480nm 波长的光呈现蓝色；480～500nm 波长的光呈现青色；500～

550nm波长的光呈现蓝绿色；550～580nm波长的光呈现黄色；580～610nm波长的光呈现橙色；610～700nm波长的光呈现红色。

光是指在电磁波谱中占据一定范围，能够被肉眼感觉到的电磁辐射形式，其波长范围在400～700nm之间，在此范围之外还有紫外线和红外线等射线。平时所观察到的彩虹就是可见光的一种表现形式，它的色彩按红、橙、黄、绿、青、蓝、紫的顺序排列，这些彩色光结合在一起就构成了白色光，也称日光或自然光。

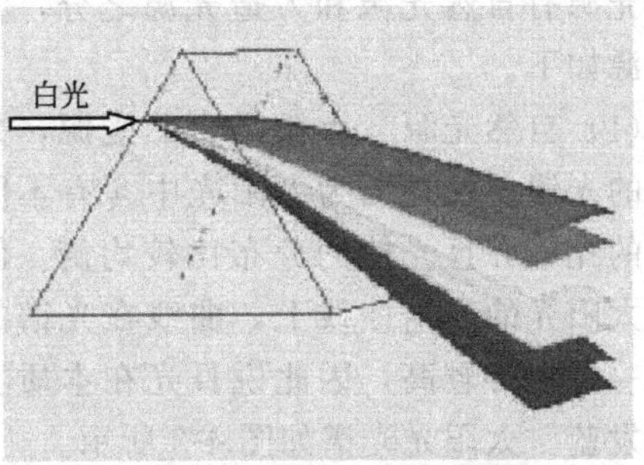

图4-1 三棱镜折射分光

图4-2 可见光在光谱分布情况

2. 颜色的定义

颜色一般指非发光体的特征，该特征指物体对光线进行有选择性吸收、反射、透射而产生，可根据色相、明度和彩度来描述某个特征。颜色只有在光照下才能显现出来，没有光就看不见颜色。

3. 颜色的特点

物体普遍存在对光线有选择性吸收、反射、透射等特征，目前人们所接触的大部分物体都在此类。只有少数未经现实证明的巨型天体存在着一些对光线非自然影响的现象，不做论述，只对工作中常见的物体颜色特点进行叙述。

（1）当物体吸收了太阳光中所有可见光，便呈现黑色；

（2）如果它反射了所有波长的可见光，便呈现白色；

（3）如果能全部透射太阳光，它就是无色透明体；

（4）如果只反射或透射一部分波长的可见光，其余波长的可见光被吸收，物体则呈现反射或透射光的颜色。

4. 色彩学

人的视觉生理感觉所看见的物体的颜色是由于光线中的色光照射在物体之上，物体在部分吸收、反射某些色光之后的结果。人们通过对颜色的认识，通过对色彩特征的研究和对色彩给予人们物理、生理、心理上的作用与感觉，得出有关色彩变化的理论，这些理论构成一门色彩学。

目前色彩学对很多学科都有影响，如心理学、消费者心理学等，在生活中更是不可或缺。在汽车涂装上主要存在两方面的问题：一是新车定型生产时，颜色的选装；二是进行汽车修复性涂装时，如何进行调色、补漆、消除色差。

二、颜色的三要素及其相互影响

影响颜色的三大要素为光线、物体和观察者，也称为视觉的三大要素，换言之，这也是看到和分辨出颜色必不可少的条件，缺一不可。

1. 光线

发光的物体叫做光源，像太阳、白炽灯、日光灯等。在不同光源照明条件下，各种色彩在进行感知时是不同的。如将一辆红色跑车停在由钠光灯照明的停车场内，车漆的颜色却不再是红色，却呈现出橙色。物体只能反射它从光源接受到的波长。

光源有自然光源和人造光源之分，常见光源如下。

（1）自然光源　太阳是自然光源，是最佳的光源，这是因为太阳光中含有不同波长的光，并且光能的分布比较均衡。但是在太阳光的光谱曲线上，曲线在光谱的蓝色一端走势较高，因此说日光在本质上有些发蓝。太阳光光谱如图4-3所示。

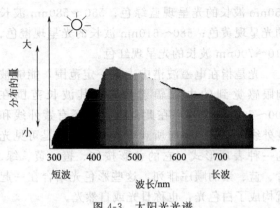

图4-3　太阳光光谱

（2）人造光源　常见的人造光源主要有白炽灯、日光灯，白炽灯的灯光与日光作比较，白炽灯产生的波长更趋向于在光谱的红色一端达到峰值。这是因为白炽灯光是由加热灯丝产生的，光中主要含有红色的光线，是属于较温暖的光线。白炽灯光谱如图4-4所示。

冷白色的日光灯在可见光的蓝色部分放射更多的能量，所以步入日光灯照明的房间，会注意到衣服和脸色看上去有些发青。日光灯如图4-5所示。

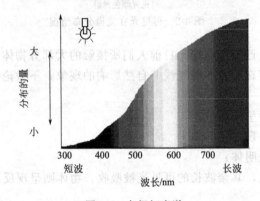

图4-4　白炽灯光谱

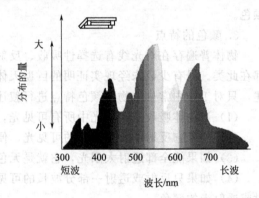

图4-5　日光灯

由于日光有不同的时相，人造光源有不同的色温和显色指数，所以同一颜色在不同的光源下观察的结果是不一样的。一般说利用昼光，是比较稳定的，在日出后3h至日落前3h期间，色温变化不大，光谱成分齐全，是观察颜色、分析颜色和调色的最佳时机。

2. 物体

（1）物体的分类　物体是观察的对象，周围的物体可分为两大类。

① 发光体。物体本身是发光体，即光源，如太阳、日光灯、白炽灯和钠光灯等。

② 自然体。自然体指的是物体在一般状态下不发光，只是在一定程度上吸收和反射来自光源的光线。

（2）物体本身颜色对光色的作用　当光源光线照射到这自然体上时，对照射到其表面的光线有反射、透射、吸收三种反应，具体的反映特性如下：

① 入射光线被物体表面反射，物体的颜色和其反射光的颜色一致；

② 如果该物体透光率不为零，且含有一定的颜料，那么透过物体的光线在穿过物体时就有所改变，物体的透过的光线和物体的颜色一致；

③ 其他颜色的光入射到物体表面，就会被吸收且不会从物体透射；

④ 物体中通常含有颜料，颜料会有选择地反射一部分光线，吸收其他光线，被反射的

光就决定了该物体的颜色。

光的入射、反射和透射如图 4-6 所示。

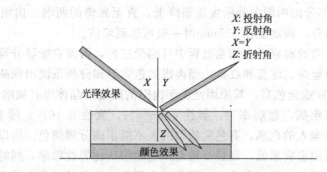

图 4-6 光的入射、反射和透射

3. 观察者

(1) 色彩色觉特性的生理基础 如果说光是产生颜色感觉的物理基础，那么眼睛的视觉特性则是产生颜色感觉的生理基础。

① 色觉神经末梢。肉眼中的神经末梢位于肉眼中被称为视网膜的感光部位，视网膜内含有两个类型的神经末梢：视网膜杆状神经末梢和圆锥形晶体神经末梢。两类神经末梢将感觉到的有关颜色信息送至大脑，大脑将这些信息转换为色彩印象进行体现。人眼的结构对颜色的感知如图 4-7 所示。

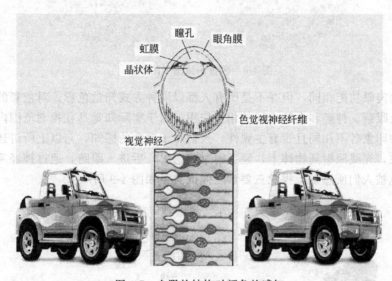

图 4-7 人眼的结构对颜色的感知

a. 视网膜杆状神经末梢。视网膜杆状神经末梢对光线高度敏感，感觉有关明与暗及清晰度的信息。

b. 圆锥形晶体神经末梢。圆锥形晶体神经末梢对色彩高度敏感，感觉有关色彩的信息。圆锥形晶体使肉眼能够区分蓝/黄色和红/绿色。

② 色觉视神经纤维。在人类眼睛内的视网膜上存在着三种视神经纤维：感红、感绿、感蓝的视觉细胞。每种视觉细胞的兴奋都会引起原色的感觉。正常人可以用红、绿、蓝三原色光混合匹配出光谱上的各种颜色，具有三色视觉的人称为三色觉者，能够分辨各种颜色。

一个具有正常色彩知觉能力的人在感受可见光谱时将其看成是一系列连续的颜色，其顺序为：暗红、亮红、橙色、黄、亮绿、绿、蓝和暗紫。光谱的最明亮部分位于 540~570nm（黄—绿）之间，从该部分的两侧向外明度逐渐降低，直至光谱的两端。肉眼所感觉到的明度变化与其发光功能吻合，该功能在 555nm 时一般可达到峰值。

（2）色觉缺陷　正常的观察者在知觉过程中可感受三色，因而它能够分辨明与暗、黄与绿、红与蓝以及黄绿和蓝绿、绿蓝和红蓝。当肉眼的色觉感知分辨系统出现缺陷时，就会出现红-绿色盲、黄-蓝色盲或全色盲，其原因是由于肉眼的圆锥形晶体带有缺陷。

色盲是先天性遗传疾病，患病率为：男性 4%~5%，女性 0.16%。随着年龄的增长，眼睛的倦怠与病痛会影响人的色感，有色觉缺陷的人不能正确分辨颜色，所以不适宜从事调色工作。由于女性色盲的患病率低，而且女性对颜色的辨认比男性敏感，同时又具有细心和耐心的特征，对调色、测色工作颇有裨益，因此从事调色、测色的工作人员多为女性。色盲测试图卡的图案如图 4-8 所示。

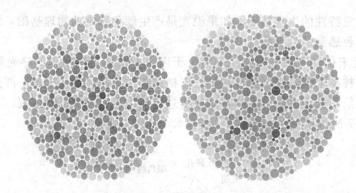

图 4-8　色盲测试图卡的图案

尽管人的肉眼功能相同，但并不是所有人都以同种方式知觉色彩，对色彩的知觉因人而异，其中涉及眼睛、神经和大脑之间的相互作用。由于实际知觉是在视觉范围内发生，因此人们对色彩的印象各不相同且带有主观性。人们对于颜色的感知，与以上所讲述的视觉三大要素紧密相关，光线照射到物体上，经反射（或透射）后进入眼睛，通过神经系统传输到大脑，然后颜色被人们所感知。视觉三要素之间的关系如图 4-9 所示。

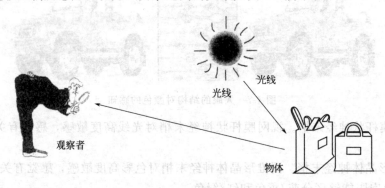

图 4-9　视觉三要素之间的关系

三、三大要素之间的相互作用

色彩是物体反射、光源和观察者三者的结合。如果这三个因素中的任何一个发生了改变，那么所产生的颜色也会随之改变，它们之间是相互影响的。如果把一个物体由蓝色变成红色，当观察者和光源保持不动，物体的颜色将完全由所反射的波长决定。当物体和观察者保持不变，而光源改变时，色彩也自然发生改变，这是由于反射并感测到的是其他波长。

在生活中很多场合，这个规律可以帮助商品的卖家提高销售业绩。例如，肉食市场使用粉红色灯光会使肉类看起来更新鲜；而百货商场则利用特殊的日光聚光灯以使服装的颜色看上去更生动。精心布置的照明可以影响一个潜在顾客的情绪和购物决定，商家和顾客都意识到这一点。在车身修补车间，应当在"冷白"色灯光或"日光"下判断色彩。

任意两个人不可能以同种方式感受色彩，即使光源和物体保持不变，两个观察者见到的色彩也会略有不同。随着人的年龄增长，眼晶状体开始变得不那么透明，其结果如戴上了一副黄色太阳镜在感受色彩。

四、标准光源和视感比色

1. 标准光源

由于日光有不同的时相，人造光源有不同的色温和显色指数，所以同一颜色在不同的光源下观察的结果是不同的。作为调漆技师或涂装技师，最好能在大家约定的某些具有代表性的光源观察颜色、分析颜色和运用颜色。为此，国际照明委员会推荐三种标准光源和三种标准照明体。

(1) 标准光源

① 标准光源 A。标准光源 A 用色温为 2856K 的充气钨丝灯代替，光色偏黄。

② 标准光源 B。标准光源 B 由 A 光源加罩 B 型 D-G 滤色镜，色温为 4870K，相当于中午日光。

③ 标准光源 C。标准光源 C 由 A 光源加另一组 C 型 D-G 滤色镜，色温为 6774K，相当于有云的日光。

其中，所用的 B 型和 C 型滤色镜按国际照明委员会规定，用戴维斯-杰伯逊液体滤光器。

(2) 标准照明体

① 标准照明体 A。标准照明体 A 代表绝对温度约为 2856K 的完全辐射体的光。

② 标准照明体 B。标准照明体 B 代表相关色温约为 4874K 的直接日光，相当于中午阳光。

③ 标准照明体 C。标准照明体 C 代表相关色温约为 6774K 的平均昼光。

④ 标准照明体 D65。标准照明体 D65 代表相关色温约为 6504K 的日光时相。

2. 视感比色

(1) 比色的方法　视感比色是把样本的颜色和试样的颜色并排放在一起，用肉眼观察它们是否相同。视感比色的照明是用日出后 3h 到日落前 3h 的自然光，避免直射日光，采用北向窗进入的光线。视线与光线间成 45°夹角，视线与光线其中有一项与试样垂直。

(2) 同色同谱与同色异谱　经过比色之后，如果两个试样在某一光源下观察是等色的，而在另一种光源下观察是不等色的，这种现象称为同色异谱；如果两个颜色试样在任何光源下观察都完全等色，称为同色同谱。

这两种现象对以后的调色影响非常大，为了评定试样是否存在同色异谱现象，先用与日光具有相近似的相对光谱功率分布的 D65 光源观察，再用标准光源 A 对试样进行观察比色。如果试样颜色不一致，则这两种颜色为同色异谱；如果试样颜色相等则为同色同谱。

五、光源变色

在进行颜色匹配时有时会出现一些特殊情况，在第一种光源下两件物体的颜色相同，但在另外一种光源下，这两个物体的颜色却有明显的色差，这个现象称为光源变色。光源变色如图 4-10 所示。

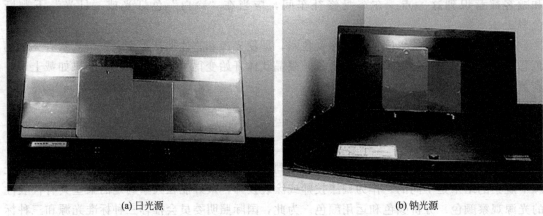

(a) 日光源   (b) 钠光源

图 4-10 光源变色

光源变色的原因主要是光源中各种色彩光线的强度不同。例如一种油漆含有红色成分，在钠光灯下看不出来，但在太阳光或日光灯下却很明显。光源变色的另外一个原因是修补漆和汽车原厂漆的面漆配方中所使用的颜料不同，导致修补漆在日光下与原厂面漆匹配良好，在另一种光源下看就会出现色差，通常需要在配方中添加调色剂来解决，最后还要在标准光源箱下用不同的光源进行比色，看是否还有色差。

六、颜色的三属性

色彩的三属性是颜色的色调、明度、彩度，也称为颜色的三个空间或颜色性质，要想完整、准确地描述一个颜色，需要包含这三方面的内容，缺一不可。孟塞尔三维立体颜色体系如图 4-11 所示。颜色的三属性如图 4-12 所示。

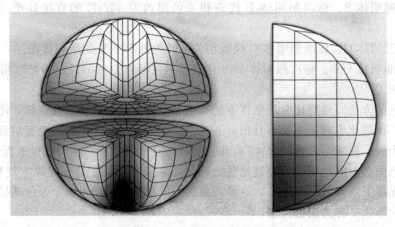

图 4-11 三维立体颜色体系

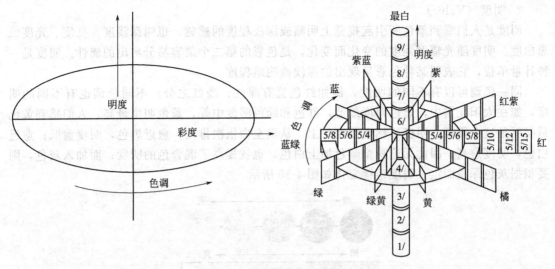

图 4-12 颜色的三属性

最早研究颜色定量表示方法的是美国画家孟塞尔,他在 1905 年创立了孟塞尔颜色系统。该系统可以利用三维空间的类似球体模型把物体表面颜色用三种基本特性(色调、明度和彩度)表示出来。

1. 色调（Hue）

色调也被称为名称或色相,是颜色和颜色之间的区别,是一定波长单色光的颜色相貌。色相是色彩的第一种性质,这一特性使我们可将物体描述为红色、橙色、黄色、绿色、蓝色和紫色。

（1）三原色 色彩系统中最基本的色调是红色、黄色和蓝色,它们也称为"三原色",几乎所有的颜色都可以用它们调配出来。

（2）三间色 橙色、绿色、紫色又是红、黄、蓝三原色按 1∶1 的比例两两调配出来的,称为"三间色",又被称为三辅色。三原色与三间色如图 4-13 所示。

（3）孟塞尔色环 将三原色和三间色六种颜色统称为颜色的六种基本色调。把这些色调排列成一个圆环,沿着圆环的周边每向前一步,色调都会产生变化,这个连续的、无间断的色环被称为孟塞尔色环。若从色光的角度来看,色调又随波长变化而变化,紫红、红、橘红等都是表明红色类中间各个特定色调,这三种红之间的差别就属于色调差别。同样的色调可能较深或较浅。孟塞尔色环如图 4-14 所示。

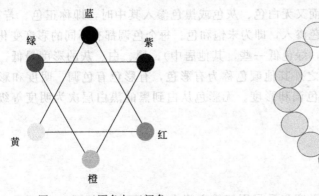

图 4-13 三原色与三间色

图 4-14 孟塞尔色环

2. 明度（Value）

明度是人们看到颜色所引起视觉上明暗或深浅程度的感觉，也叫深浅度、亮度、光度或黑白度。明度随光辐射强度的变化而变化，是色彩的第二个最容易分辨出的属性。明度是一种计量单位，它表明某种色彩呈现出的深浅或明暗程度。

同一色调可以有不同的明度，例如红色就有深红、浅红之分。不同色调也有不同的明度，如在太阳光谱中，紫色明度最低，红色和绿色明度中等，黄色明度最高，人们感到黄色最亮就是这个原理。明度可标在刻度尺上，从黑至白依次排列。愈近黑色，明度愈低；愈近白色，明度愈高。因此无论哪个颜色加上白色，也就提高了混合色的明度；而加入灰色，则要根据灰色深浅而定。明度连续变化如图 4-15 所示。

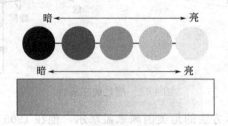

图 4-15 明度连续变化

3. 彩度（Chroma）

彩度有纯度、鲜艳度或饱和度之称，是表示颜色偏离具有相同明度的灰色的程度，是颜色在心理上的纯度感觉。彩度是色彩的第三个性质，也是一种不易觉察并经常受到曲解的性质。除非比较同一色调和明度的两种颜色，才会意识到它的表现形式。作比较时，通常会使用"黯淡"或"鲜艳"、"浑浊"或"鲜亮"这样一些词语来进行描述。如图 4-16 所示，最左侧的色球，颜色看上去很黯淡，从左至右每前进一个色球，彩度的值就会相应增加，而颜色看上去也更加鲜亮。不同色调、彩度三属性的体现如图 4-17 所示。

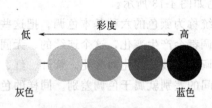

图 4-16 彩度的连续变化

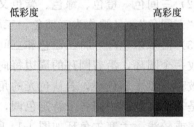

图 4-17 不同色调、彩度三属性的体现

当某一颜色浓淡达到饱和，而又无白色、灰色或黑色渗入其中时，即称正色。若有黑、灰渗入，即为过饱和色；若有白色渗入，即为未饱和色。每个色调都有不同的彩度变化，标准色的彩度最高（其中红色最高，绿色低一些，其他居中），黑、白、灰的彩度最低，被定为零，称为消色或无彩色。除此之外其他颜色称为有彩色，有彩色有色调、明度和彩度变化；无彩色只有明度变化，没有色调和彩度。无彩色从白到黑的黑白层次为明度等级，从 0~10 共 11 个等级。

七、颜色量化的表示方法

1. 孟塞尔颜色系统

（1）孟塞尔颜色系统概述 孟塞尔最早用三维空间来表达颜色。如图 4-18 所示，在孟塞尔色坐标中，中间轴代表中性色的亮度，白色在顶部，黑色在底部。孟塞尔亮度值为0～10共11个感觉上等距离的等级，但在实际应用中，一般只用到1～9。

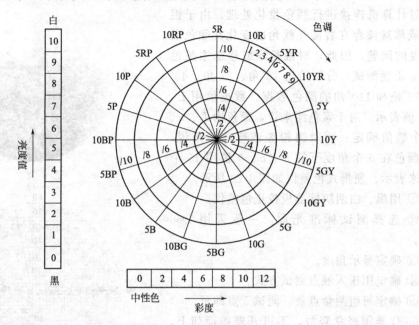

图 4-18　孟塞尔颜色立体水平剖面

（2）孟塞尔颜色系统颜色量化法　颜色样品离开中央轴的水平距离代表饱和度的变化，彩度表示具有相同明度值的颜色（立体坐标同一平面上）离开中心灰色的程度。彩度也分成许多视觉上相等的等级，中性色彩度为0，离开中央轴越远，饱和度越大。孟塞尔颜色立体水平剖面为一个圆，圆周上代表10种色调，包括5种主色调：红（R）、黄（Y）、绿（G）、蓝（B）、紫（P），以及5种中间色调：黄红（YR）、绿黄（GY）、蓝绿（BG）、紫蓝（PB）、红紫（RP）。每个色调又分为10个等级，每个主要色调和中间色调的等级都是5。例如，5R为纯红。每种颜色都可以用色调H、亮度值为V和彩度C表示：

$$HV/C=色调·亮度/彩度$$

例如，10Y6/2表示其色调是黄（Y）与绿黄（GY）的中间色，亮度为6，是较明亮的，并且具有饱和度很高的颜色。中性色用N表示，其后为亮度值，例如，明度值等于5的中灰写作N5。

2. CIE色度学系统颜色表示法

（1）CIE色度学系统颜色表示法概述　CIE色度学系统颜色表示法使用国际色坐标，如图4-19所示，是由国际照明委员会（CIE）规定的一套颜色测量原理、数据处理和计算方法。它依靠分光光度计（也叫色差计），测量涂层的光谱曲线，经过数学处理得到一组量化数据，准确表达各种各样的颜色。它不采用色调和彩度概念，保留明度概念。具体表示方法为CIE Yxy、CIE $L^*a^*b^*$、CIE $L^*C^*H^*$，最常用的是CIE $L^*a^*b^*$，三个主要参数可以准确地描述一种颜色。CIE色度学系统颜色表示法如图4-19所示。

L为明度计量符号用中心垂直轴，表示明度值。最上端为白，用$L=100$表示物质将照射光全部反射，最下端为黑，用$L=0$表示物质将照射光全部吸收。

a^*b^*表示色彩方向。a^*表示红绿方向，$+a^*$表示红色方向，$-a^*$表示绿色方向。b^*表示黄蓝方向，$+b^*$表示黄色方向，$-b^*$表示蓝色方向。

(2) CIE 色度学系统颜色表示法银粉漆的测量 利用色差仪可以将车身颜色或色板测试后通过计算机连接进行颜色量化处理。由于银粉漆或珍珠漆存在着随光线角度变化其颜色发生改变的问题,因此,对银粉漆或珍珠漆颜色进行 5 角度测试,分别给出 15°角、25°角、45°角、75°角和 110°角的颜色数据。数据值用 L、a、b 值表示。对于素色漆来说,颜色由 L、a、b 三个数值确定;而对银粉漆或珍珠漆来说,一个颜色在 5 个角度下的 L、a、b 值用 15 个数据来表示。便携式色差仪如图 4-20 所示。

① 用黑、白两块标准板校正色差仪。
② 选择测试标准光源,一般采用 D65 光源。
③ 确定显示角度。
④ 确定用压入触点测试方式。
⑤ 确定每组测量点数,测试 5 点即可。
⑥ 仪器须轻拿轻放,不可开着盖面朝上,防止落入灰尘。
⑦ 选择标准颜色进行测试:压入仪器双触点,等待测量 3s 完毕,仪器提示一声后,再拿起仪器进行下一个测量。
⑧ 全部测试合格后,盖上测量端盖。
⑨ 确定标准颜色在不同测试角度下的 L、a、b 值,并输入计算机,作为标准值。
⑩ 测试待测颜色,将数值输入计算机,得到与标准颜色的偏差。
⑪ 亮银颜色修补后测试出来的色差结果在表上作出记录。

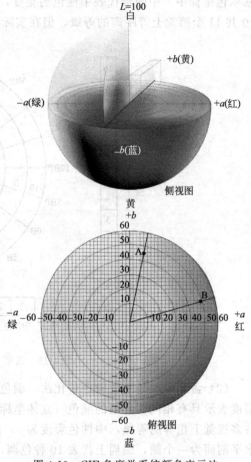

图 4-19 CIE 色度学系统颜色表示法

在油漆厂家开发的色差控制系统中,现在已经推出颜色控制软件,将车身颜色作为基准颜色,对用于修补的颜色进行测试评价。这样可以准确地选择颜色微调的方向,避免因视觉的误差引起的色母选色技术失误。在用色差仪进行调试中,将车身颜色 L、a、b 值作为基准,确定出修补颜色与基准颜色的差值 ΔE、Δa 和 Δb 值,然后再由 ΔL、Δa 和 Δb 值通过计算机算出颜色差值 ΔE。

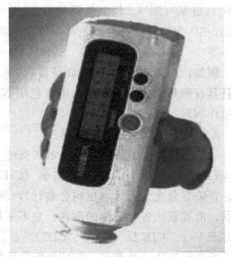

图 4-20 便携式色差仪

$$\Delta E = \sqrt{\Delta L^2 + \Delta a^2 + \Delta b^2}$$

通常规定,ΔE 小于 1.4 为颜色合格,一般修补后目视无法辨认颜色差异。

第二节 调色设备和工具

随着汽车工业的发展，汽车漆的色彩日渐复杂和繁多，巴斯夫、杜邦、阿克苏、PPG等世界知名油漆公司在中国开展业务以来，这些公司对色彩都有专门的研究调制机构。一旦新款车上市，这些公司马上就会根据自己公司的漆料将修补漆颜色配方研制出来，随同色卡提供给油漆经销商，送给调色中心。在进行配方研制比色时，常用光电比色法（亦称色差计，直接读出颜色的三刺激值），或用分光光度计求分光比反射率曲线，然后按规定的计算得到测定值，这两种设备测色精度准确但价格贵。调色中心在进行调色时常用到的主要设备有：比色灯箱、阅读机、电子秤、调漆机、配方微缩胶片、比色卡、比例尺等。分光光度计如图4-21所示。

图 4-21 分光光度计

一、调漆机

调漆机又称油漆搅拌机，各大油漆公司都有调漆机及配套产品，有32、38、59、108等各种规格的调漆机。调漆机配有电动机、搅拌桨，利用这种工具很容易混合及倒出涂料。由于涂料中的树脂、溶剂及颜料的密度不同，经过一段时间就会分离，因此，涂料在使用以前需要充分混合。常用油漆搅拌工具如图4-22所示。

图 4-22 常用油漆搅拌工具

二、胶片和胶片阅读机

1. 配方微缩胶片

微缩胶片又称菲林片，按大小可分为 18cm×24cm 和 10.5cm×14.7cm 两种（巴斯夫鹦鹉牌）。微缩胶片中列出汽车生产厂商、生产厂颜色编号、颜色、配方等，用户可根据生产厂商提供的颜色编号找到相应的配方，查找容易，使用方便。配方微缩胶片如图4-23 所示。

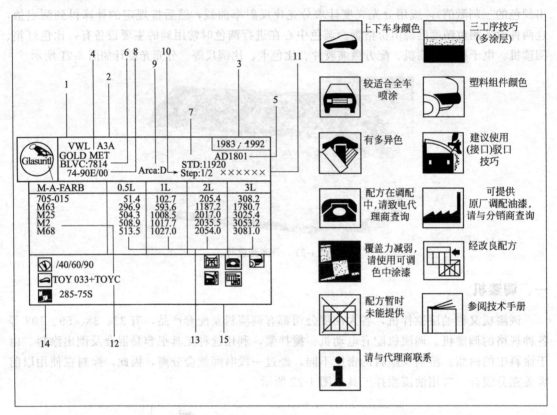

图 4-23 配方微缩胶片

1—汽车生产商名称；2—原厂颜色编号；3—使用年份；4—颜色名称；5—资料指引编号；
6—参考颜色编号；7—标准编号；8—原产地；9—系列代号及色差；10—施工方法；
11—图片说明；12—色母编号；13—配方；14—收费价格；15—资料提示

2. 胶片阅读机

胶片调色即通过阅读机阅读菲林片、查配方。因这种方式成本低、操作简单，所以目前采用较多。

阅读机操作程序如下：

（1）打开阅读机总电源开关。

（2）拉开置片板，将微缩胶片依正确方向置入置片板上。

（3）推回置片后，打开机座底部电源开关。

（4）检视微缩胶片，查出颜色配方。

（5）使用完成后，关闭机座底部白色开关，拉出置片板，取出微缩胶片，推回置片板。

（6）关闭阅读机总电源开关。

三、电脑调色系统

电脑调色即电脑中存有所有色卡配方,用户只需将自己所需漆号和分量输入电脑就可以直接查阅计算好的配方数据,快捷、方便、准确,而且数据更新,是一种较先进的调色方法。目前各大油漆公司都具有完善的电脑调色系统。常用电脑调色系统需要一台计算机作为调色工作站。电脑调色系统如图4-24所示。电脑调漆系统操作界面如图4-25所示。

图 4-24 电脑调色系统

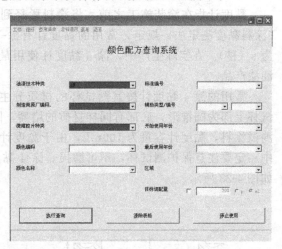

图 4-25 电脑调漆系统操作界面

四、电子秤

(1)电子秤 是一种称涂料用的专用天平,也叫配色天平,帮助计算适当的混合比,由托盘秤、电子显示器、集成电路板组成。常用的电子秤量程可达7500g,精确度为0.1g,由明亮的发光二极管作显示器,安装在托盘上方,使用方便,属于专为汽车修补漆称量用的配套产品。电子秤的灵敏度较高,使用时应避免大的气流。电子秤如图4-26所示。

图 4-26 电子秤

(2)电子秤的操作程序及注意事项
① 电子秤必须水平放置,绝对避免高温、振动。

② 打开电子秤总电源开关，按下电子秤电源处，暖机5min。
③ 按下归零键，将被称物轻置于秤板中心，依序操作。
④ 使用完毕后，按下电子秤电源关闭键，关闭电子秤电源总开关。

五、黏度计

1. 国内标准黏度计

黏度计指在涂装施工之前，将涂料稀释到合适的黏度时所使用的仪器。根据国家标准《涂料黏度测定法》规定，常用的黏度计有涂-1、涂-4、落球黏度计。计量单位和国际接轨为 s（秒）。在实际生产中，涂-4黏度计使用最为广泛，主要用来测定10～15s之间的各种油漆产品。

常用的涂-4黏度计按其测试杯的材质分主要有铜制、不锈钢制和铝合金制等多种。测试杯上部为圆锥形，底部有同样材质的堵嘴，圆筒上沿有环形凹槽，用于盛装倾倒到外沿的测试涂料，黏度计容量为100mL，由于黏度计测试杯为精密测试件，所以在长期使用过程中一定要注意保护测试杯，不可磨损。涂-4黏度计测试杯尺寸如图4-27所示。涂-4黏度计如图4-28所示。

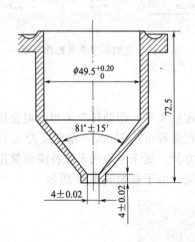

图4-27 测试杯

图4-28 涂-4黏度计

2. 国际标准黏度计

在国际上通用的有两种涂料黏度计，即福特杯和蔡恩杯。福特杯适用于大批量涂料黏度的测试，而蔡恩杯适用于修补或小批量涂料黏度的测试。除此之外还有刻度式旋转杯黏度测定仪。

汽车油漆使用的福特杯是一个底部成圆锥形的圆柱形容器。其顶部开有测量孔，视孔径的不同又分两种规格，即福特3号杯和4号杯。在实际生产中常用的是福特4号杯，简称4黏度杯，它分为台式和手提式两种。它们主要用于测试各种涂料的施工黏度，以使涂料达到便于喷涂、刷涂或浸涂的施工黏度。台式黏度计为固定型，主要使用于涂料检测室或化验室测试涂料黏度用。手提式涂-4黏度计也叫蔡恩杯式黏度计，具有体形小、重量轻、携带方便等特点，适用于涂装施工前现场测试涂料黏度用。常用的进口黏度计是美国福特4号杯，计量单位为秒，用字母"s"表示。使用台式黏度计时，需要配合一个容量为250mL（其他容器也可）的玻璃杯和一根玻璃棒或刮漆小刀。使用手提式黏度计时，可直接将黏度杯进入漆液中进行测试。测试时，还必须准备秒表等计时设备。

蔡恩杯如图 4-29 所示，福特 4 号杯黏度计如图 4-30 所示，刻度式旋转杯黏度测定仪如图 4-31 所示。

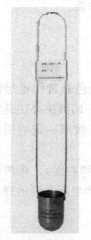

图 4-29　蔡恩杯

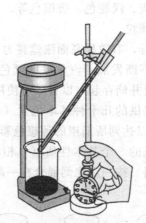

图 4-30　福特 4 号杯黏度计

图 4-31　刻度式旋转杯黏度测定仪

六、其他调色工具

1. 比例尺

比例尺是一种用金属或塑料制造的尺子，上面带有刻度记号，可计量适当量的固化剂、稀释剂，能方便快捷地帮助进行油漆调配。各大油漆公司的比例尺一般不可混用。混合油漆时也可作搅杆用，涂料一般不会沾在比例尺上，用完后也容易清洁。

2. 容器

涂装所用容器，多为聚丙烯型一次性容器。在调配油漆最好使用上下口径一致的直桶型容器。

3. 烘箱

烘箱是一种强制烘干试验样板的烘干设备，在人工调色烘干样板时使用。

4. 比色灯箱

配色灯是一种接近于日光的所有波长的灯，可在夜间或下雨时代替阳光，有时作成灯箱，主要用于比色和调色。比色灯箱如图 4-32 所示。

图 4-32　比色灯箱

第三节　颜色的调配与人工微调

一、调色的定义和一般程序

1. 调色的定义

（1）汽车用颜色的发展趋势　人们对汽车颜色的要求越来越高，为了满足人们对颜色的要求，汽车用颜色有了很大的发展，主要的发展趋势如下。

① 提高彩度：颜色的鲜艳度、饱和度不断提高。

② 三层做法：珍珠漆的广泛应用，需采用特殊喷涂方法。
③ 彩色清漆：在清漆中添加透明色母，增加立体感。
④ 变色效果：从不同角度观察，存在颜色差异，"变色龙"式颜色体系。
⑤ 浅色银粉：银粉漆的颜色趋向浅灰、浅驼色、香槟色等。
⑥ 更粗更闪烁银粉：出现特殊银粉颗粒。
⑦ 彩色底漆：在底漆中添加近似色母，有效提高面漆遮盖力。

(2) 调色的目的　随着汽车工业的不断发展，汽车漆的颜色种类及色彩特性也层出不穷，人们不可能把每一种颜色都做成涂料并储存起来以备随时使用。唯一的解决办法是提高调色人员的配色技能，利用涂料制造商提供的几十种基本色素（色母），按照一定的用量比例（颜色配方），对现有颜色进行调配，以达到所期望的理想色彩。

(3) 调色的概念　调色是指根据颜色的 3 个基本性质（色相、明度和彩度），将两种或两种以上的不同的基本色素（色母、涂料）按一定比例混合在一起，以产生所需要的理想颜色的过程。调色如图 4-33 所示。

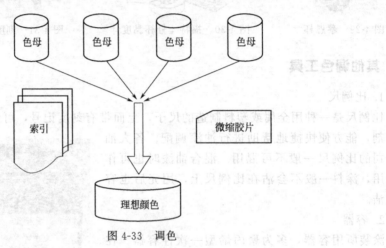

图 4-33　调色

2. 调色的基础

调色过程中，最基本的起点是颜色基础理论，然后是把理论知识灵活应用到实际工作中。掌握下列原则非常重要。

(1) 三原色按比例 1∶1 产生三辅色
① 红色和黄色混合产生橙色；
② 黄色和蓝色混合产生绿色；
③ 蓝色和红色混合产生紫色。

(2) Ostwald 色环　Ostwald（奥斯华德）将光谱的颜色排成一个圆环，此环以他的名字命名为 Ostwald 色环。这个分成八部分的色环对调整色调非常重要。Ostwald 色环如图 4-34 所示。

① 互补色。在 Ostwald 色环系统中，处于互相对面的颜色称为互补色、对比色或对头色。它们不适用于调色，这是因为它互使对方折射而导致消减色彩。互补色如图 4-35 所示。

② 邻近色。在色环中相邻近的颜色称为邻近色。两邻近色混合会产生清纯的色调，因此它适合用来调色。黄色和橙色为邻近色，绿色和青色为邻近色。邻近色如图 4-36 所示。

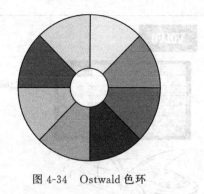

图 4-34　Ostwald 色环

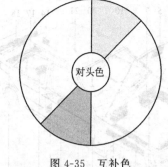

图 4-35　互补色

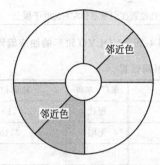

图 4-36　邻近色

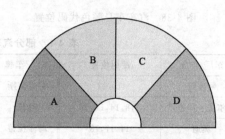

图 4-37　协调颜色

③ 协调颜色。如图 4-37 所示，A 和 D 为对消色，A、B、C 为协调色，D、C、B 为协调色，通常应该避免使用对消色。

④ 主色和副色。主色往往可以由两种色母组成，而副色总是位于主色的两侧。调色时，可理解为天平模型的平衡，以红色为例：主色（红色），副色（橙色＋紫色）。在混合时，两种副色中橙色部分增多，紫色减少，则混合后生成的红色会向黄色的方向偏移，随着橙色比例越来越高，而混合后的红色色温逐渐发生黄移。

⑤ 颜色调配的基本规律。对头色（互补色）混合后（红色＋绿色；黄色＋紫色；蓝色＋橘色）会产生灰色，即彩度降低，变浑浊；加色母时，以配方中的色母为第一选择，然后是靠近主色的近似色母，避免加入对头色母；色系列中的黑色和白色，主要用于控制明暗度和彩度。

3. 调色的一般程序

调色的一般程序主要指的是根据传统的色卡、配方或微缩胶片等按照纸质资料进行查找配方，因为其成本低，使用方便，对操作人员素质要求不高，所以大部分维修企业都使用这种调色程序。

(1) 色号的查询　大多数汽车的颜色信息（即原厂色号）附在车身某个或几个特定部位上（即色号牌上）。查看汽车厂出厂编码板，记下编码板上所示汽车制造厂商的油漆编码（VIN），对调色非常有帮助。不同的厂商油漆编码的位置是不同的。汽车车身颜色代码位置如图 4-38 所示。VOLVO 轿车的油漆编码如图 4-39 所示。部分汽车制造厂商油漆编码位置见表 4-1。

(2) 表面准备　在日常工作中，通常所使用的配色标准板（油箱盖、车身部位）表面往往有许多污物，可能会影响颜色的比对效果。因此，在配色前应该用细蜡进行清洁处理，以免造成车身颜色差异。

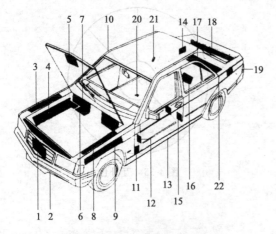

图 4-38 汽车车身颜色代码位置

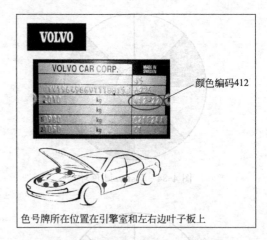

图 4-39 VOLVO 轿车的油漆编码

表 4-1 部分汽车制造厂商油漆编码位置

车厂/车牌	漆码位置	车厂/车牌	漆码位置	车厂/车牌	漆码位置
阿库拉	15,22	雷克萨斯	3,7,10,15	现代	2,7,10,15
阿尔法·罗密欧	5,8,14,17,18	莲花	3,8	无限	7,10
奥迪	14,17,18	玛莎拉蒂	5		
宝马	2,3,4,7,8	马自达	7,10,15	五十铃	2,7,10,13,15
克莱斯勒	2,4,5,8,9,10	奔驰	2,3,8,10,12,15,24	依维柯	5
雪铁龙	2,3,4,7,8,10	三菱	2,3,4,5,7,8,10,15	美洲豹	2,4,5,15
伏克斯豪尔	2,8,9,10	兰博基尼	18	土星	19
大宇	2	莫斯科人	14	西特	3,8,17,18
达夫	12	日产	2,4,7,10	斯柯达	8,10,17
大发	2,7,10,20,22	欧宝	2,3,4,7,8,10	斯马鲁	2,7,8,10,11,15
白鱼	2,3,4,7,8,9	保时捷	2,7,8,10,12,15	铃木	7,10,11,17,20
法拉利	5,18	标致	2,3,8	托马斯	15,18
菲亚特	4,5,14,18	伯罗顿	2,7,10	兰西亚	4,5,18
欧洲福特	2,3,4,7,8,15,17,18	利拉特	3,4,7,9,10	兰德·罗孚	2,3,7,10,15,17
福特	15	宙昭	3,7,8,10,15	沃尔沃	2,3,7,8,10,11,12,15
波罗乃茨	3,8,10,15,17	罗孚	2,3,5,7,10	丰田	3,4,7,8,10,11,12,15,17
萨伯	18	劳斯莱斯	3,5	拉达	4,5,8,17,18,19
通用	2,7,10,12	伏尔加	7,10	大众	1,2,3,7,8,14,17,18,19
本田	15,22	双龙	12,15		
起亚	15	红旗	2,3,5,18		

(3) 色卡的对比 如果在车身上无法找到原厂色号,那么可以利用油漆公司提供的各种色卡,从色相、明度、彩度3个方面进行对比,挑选出相对接近的颜色。然后根据色卡背面的编号查出对应的胶片标号,即可得相对接近的配方。常见的色卡如图 4-40 所示。

(4) 配方的查询 在车身上查到原厂漆号或通过色卡对比找到色号后,找到正确的微缩胶片号,用阅读机进行阅读,找到正确的配方。当然也可以用电脑查到配方,因为电脑中存有所有色卡配方,用户只需将查找到的色号和所需分量输入电脑就可直接查阅计算好的配方数据,快捷、方便、计算准确。便携式电脑测色仪的探头可直接在汽车上待修补的部位测到最为可靠的数据。该数据经配色系统处理后,就可以获得精确的配方。

(5) 计量添加色母 找到颜色配方,确定需要油漆的数量,利用电子秤计量添加相关色母的重量。在添加色母时,首先应该倾斜漆罐,然后逐渐拉操纵杆,让色母慢慢倒出。如果先拉操纵杆,那么当漆罐倾斜时可能有大量色母立即倒出。为了在倾斜末尾进行精细调整,也必须小心操作操纵杆,以控制色母流量。虽然

图 4-40 色卡

各种色母的重量因颜色而异,但是通常情况下一滴的质量大约为 0.03g,三滴的质量在 0.1g 左右。根据这一情况,在添加用量较少的色母时一定要仔细称重。涂料添加的方法如图 4-41 所示。

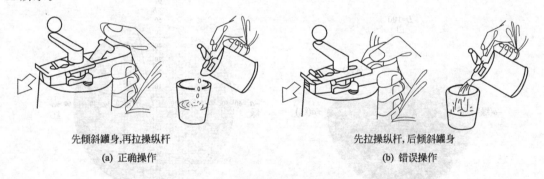

先倾斜罐身,再拉操纵杆　　　　　　先拉操纵杆,后倾斜罐身
(a) 正确操作　　　　　　　　　　　　(b) 错误操作

图 4-41 涂料添加的方法

在添加完所有色母后,要用搅棒或比例尺混合涂料,以产生均匀的颜色。如果涂料粘到容器的内壁,要用搅棒或比例尺刮下涂料,以防产生色差。

(6) 比对色板 添加并搅拌均匀后的涂料,从色相、明度、彩度三方面与待调配的标准色板进行比对,以保证调配良好。对比方法有比较法、点漆法、涂抹法和喷涂法。

① 比较法是用调漆棒与车色直接比对;
② 点漆法是将漆点在车身上,待干燥后进行比对;
③ 涂抹法是将漆均匀涂布在车身上,待干燥后进行比对;
④ 喷涂法是将漆喷涂在试板上,待干燥后与车身进行比对。

前三种方法速度较快,但较不准确,喷涂法虽然速度较慢,但准确度高。如果比对结果已经能满足颜色要求,则进行实车喷涂;如果比对结果有颜色差异,则需要添加色母进行微调,直到无色差,才可进行实车喷涂。

在用试样板与车身颜色进行比对时,一定要认真仔细,并最好在自然光下进行(也可在可重现自然光比色箱内进行),更精确的则要在几种标准光源下比对,防止出现同色异谱的现象。要等喷涂的样板干燥后再进行对照,从不同的方向观察比对。维修厂施工中,由于考虑施工进度,往往在样板还没有干燥好就进行比对,由于样板上实际为湿色,而车身上为干

色，以此比对的结果是不准确的。

（7）添加色母进行微调　如果颜色的对比结果表明，所调颜色与汽车的颜色不一样，则必须鉴定出应添加哪一种色母才能获得理想结果，这个过程就是"精细配色"或"人工微调"。

人工微调是一个比较和添加涂料的循环，此循环一而再、再而三地重复，直至获得理想的汽车颜色。如果把颜色体系放入 CIE 色度学系统进行考虑的话，从中间水平切开后形成一个截面（如图 4-42 侧视图所示），该截面图在鉴定混合物中所缺的颜色是很有用的。例如，当配红色时，如果确定圆球上与汽车颜色相配的区域是"A"，而已制备的混合物的颜色是"B"，那么便可以知道，所制备的混合物与汽车颜色相比，红色较弱，绿色较强，黄色较强，蓝色较弱（如图 4-42 俯视图所示）。因此也会发现，如果添加红色，那么混合物就会变得比较红，从而更接近汽车颜色；如果添加蓝色，混合物的黄色就变弱，但是由于互补色的特性，混合物将整个变暗。但是注意，实际上该截面不能用来准确地判断汽车颜色与样板颜色之间在明度上的差别，垂直方向，只是用配色中最重要的一点是鉴定混合物中所缺的颜色。在这个过程中，最重要的是第一印象。这是因为用于确定所缺颜色的时间越长，那么眼睛就越习惯于样板，从而使判断变得困难。

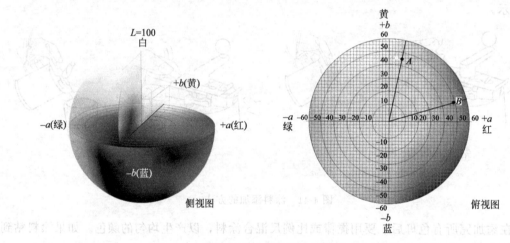

图 4-42　CIE 色度学系统

将选择好的色母加入计量配色涂料，并用搅杆进行颜色比较，利用试杆施涂法，使新涂层重叠部分以前涂装的混合物。这可以显示出变化的程度，或者添加色母的效果。如果还没有获得理想的颜色，再一点儿一点儿地添加选择的色母，然后进行试杆施涂和颜色比较。在用该种色母进行的精细配色完成后，再找出涂料所缺的另一种颜色。确定颜色调得多么接近是一项困难而重要的决定，虽然涂料的颜色越接近汽车的颜色越好，但是在实践中有一个点，达到此点便可认为颜色已经够接近了，不会有问题了。有比色计的，用数字表示颜色相差的程度最好，如果没有比色计，那么就必须靠双眼，最好让尽可能多的人来帮助鉴定，以便得出最接近的颜色。微调程序如图 4-43 所示。

标准微调程序：

① 选择光线充足最好是自然光的场所对色。
② 优先选择配方中已有的色母微调，尽量避免引入过多的色母。
③ 车身或零件必须确实抛光清洁后再微调。
④ 依照说明书按比例添加固化剂或涂料稀释剂。

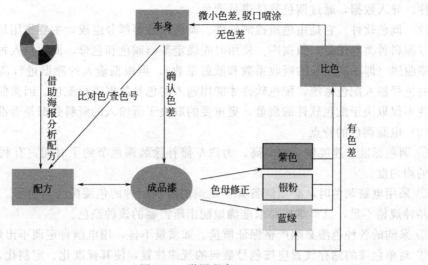

图 4-43 微调程序

⑤ 依照喷涂程序喷涂 150mm×300mm 大小的样板。
⑥ 注意施工距离与压力。
⑦ 喷涂至完全遮蔽为止,在喷涂时注意每一层的自然干燥时间。
⑧ 完全干燥后再对色。
⑨ 色漆干燥 15min 闪干后,再喷清漆罩光,清漆放置干燥后再对色;也可以先在 60℃ 时烘烤 25min,等漆冷却后再对色。
⑩ 如需再做微调修正时,先决定修正的色母。

(8) 修补操作 把微调完毕的涂料,按要求添加相应比例的固化剂、稀释剂并混合,按正确的施工程序进行涂装,采用合适的修补技巧,达到无痕迹修补。

二、利用电脑调色

1. 电脑调色概述

随着科学技术的高速发展,尤其是计算机技术的发展,电脑在汽车涂装调色中也得到了广泛的应用。电脑调色是近些年发展起来的一类自动化调色工艺,是一种先进的调色(调漆)方法。

在电脑调漆的工作中,计算机就像一个大型的色漆配方资料库,资料库中储存有所有色卡配方,用户只需要将所需要的漆号和分量输入微机中,就可以直接查阅计算好的配方数据。复色漆和单色漆都由数码标记。各类色漆品种数量达数千种规格,完全能满足汽车制造业和维修行业的使用需求。

目前各大涂料生产厂家都具有完善的微机调色系统,并在各地设有电脑调色中心使用电脑调漆,能把复杂繁琐的调色工作改变为一种快速、方便又准确的调色方式,工作起来极容易,且数据易更新,大大方便了汽车修补涂装的调色工作。

2. 电脑调色设备和工具

常见的电脑调色设备主要由可见光分光光度仪、电子计算机、调色软件等部分组成。
(1) 可见光分光光度仪 可见光分光光度仪是由光源、单色器、积分球、光电桥检测器、数据处理系统等部件组成。它可以将测得涂成层的光谱反射率曲线,通过库贝尔卡、芒克配色理论计算出涂层颜色的准确数据,测出颜色,将数据由数据线上传至计算机,打开调色软件，导入数据，通过调色软件进行调色。

(2) 调色软件　它是由色质检测软件、调色软件等部分组成，主要作用是建立储存基础颜色（颜料种类与用量）数据库。使用时先确定基础颜色和色母，而后输入每种色母的光谱反射率曲线（即不同波长的吸收系数和散射系数），再根据输入的数据进行调色。需要先将该漆的色号输入配色系统，配色软件才能用输入的色号数据进行配色。因而使用电脑调色的准确性不仅取决于配色软件的质量，更重要的取决于所输入的资料数据是否准确可靠。

(3) 电脑调色的特点

① 调色标准、速度快、效率高，为汽车修补涂装调色节约了时间，有利于提高修补漆颜色的均匀度。

② 采用电脑调色时，必须储备有一定量的各种品种的色漆配方与色号，如果储备的数量和品种规格不足，就很难按要求准确地配出所需要的该种颜色。

③ 采购的各种色漆必须严格保证质量。如质量不佳，用电脑肯定调不出理想的颜色。

④ 对单色漆的储存放置应按色号数码的规律放置，使其标准化、定制化，以防出错。

⑤ 无标准色号的色漆不适于用电脑调色。

⑥ 目前市场上使用的电脑调色软件较多，其基本功能差别不大，使用时可就地购买。

目前世界各大微机配色仪生产厂都有适合汽车修补漆调色使用的便携式微机测色仪供应市场。这些仪器的探头均可直接在汽车上需修补漆膜的部位测出最可靠的数据，该数据经配色软件系统处理后，就可获得准确的调色配方。

3. 电脑调色的程序

根据颜色编码调色：

① 查阅汽车车身上的颜色代码（或利用色卡获得代码）；如无法获得颜色代码，可利用配套的测色仪，将探头贴紧待修复车身漆膜上，电脑会自动生成配方。

② 启动电脑中的调色软件。

③ 根据显示屏幕界面提示输入颜色代码。

④ 根据屏幕界面提示的配方进行调色。如果将电子秤与电脑连接，某一色母添加过量，电脑则会自动重新计算配方中各色母比例，即会重新生成新的配方，因而可避免由于添加过量使调色失败而造成涂料浪费。

三、银粉漆特性及调色技巧

20世纪70年代，科研人员发现把细薄的铝片加入油漆后，闪烁效果非常好，并可以造成正侧面颜色效果深浅不同。于是，这种发明即被工业化并越来越多地用到汽车上，这就是所说的金属漆。金属漆改变了传统颜色单调的缺点，通过其中铝片的反射光线，产生从不同角度看都闪闪发光的效果，吸引人的注意。在银粉漆配方中的主要颜色颜料越透明越好保持，银粉片在漆中如镜子般起反射作用。清漆会稍微改变色漆层的颜色，从正面看时其明度会降低变深。

在金属色漆中，铝粉粒子和通透颜料共同作用，既提供颜色的深度，又提供高遮盖力。用金属色面漆涂装汽车，漆膜的丰满度好，光泽度高（95%左右），附着力好，装饰性优良，但涂装程序比用其他漆涂装工序多。用金属漆色浆涂装后，必须再用配套的清漆罩光才能提高涂层的保护性能和显示金属漆的美观，增强装饰性能。

目前汽车涂装使用的金属漆主要有银粉漆、闪光漆及珠光漆（珍珠漆）三大类。

1. 银粉漆的特性

(1) 金属颜料在涂层中的作用　银粉漆中的金属颜料主要是铝粉，其表面很光滑，像镜子一样，入射光在其表面呈现定向反射。在反射角处观察，涂层最明亮，其他角度，明度降低，逆向观察明亮度最低。

(2) 银粉漆的特性　光线在银粉漆中传播，其特效是通过铝粒子与透明颜料的配合而达成的。不透明（即有遮盖力）的

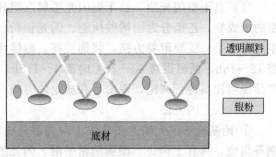

图 4-44　银粉漆的反射情况

颜料会阻碍铝粒子反射光线。调配透明颜料才能体现出色彩的变幻效果。银粉漆的反射情况如图 4-44 所示。

当光线照射到银粉漆上时，铝粒子会像镜子一样将光线反射出去。从直角看去，反射效果最大。若从斜角看去，光线反射量会降低，使得色调看起来较暗。变幻效果是根据铝粒子的大小而定的，铝粒子越大变幻效果越明显。因为粒子越大，反射的光线越多。从直角看时，色调显明亮闪耀，而从斜角看时，就显得深暗多了。铝粒子越小，变幻效果越不显著，且色调大多显得比较灰暗。

彩色的变幻效果的色调主要靠透明颜料来实现，不透明的颜料会阻碍铝粒子反射光线。因此，调配特定的透明颜料才能显示出彩色的变幻效果。例如，蓝色的银粉漆，从直角看上去，显得更蓝、更绿，从斜角看上去，则显得较蓝、较红。

2. 银粉漆的类型

常用的银粉漆（即铝粉漆）分自干和烘干两种，其中自干银粉漆主要指丙烯酸聚氨酯银粉漆。

(1) 自干银粉漆　自干银粉漆属双组分涂料，有粗银、中银、细银、特细银之分，其中粗银与中银银粉漆主要用于中高档客车的表面涂装；细银和特细银银粉漆由于价格较贵，主要用于中高档轿车或高档豪华客车等表面涂装；自干银粉漆主要用在常温条件下，表干为 20～30min，实干为 24h，低温烘烤 60～70℃时约为 2～3h。

在使用自干银粉漆时，应先将银粉色浆彻底搅拌均匀，而后再按产品规定的比例，分别加入稀料和固化剂，充分混合均匀后，过滤干净，连续、均匀、细致地喷涂两道，待漆膜闪干后，再将配套的清漆与固化剂按比例混合均匀，加稀料调稀至施工黏度，湿碰湿地喷涂进行罩光。

(2) 烘干银粉漆　烘干银粉漆属单组分漆，其中氨基聚酯银粉漆具有烘干温度低，价格便宜，漆膜丰满度好，附着力强，耐久、耐晒、耐水性优良，适用于中高档客车的面漆涂装，以此来提高外观的装饰性能。

氨基丙烯酸聚氨酯银粉漆的烘干温度较高，通常需 130℃烘干 30min 漆膜才能干燥。烘干后的漆膜光泽、硬度、平整光滑度等均比氨基聚酯银粉漆优良，但价格较贵，涂装成本高。它主要适用于普通中档轿车、豪华客车表面涂装。

使用氨基烘干银粉漆时，先将该漆色浆彻底搅拌均匀，并用配套稀料调稀至适于喷涂施工的黏度，过滤干净，连续均匀喷涂两道，喷后稍停 15～20min，待漆膜闪干后，再用配套的清漆进行罩光，最后一并进行烘干。

3. 闪光漆的类型

这类闪光漆包括自干、快干与烘干三种类型。

(1) 自干型闪光漆 自干型闪光漆属双组分涂料，其中甲组分为二异氰酸酯与含羟基树脂的加成物，乙组分为丙烯酸树脂、闪光铝粉、颜料等，属于丙烯酸改性聚氨酯涂料类。其主要特点是：漆膜附着力强，装饰性高，耐候性优良。该漆常温下表干需30~40min，实干需12~16h，低温烘烤60~70℃时需1~1.5h，主要用于轿车面漆涂装。其使用方法是：按产品说明比例进行调配，调配后在规定的时间内用完，以免固化而不能使用。

(2) 快干闪光漆

① 硝基快干闪光漆。硝基快干闪光漆是由硝化棉等树脂、闪光颜料、增塑剂、混合溶剂等组成，具有干燥快、漆膜细密平滑、闪光感强、色彩艳丽等特点。硝基快干闪光漆有银白、蓝色、紫红色、深棕色、红色等多种颜色，使用时用天那水稀释至施工黏度，连续喷涂两道后，待其闪干再用配套清漆罩光。

② 丙烯酸硝基闪光漆。丙烯酸硝基闪光漆由丙烯酸树脂、硝化棉、闪光铝粉、增塑剂、有机溶剂等组成。该漆表干需15~20min，实干需1~1.5h，具有色彩艳丽、闪光感强、漆膜不易泛黄、保色与耐久性优良等特点，适用于高档豪华客车、轿车等面漆涂装。

(3) 烘干闪光漆

① 各色氨基闪光烘干漆。主要由醇酸树脂、透明颜料、氨基树脂、闪光铝粉及有机溶剂组成。其漆膜坚硬、光泽度高（90%以上），保色性和耐久性好，在光线照射下晶莹透明、闪闪发光，而且具有色彩艳丽的美观效果，适用于轿车装饰性面漆涂装。其烘干温度为100~110℃时需要40~60min。

② 各色氨基闪光烘干漆。主要由氨基树脂、透明颜料、闪光铝粉、二甲苯、丁醇等组成。其漆膜丰满坚硬且平滑光亮，色彩艳丽，晶莹发光，立体感强，附着力好，耐水、耐汽油等性能优良，在光线照射下晶莹透明，其烘干温度为100~110℃时需要40~60min。

③ 丙烯酸氨基闪光烘漆。主要由丙烯酸-苯乙烯共聚树脂、氨基树脂、颜料、闪光铝粉等组成。其漆膜坚硬，平滑光亮，色彩艳丽，耐候性优良，主要用于轿车、客车仪表等装饰漆，喷涂施工，烘干。

④ 丙烯酸改性氨基闪光烘漆。主要由丙烯酸改性醇酸树脂、氨基树脂、闪光颜料等组成。其漆膜丰满度好，坚韧光亮，闪烁感强，装饰性优良，户外耐久性良好，保色、保光性优良。喷涂施工，烘干温度为120℃时需40min。

⑤ 各色丙烯酸闪光烘漆。主要由丙烯酸树脂、氨基树脂、闪光铝粉、透明颜料等组成。其漆膜坚韧，平滑光亮，闪光感强，色彩艳丽，耐候性、防锈性、防霉性、耐磨性与装饰性优良，但价格贵，适用于轿车表面装饰，烘干温度为120℃时需30min，喷涂施工。

4. 银粉漆调漆的程序

由于闪光漆和银粉漆的基本组成相似，所以在这里主要以银粉漆的调漆程序为主进行讲解。

在对银粉车漆进行修补调漆时，遵循的调漆程序和普通素色面漆的调漆程序是一样的。主要程序如下：

① 色号的查询。大多数汽车的颜色信息（即原厂色号）附在车身某个或几个特定部位上（即色号牌上）。查看汽车厂出厂编码板，记下编码板上所示汽车制造厂商的油漆编码（VIN），对调色非常有帮助。

② 表面准备。在日常工作中，通常所使用的配色标准板（油箱盖、车身部位）表面有许多污物，可能会影响颜色的比对效果。因此，在配色前应该用细蜡进行清洁处理，以免造成车身颜色差异。

③ 色卡的对比。如果在车身上无法找到原厂色号，那么可以利用油漆公司提供的各种色卡，从色相、明度、彩度三个方面进行对比，挑选出相对接近的颜色。然后根据色卡背面的编号查出对应的胶片标号。

④ 配方的查询。在车身上查到原厂漆号或通过色卡对比找到色号后，找到正确的微缩胶片号，用阅读机进行阅读，找到正确的配方。

⑤ 计量添加色母。找到颜色配方，确定需要油漆的数量，利用电子秤计量添加相关色母的重量。添加完所有色母后，要搅拌混合涂料，以产生均匀的颜色。如果涂料粘到容器的内壁，要用搅棒或比例尺刮下涂料，以防产生色差。

⑥ 对比色板。添加并搅拌均匀后的涂料，喷涂到标准色板上，从色调、明度和彩度三方面进行比对，以保证调配良好。在比对完成之后，将标准色板和车身进行比较，观察时要注意从三个角度进行对色观察。这三个角度是：侧面观察、侧角观察和正面正角观察。

a. 侧面观察。侧面观察就是目光斜视色板，眼睛注视车身一般，观察角度一般多为150°～180°之间。

b. 正面正角观察。正面正角观察就是目光正视色板，又称为"正角度比色"，主要是对准面色调。注意观察角度一般为90°。

c. 侧角观察。所谓侧角，就是目光斜视色板，又称为"侧角度对色"或"斜角度对色"，主要是对准底色调。观察角度一般为45°。

⑦ 添加色母进行微调。银粉漆微调时和普通的素色面漆方法不同。

a. 减少银粉色母的量，可以使银粉漆更深更暗。

b. 如果要减低某种颜色效果，首先应减少配方中这种颜色色母的量，用对比色的颜色色母降低这种颜色效果，则颜色会变浑浊，彩度降低。

c. 要降低银粉漆彩度时，添加黑、白或黑、银的混合色母，微调时使用透明性色母能使侧面变深、变暗，使正面变亮、变鲜艳。

d. 使用不透明性色母能使侧面变浅、变白，使正面降低鲜艳度。

通常，添加银粉或黑色色母可调整银粉漆的明亮度及彩度；注意添加银粉时，小量的银粉就会大比例地减低颜色的彩度。干喷可使银粉的颜色变浅，湿喷可使颜色变深。

喷涂时的技巧也同样会影响到银粉漆的颜色，见表 4-2。

表 4-2　喷涂技巧对银粉漆颜色的影响

银粉漆	较浅（亮度高）	较深（亮度低）	银粉漆	较浅（亮度高）	较深（亮度低）
稀释剂的挥发速度	快	慢	喷涂方法	干喷	湿喷
喷涂黏度	低	高	气温	高	低
喷涂压力	高	低			

⑧ 修补操作。如果是全车翻新喷涂，那么按照普通的喷涂手法进行喷涂；而当进行局部修补需要做接口时，喷涂手法很重要；同时，喷涂时涂料涂覆于车身表面后银粉如果具有规则性的排列，正面就会较亮，侧面会变暗；反之，银粉排列不具有规则性时，正面变暗，侧面变亮。

5. 金属漆调色时的注意事项

(1) 银粉色的配方只有在喷涂方式调整剂以及清漆调整都无法收效的情况下才可改变。

(2) 银粉漆的对色需在充足的日光下进行，但需要避免强烈的日光直射。

(3) 对色时最好喷在试板上，并且可利用喷涂技巧来控制颜色。

(4) 对色需以 90°正角、45°侧角和 150°～180°侧角来对色。

(5) 车身经过粗蜡打过，试板要完全干燥，才有精确的比色效果。

(6) 以手指直接涂色于色板上只可当作参考用，不能作为比色的标准。

(7) 银粉色的调配需要细心及耐心，若需改变配方也只能作小幅度的调整，并且需依照配方表所选的色母来调整。

(8) 双工序的银粉底漆喷涂完成后，待 15min 指触干燥后，再喷上清漆后才可比色。

(9) 双工序的试板上，银粉底漆喷"整板"，而清漆喷"1/2"，如此在调整时可以节省时间，并且可以累积调色（即银粉色在加喷或未喷清漆的比较色差）的经验。

四、珍珠漆

所谓珍珠漆就是根据天然珍珠的原理，在片状的云母片上加上不同厚度的钛白粉或氧化铁等无机氧化物，然后做成细薄片，加入油漆中。这样，当光线照在这些人造珍珠片上时，也可以产生类似珍珠的彩虹效果，从而使油漆的颜色正侧面不同，产生变化的效果。1980 年德国涂料专家苏塔努希首次使用云母铁珠光颜料制成了一种具有全新色彩艺术风格的珍珠汽车漆，并成功用于美国福特汽车公司的轿车生产线。珍珠汽车漆具有很高的镜面光泽，珠光细洁柔和，装饰性极佳，同时具有随视角而变化的闪光效应，从而奠定了它在现代轿车、摩托车表面高装饰性涂料的地位。目前，美、欧、日各大汽车公司，几乎所有高档豪华轿车均采用珍珠漆涂装。珠光颜料的构造见表 4-3。

表 4-3 珠光颜料的构造

二氧化钛云母颜料的种类	二氧化钛厚度	颜色效果	正面	侧面
二氧化钛、云母	100～150nm	白珍珠	银	银
二氧化钛、云母	210nm	干扰型珍珠	黄	蓝
	250nm		红	绿
	310nm		蓝	黄
	360nm		绿	红
二氧化钛、氧化铁、云母	0～100nm	染色型珍珠	红	红

珠光漆也叫珍珠漆，有多种颜色。为了适应汽车喷涂、翻新、修补调配色的市场需要，涂料生产厂家研究开发和生产了上百种色母，建立了各自的调色系统和电脑调色中心。

珍珠色如珍珠一样，从不同角度来看，能发出不同的色彩。珍珠色漆膜给人以高贵华丽之感，但涂装工艺复杂且易出色差。珠光涂料色母选择时一定要先细致观察标准板珠光的板型，选择合适的珠光色母。

1. 珍珠漆成色原理

当从不同的角度观察汽车车身的涂层珍珠漆时，随着观察的角度不同颜色也不同。珍珠色颜料中的云母不是天然云母,而是化学合成的物质,但结构上与天然云母基本相同。这种油漆由于合成云母和底层色彩漆的共同作用,光的反射比一般油漆更为复杂,所以呈现出鲜艳的七彩色调。由于云母是由很薄的薄层叠积而成,光线照射其上会有层层的反射、吸收、穿透,微妙的光线变化使云母可以产生多重反射,因此呈现多种色彩;而一般的物体只是在表面的一个界面上反射光线,所以从任何角度看色彩都一样;光线在玻璃和其他透明层涂料中的作用效果基本都是直接透射,因此呈透明状。两工序珍珠漆成色原理如图 4-45 所示。两工序珍珠银成色原理如图 4-46 所示。三工序的彩虹珍珠漆成色原理如图 4-47 所示。

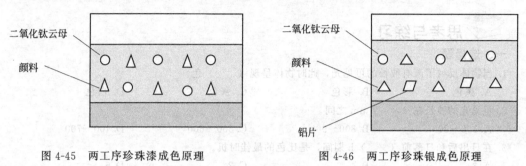

图 4-45　两工序珍珠漆成色原理　　　　图 4-46　两工序珍珠银成色原理

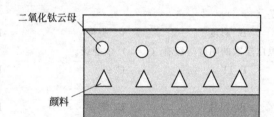

图 4-47　三工序的彩虹珍珠漆成色原理

2. 珍珠漆的调色

珍珠漆颜色的调配关键是调色样板的制作和运用。

(1) 制作调漆试板

① 制作调漆试板的目的。喷涂三工序珍珠漆时,全部工序包括喷底层面漆、中层珍珠漆和表层清漆三道工序,正确制作调漆样板是准确调色的关键。调漆样板是确定中间层色料用量所必需的,因为这直接关系到修补后新旧油漆颜色的匹配问题。

虽然依靠调漆配方可以得到汽车面漆的详细配方,但由于待修补汽车已有不同程度的色差,因此只有制作样板与修理部位进行详细对比、微调和试喷,才能使得新补漆层与原漆膜视觉一样。制作一块或几块珍珠漆比色样板要花费时间,但会使修补效果良好,不会返工。

珍珠漆颜色效果跟油漆调色、稀释状况、喷枪压力以及喷涂方法都有关系。

② 比色试板制作的步骤。

a. 底材的脱脂清洁。将薄钢板进行清洁脱脂处理,再在样板上喷上底漆。可以用浅色底漆二道浆或封闭底漆,也可根据其他方面的要求喷涂头道底色漆,喷枪压力和扇形与后续喷涂底层面漆时一样。

b. 第一层珍珠漆的喷涂。待试板干燥后将它四等分,遮蔽下面五部分,在样板的最上面 1/2 部位喷第一层云母色漆。

c. 第二层珍珠漆的喷涂。待第一层珍珠漆膜快速干燥后把遮盖纸下移,露出样板的上半部分,再在上半部喷第二层珍珠漆。

d. 第三层珍珠漆的喷涂待第二层漆膜也干燥后，再把遮盖纸下移，露出样板上部的 3/4 部分，在此 3/4 面板上再涂第三层珍珠漆。

e. 第四层珍珠漆的喷涂。闪干后再把遮盖纸全部取下，再在整块样板上喷涂第四层珍珠漆。

f. 待整块比色样板干燥后，沿纵向遮蔽一半，在露出的半块样板上根据说明书喷几层透明清漆罩面。

(2) 比色试板的使用 将比色样板放在车上，与车身颜色一致的部分所喷的珍珠漆层数，即为修补喷漆时所需喷涂的珍珠漆层数。

思考与练习

一、选择题

1. 当物体反射了所有波长的可见光，此时物体呈现（　　）色。
   A. 黑色　　B. 彩色　　C. 灰色　　D. 白色
2. 可见光的波长在（　　）nm 之间。
   A. 100～300　　B. 800～900　　C. 500～600　　D. 400～700
3. 在日出后和日落前（　　）h 期间，是比色的最佳时机。
   A. 3　　B. 4　　C. 2　　D. 5
4. 色彩的第一种性质是（　　）。
   A. 明度　　B. 彩度　　C. 亮度　　D. 色相
5. 无彩色从白到黑的黑白层次的明度等级有（　　）个等级。
   A. 10　　B. 11　　C. 9　　D. 3
6. 微缩胶片又称为（　　）。
   A. 菲林片　　B. 照片　　C. 影片　　D. 拷贝

二、判断题（正确画√，错误画×）

1. 进行金属漆比色时只需比对正面 90°的颜色。（　　）
2. 物体颜色观察结果会随环境光源的改变而发生变化。（　　）
3. 色彩是物体反射、光源和观察者三者的结合。（　　）
4. 从色调、明度、彩度三个方面可以准确地对一种颜色加以描述。（　　）

三、简答题

1. 影响色彩观察的三要素是什么？
2. 人体视神经有哪些，其作用是什么？
3. 简述色盲无法观察到色彩机理。
4. 简述光源的概念和种类。
5. 标准照明体和标准光源分别有哪些？
6. 简述调色时最佳的比色时间。
7. 什么是同色同谱和同色异谱；两种现象是如何造成的？
8. 决定色彩的三属性是什么，分别决定色彩的哪些方面的性质？
9. 简述色彩的三原色和三间色如何进行配比。
10. 简述常见的调漆设备和工具有哪些。如何进行调整和维护？
11. 简述调色的基本程序。
12. 简述金属漆和珍珠漆的调色程序。

第五章 汽车涂装修理工具与设备

【学习目标】 1. 掌握汽车涂装常用工具的类型和使用方法。
2. 掌握汽车涂装常用设备的类型和使用方法。

【重点难点】 重点：汽车涂装设备和工具的使用与维护方法。
难点：喷枪的调整与维护，各构件的走枪手法。

【考核标准】 应知：汽车涂装设备和工具的分类方法和类型。
应会：能使用和调整相关设备和工具，并能对其进行保养。

第一节 汽车涂装修理工具

汽车涂装修理常用工具主要包括底材处理工具、打磨工具、刮涂工具、刷涂工具、喷涂工具和其他设备等。

一、底材处理工具

1. 手工清除工具

手工清除工具主要有铲刀、刮铲、钢锉及钢丝刷等简单工具，通过铲、刮、刷等手工操作清除金属表面的旧漆层、铁锈及焊渣。手工除锈劳动强度大，工作效率不高，但设备要求简单，不受工件形状和施工条件的限制。一般而言，手工清除主要用于形状不规则、工作量小的金属件表面旧漆层或铁锈的清除。在条件不成熟的小型维修企业和大型维修企业也常用到。手工清除工具如图5-1所示。

2. 机械清除工具

相对于手工清除来说，机械清除工具是以电力或压缩空气作为动力源，驱动打磨头旋转或移动，与圆形钢丝刷、砂布、砂纸、砂轮等磨具配合使用，实现对表面旧漆层或铁锈的清除。此类依靠动力驱动的旋转或移动式打磨清除工具适用于表面平整部位的处理。和手工清除相比，工作效率高，但对于大面积旧漆层或铁锈来说，仍存在劳动强度大的缺点。而大面积旧漆层或铁锈的清除一般可使用喷砂法进行处理。

(1) 磨光机 磨光机主要用于磨光毛刺、清除旧漆层、修整焊缝等手工难以磨光的部位。其磨头是不同形状的砂轮。按动力形式可分为风动式和电动式两类。各种常用的电动磨光机如图5-2所示。各种常用的气动磨光机如图5-3所示。

在清除旧漆层时使用最多的是角向磨光机。如果清除铁锈，可在角向磨光机上换装钢丝刷盘，也可使用原子灰打磨机械清除铁锈。

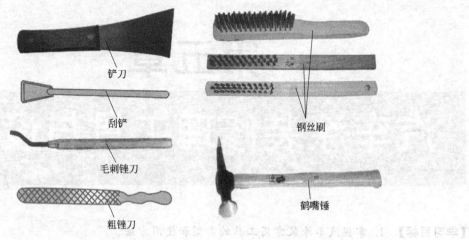

图 5-1 手工清除工具

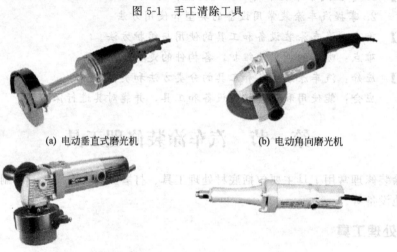

图 5-2 电动磨光机

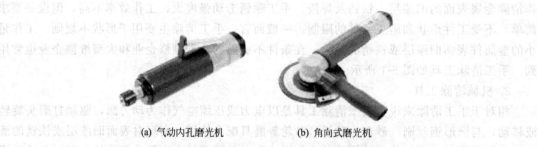

图 5-3 气动磨光机

(2) 喷砂机 一定粒度的砂或钢丸在压缩空气的压力下喷向带锈或旧漆层表面，铁锈或旧漆在其冲击力的作用下快速地脱落。此法仅适合于清除较厚的铁锈或面积较大的旧漆层，在使用喷砂机时必须在专用的喷砂室内进行，操作者必须佩戴耳罩式护耳器，以防被过度的噪声造成伤害。喷砂机如图5-4所示。耳罩式护耳器如图5-5所示。

图 5-4 喷砂机

图 5-5 耳罩式护耳器

常用的喷砂机有两种基本类型，分别为标准喷砂机和可回收型喷砂机。标准型喷砂机一般用于室外作业，可回收型喷砂机用于室内作业。喷砂机使用的砂子粒度为30号，在清除旧漆层或铁锈困难时可使用50号甚至90号粒度的砂子。

二、打磨工具及其材料

1. 打磨材料

(1) 磨料的种类 常用的磨料主要有七种：火石、金刚砂、石榴石及氧化铁（属矿石材料）；碳化硅、氧化铝及氧化锆铝（属加工合成材料）。

① 金刚砂磨料。金刚砂磨料是一种非常锐利、穿透速度极快的磨料，通常用于打磨薄边或干磨各种柔软材料，如对旧漆层、玻璃钢及原子灰等表面进行打磨。

② 氧化铝磨料。氧化铝磨料是一种坚韧的楔形磨料，防破裂和变钝性能好。用该磨料制成的砂纸，在打磨时不会产生较深的划伤，也不会过早地出现砂粒磨损而变钝，因此延长了使用寿命。一般用作磨料的氧化铝按其自身颜色区分用途是：红褐色的用作金属打磨抛光，白色的用作清除旧漆层。市场上最常见的水砂纸基本上都是以氧化铝作为磨料的。

③ 锆铝磨料。锆铝磨料由氧化铝和氧化锆组成，有独特的磨刃性，即在打磨过程中能不断提供新的刃口，从而提高打磨效率，延长打磨材料的使用寿命。另外在打磨过程中产生的热量少，使打磨下的材料不会堆积而影响打磨效果。这种磨料制成的砂纸在汽车修补涂装中的应用非常广泛。

④ 碳化硅磨料。碳化硅磨料由一种合成矿石在电炉中炼制而成，其晶体颗粒坚硬锐利，呈蓝黑色。这种磨料与水配合的打磨效果很好，是打磨车身底漆、密封胶及在涂层间进行打磨的最佳材料。其标记一般为SIC。

⑤ 氧化铁磨料。氧化铁是一种非常软的自然磨料，一般呈灰色。

⑥ 石榴石磨料。石榴石产生于不规则的矿石中，通过分类后用胶粘剂粘在特定的纸上

而制成砂纸。

⑦ 火石磨料。火石是最好的砂纸磨料，具有从暗灰色到红粉色多种颜色。一般将其粉碎成非常尖锐的颗粒，再用胶粘剂粘在纸上就成砂纸。

(2) 砂布（纸） 砂布和砂纸是采用胶粘剂把磨料颗粒分别粘结在布、纤维表面或纸面制成的。砂布（纸）按底层材料不同可分为纸制砂纸、布制砂布和纤维制布3种。砂布的剖切面示意图如图5-6所示。磨粒在砂纸/砂布上金字塔式排布如图5-7所示。

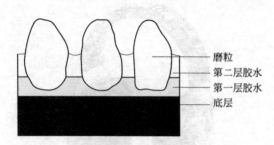

图 5-6　砂布的剖切面示意图

图 5-7　磨粒金字塔式排布

① 砂布（纸）的分类。

a. 砂布的分类。砂布一般分为两个等级：J级和X级。J级的柔韧性较好，质量小，主要用于手工或小型机械打磨；X级砂纸的强度较大，质量较大，并具有一定的抗拉性，一般制成带状或盘状，主要用于机械上。纤维制布由蓝灰色的硬纸和高强度级纤维布制成，常用于盘式打磨机上，进行高强度、高速的打磨，如修磨焊点、毛刺及除锈等。

b. 砂纸的分类。砂纸按其表面上磨料的疏密程度可分为闭式（密涂层）砂纸和开式（疏涂层）砂纸两种。闭式砂纸指磨料全部覆盖在砂纸表面上，主要用于精打磨或水磨；而开式砂纸通常是指仅有50%～70%的砂纸表面粘有磨料，主要用于打磨铝、塑料、车身焊锡、油灰等。纸制砂纸按其使用性能一般可分为四个质量等级：A、C、D、E四级。

A级砂纸：A级砂纸的磨料排列的一致性最好，柔韧性最好，质量最小，一般用于对色漆涂层的湿磨和对外涂层的干磨。

C级砂纸：C级砂纸质量较大，具有一定的硬度和强度，韧性差，用于手工打磨、轻型打磨机。

D级砂纸：D级砂纸质量较大，具有和C级相同的硬度和强度，但韧性较差，用于手工打磨、便携式打磨机。

E级砂纸：E级砂纸硬度和强度最大，并具有较高的抗拉性，一般制成圆形、盘形或带形，常配合机械打磨机使用，进行清除旧漆层和打磨原子灰层。

② 砂布（纸）的粒度、牌号及选用。砂布的粗细是由磨料颗粒的大小决定的，用粒度编号表示。粒度越小，砂纸越细。砂纸的粒度、种类、编号及用途见表5-1。

在汽车修补涂装中打磨所用的砂布是根据其硬度、韧性、破碎特性、耐热性及颗粒形状进行选择的。使用砂纸虽能消除表面的不平，但也会留下打磨痕迹，痕迹的深浅程度与砂纸的等级有关。

一般来说，砂纸的编号数字越小，其磨粒的尺寸越大，打磨痕迹越深。

正确方法是在打磨、研磨工序中逐渐使用更细的砂纸。砂布、砂纸的种类及使用范围见表5-2。

表 5-1　砂纸的粒度、种类、编号及用途

粒度	氧化铝	金刚砂	锆铝	用途
极粗	16	16	—	用于打磨机打磨、平整钣金后焊缝清除锈蚀和清除有缺陷的旧漆层
极粗	24	24	24	
粗	36	36	—	配合研磨机用于底层原子灰、涂层的研磨
粗	40	40	40	
粗	50	50	—	
粗	60	60	60	
中等	80	80	80	清除旧漆层
中等	100	100	100	
中等	120	120	—	
细	150	150	150	用于裸露金属的最终打磨和磨平原有旧漆层或原子灰的细打磨
细	180	180	180	
极细	220	220	220	用于中涂层和喷漆前旧漆层打磨，羽状薄边边的粗打磨
极细	240	240	240	
极细	280	280	280	
极细	320	320	320	
极细	400	400	400	
极细	—	600	800	打磨旧面漆层或抛光前的打磨和羽状薄边的细打磨
超细	—	800	—	用于中涂漆打磨或素色面漆喷涂前的打磨
精细	—	1000	—	用于素色面漆涂层的干喷修复性打磨
精细	—	1250	—	
精细	—	1500	—	用于喷涂后面漆的精细修复或抛光前处理
超精细	—	1800	—	清漆层的粗抛光
超精细	—	2000	—	

表 5-2　砂布、砂纸的种类及使用范围

砂纸编号	颗粒大小 /μm	适用范围	
		干打磨	湿打磨
24	1200	打磨机打磨、平整焊缝、清除锈蚀	消除旧漆层或粗打磨原子灰
40	600	清除旧漆层及粗磨羽状边或配合研磨机用于底层原子灰、涂层的研磨	消除旧漆层或粗打磨原子灰
60	400		消除旧漆层或粗打磨原子灰
80	300	清除旧漆层	
120	170	清除旧漆层	
150	150	用于裸露金属的最终打磨和磨平原有旧漆层或原子灰的细打磨	腻子修饰/修补 面漆/周边底漆处理 整车打磨
180	120		
240	80	原子灰细打磨、角线条细磨、羽状修饰、角线条修饰	
280	65		
320	55		
360	45		
400	40		用于面漆涂层的打磨
600	25		
800~1000	15~20	中涂层打磨、旧漆层修饰打磨	用于中涂漆打磨或素色面漆喷涂前的打磨
1200~1500	10 以下	喷涂后面漆的精细修复或抛光前处理	用于素色面漆涂层的干喷修复性打磨

在使用砂纸时，有时只能使用无水打磨的方式，需要使用干磨砂纸/砂布，而在进行原子灰细打磨或底漆中涂漆喷涂前全车打磨时，最好要使用打磨后砂纸痕迹小的耐水砂纸。干磨砂纸如图 5-8 所示，耐水砂纸如图 5-9 所示。

图 5-8　干磨砂纸

图 5-9　耐水砂纸

(3) 打磨机配套砂纸

① 打磨机配套砂纸的分类。常与打磨机配套使用的砂纸有方形砂纸和圆形砂纸。按其与打磨托盘的连接形式不同可分为无粘结性砂纸和自粘贴性砂纸。

② 打磨机配套砂纸的使用。无粘结性砂纸在使用时必须使用专用的胶粘剂和打磨机打磨盘进行粘结，待砂纸所有磨粒没有切削功能后，使用热风枪进行稍微加热即可去除或更换；无粘结性砂纸如图 5-10 所示。

自粘贴性砂纸使用时，只要将砂纸与打磨盘中心对正压紧即可。打磨完毕后，应及时将砂纸从打磨机上取下，以免胶粘剂凝固后将砂纸与托盘粘固在一起。各种规格自粘贴性砂纸盘如图 5-11 所示。

图 5-10　无粘结性砂纸

图 5-11　各种规格自粘贴性砂纸盘

无粘结性砂纸和自粘贴性砂纸的共同特点是采用了粘扣式设计，能使砂纸紧扣打磨盘，易于拆装；切削速度快，研磨平整、细致；采用特殊材料制作，耐磨。使用时，将砂纸上的孔与打磨机打磨盘上的磨屑吸收孔对齐，可使打磨过程中产生的打磨灰从吸收孔中经吸尘装置产生的负压带走，可有效降低环境污染的程度，同时可以很大程度改善操作者的工作条件。常用的砂纸磨盘规格有 12.7cm（5in）、15.3cm（6in）、20.3cm（8in）三种，用 No.80~No.180 砂纸干磨或 No.320 砂纸湿磨。

2. 手工打磨工具

(1) 手工打磨工具

① 手工打磨工具的类型。手工打磨工具主要有硬橡胶皮块、软橡胶块、海绵状橡皮块和长条状快速打磨块等。

手工打磨表面时经常使用多种打磨工具,以提高打磨质量和速度。使用具有一定柔韧性的硬橡皮块或软橡胶块与砂纸配合,可打磨出非常平整或带有曲线的涂层或原子灰表面。可干打磨也可进行湿打磨。常见打磨块如图5-12所示。

海绵状橡皮块主要用于凹凸表面或狭窄区域的打磨。打磨时应用力均匀,以防出现打磨缺陷。

长条形快速打磨板主要用于打磨原子灰表面。利用其前、后、上表面的夹具装夹砂纸,将折好的砂纸按照事先折好的线,夹在打磨板上即可进行打磨。操作时需要注意:打磨运动方向应与打磨板的长度方向一致;打磨时不可铲向操作;砂纸的装夹不能松动,且随时注意打磨板前、后边缘处砂纸是否已破损,若破损应及时更换。长条形快速打磨板如图5-13所示。

图5-12　硬橡胶、软橡胶一体打磨块

图5-13　长条形快速打磨板

有时维修漆工也根据实际情况选用大小、形状适当的木块作为打磨垫板。但要注意把打磨木块的前、后边缘削成圆角,以防损坏砂纸和出现打磨缺陷。

② 砂纸的折叠与裁剪。根据打磨的需要,将砂纸裁成适合打磨的大小。砂纸的折叠与裁剪如图5-14所示。

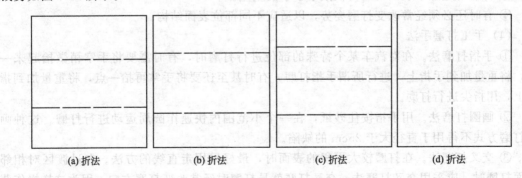

图5-14　砂纸的折叠与裁剪

a. 小面积打磨。将砂纸裁成原来的1/3。将这3条砂纸叠成3叠,这样每一叠就有3片砂纸厚,打磨起来比较顺手。每当打磨的砂纸面被磨平时,就更换新的一面继续打磨,主要用于手指按压式打磨。

b. 使用打磨块时，应将砂纸按照打磨块的形状进行折叠。大面积工面用打磨块的大面积，小面积或细条状的工面使用打磨块的两个小棱面。

c. 标准打磨。一般情况下用7cm×23cm的砂纸固定在打磨块上进行打磨。

d. 大面积打磨。将砂纸裁成原来的1/4，这种折法折过砂纸所形成的形状操作方便。

③ 砂纸与打磨块的配合。

a. 将砂纸裁成适合打磨块的尺寸，砂纸长度和打磨块长度相当，宽度为磨块宽度加上2倍打磨块厚度。

b. 将砂纸平贴于打磨块下面，两边多出的部分向上折，贴靠到打磨块边缘以便用手握住或用夹具装夹，如图5-15、图5-16所示。

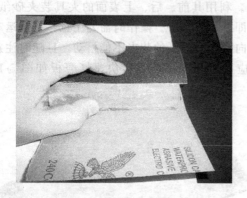
图 5-15 砂纸的折法

图 5-16 砂纸折好后握法

c. 将打磨板平放于打磨表面，向前后及左右移动。

d. 打磨时，打磨块必须保持平移，用力要适当。

(2) 手工打磨时的姿势　手工打磨的姿势应该以舒服、顺手为原则。对于较大表面，最好是采用拇指和小指夹住磨块，中间三指配合手掌用力的握法。

(3) 手工打磨时的力度

① 尽量轻地握住砂纸（长条形快速打磨板除外）。

② 避免用力压砂纸。

③ 打磨时施加于表面的压力仅限于手掌的重量。

④ 有时还必须经常改变打磨姿势，以适应不同部位表面结构。

(4) 手工打磨手法

① 手指打磨法。在对汽车某个特殊的部位进行打磨时，有时需要将手掌稍微抬起来一点，将重量加到手指上，进行所谓手指打磨，有时甚至还要将手掌再抬一点，将重量加到指尖上，用指尖进行打磨。

② 画圈打磨法。用手指按住砂纸，在一个小范围内快速作圆周运动进行打磨。这种画圈打磨方式不得用于直径大于25cm的缺陷。

③ 交叉打磨法。在打磨较大面积的表面时，最好采用走直线的方法。在过渡区对相邻表面打磨时，应采用交叉打磨法。交叉打磨就是打磨时经常改变打磨方向，因为这样操作获得的基材表面较平整。改变打磨方向可以起到和切削差不多的作用，砂平表面的速度最快。如果以90°角突然改变打磨方向，就无法采用交叉打磨法，这主要是受汽车表面绝大部分结构所限。只有在角度为30°或45°时改变打磨方向才有可能。交叉打磨法示意图如图5-17所示。

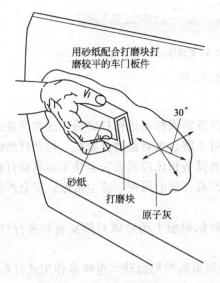
图 5-17 交叉打磨法示意图

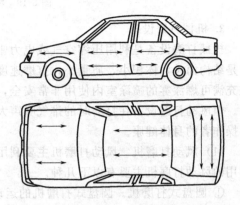
图 5-18 沿车身轮廓打磨示意图

(5) 手工打磨的操作工艺

① 选择合适的磨料，采用氧化铝磨料的疏式砂纸比较适合干打磨，粒度为 60#；用 180# 或 220# 砂纸对涂有底漆的表面进行精打磨；砂薄边缘做羽状边时先选用 320# 砂纸粗打磨，后用 400# ～ 600# 砂纸；砂光时选用 360# ～ 400# 砂纸进行。

② 戴好面罩护目镜。

③ 无论是打磨大的还是小的面积，用粗砂纸打磨 50%～70%，用细砂纸进行精加工。粗砂纸打磨的目的是尽快磨掉旧漆膜、原子灰、锈斑、大块的底漆等。

④ 打磨时来回的行程应长而直，如果掌心没有平压在表面上，手指就会接触到打磨表面，这将导致手指与表面之间受力不均匀，所以应避免手指接触打磨表面。

⑤ 打磨时也不要进行圆周运动，否则会产生在表面涂层下可见的磨痕。为了获得最好的打磨效果，应该始终在与车身轮廓或短轴方向相同的方向进行打磨。也可采用 45°角方向交叉打磨。此时如果进行的是大面积的打磨，则应该分成块，一块接一块逐步地进行打磨。每一块面积最好不大于 $0.4m^2$。不得将身体的重量支撑在砂纸上，而只能轻轻地压着砂纸进行打磨。沿车身轮廓打磨示意图如图 5-18 所示。

⑥ 打磨时，打磨块的底面必须完全与打磨区接触，且用力不要过大。如果接触面小或打磨块的棱线与打磨区接触，砂纸容易被破坏且易产生打磨缺陷。

⑦ 打磨时，应时刻观察砂纸的磨损程度和砂粒间嵌入打磨灰的多少，根据需要及时更换砂纸或清理打磨灰。如果砂纸损坏严重或已破而未及时更换，不但容易损坏打磨块，而且影响打磨质量。

⑧ 对损伤部位周围区域（修补过渡区）的表面进行砂光处理，使其表面无光、粗糙，以便新喷涂的漆膜能牢固地粘附在表面上。

⑨ 在已破坏的漆膜周围砂薄漆膜边缘，将完整漆膜的边缘打磨成逐渐变薄的平滑过渡状态。当待修补漆膜的破坏程度还没有深入到金属基材时，则该处薄边要求更为平滑、精细，为无痕迹修补创造先决条件，也为后续的涂料或填料提供良好的附着力。漆膜的砂薄示意图如图 5-19 所示。

涂层自上而下分别为：面漆层、中涂漆、底漆层、底材

图 5-19　漆膜的砂薄示意图

3. 机械打磨设备

机械打磨设备是利用压缩空气或电力驱动打磨机旋转或移动进行打磨的。这类设备的优点是结构简单，体积小，质量小，打磨速度可调，可干磨，也有湿磨打磨机。风动打磨设备在充满可燃漆雾的喷涂室内使用非常安全，电动打磨设备相比较而言安全性不如风动打磨设备。但风动打磨设备在打磨时的排气噪声大，如果没有有效的隔声、防尘措施，将会严重影响操作者的身体健康。

（1）风动打磨机　风动打磨机主要利用贴附在砂纸衬板上的砂纸对修复表面进行打磨。常用的风动打磨机主要有以下几种。

① 圆盘式打磨机。圆盘式打磨机的运动轨迹是简单的圆周运动，也叫单作用式打磨机。因其打磨时振动量很大，不易掌握，容易产生较明显的打磨痕迹，在车身修复中已很少使用。圆盘式打磨机如图 5-20 所示。

② 复合式打磨机。复合式打磨机被称为双向运动式打磨机，也被称为双作用式打磨机。复合式打磨机其打磨时是两个方向的复合运动，所以可打磨出非常光滑的表面，在车身修理中应用最广泛。复合式打磨机如图 5-21 所示。

图 5-20　圆盘式打磨机　　　　图 5-21　复合式打磨机

③ 风动板式打磨机。风动板式打磨机主要用于粗打磨面积较大的区域。根据运动方向可分为圆形运动式、往复运动式和直线运动式三种。长板式打磨机如图 5-22 所示。

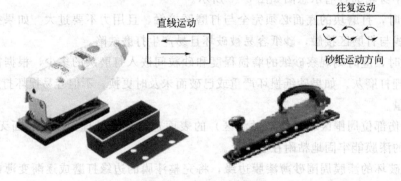

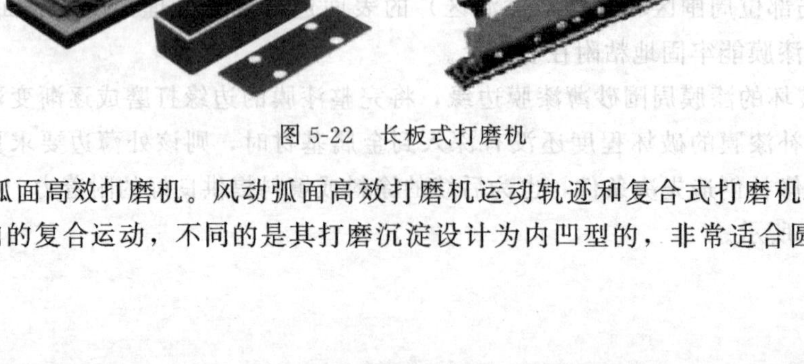

图 5-22　长板式打磨机

④ 风动弧面高效打磨机。风动弧面高效打磨机运动轨迹和复合式打磨机相同，打磨时都是两个方向的复合运动，不同的是其打磨沉淀设计为内凹型的，非常适合圆弧面的打磨。

风动弧面高效打磨机如图 5-23 所示。

(2) 气动抛光机　抛光机是利用抛光垫旋转对涂层表面进行光整修饰的设备。抛光机按功能可分为双功能研磨用磨光/抛光机和单功能抛光机两种，由于单功能抛光机功能单一，现已淡出市场。抛光机按转速大小可分为高速机、中速机及低速机。

① 双功能工业用研磨/抛光机。双功能工业用研磨/抛光机可以装上砂轮砂磨金属，换上抛光盘可作抛光。由于该型抛光机的机身较重，抛光时力度好掌握，故在车身修复后的抛光和美容抛光方面使用较多。双功能工业用研磨/抛光机如图 5-24 所示。

图 5-23　风动弧面高效打磨机　　　　图 5-24　双功能工业用研磨/抛光机

② 单功能抛光机。单功能抛光机体积小，质量小，转速低，抛光力度不易掌握，一般只由操作熟练的技工使用。

③ 抛光盘。抛光机的主要附件就是抛光盘。按其与主机的连接方式可分为螺栓盘、螺母盘及吸盘；按材料不同可分为羊毛材料、人造混纺纤维材料、聚酯海绵材料等；按形状不同可分为直切盘、平切盘及波浪形抛光盘等。各种抛光盘如图 5-25 所示。

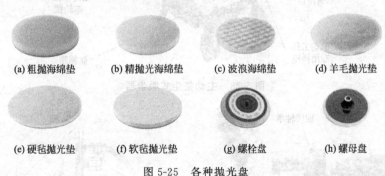

图 5-25　各种抛光盘

(3) 吸尘打磨设备　为了保护操作者的身体健康和降低干式打磨时的粉尘污染情况，一般可采用具有吸尘功能的打磨设备，把打磨灰尘吸入专用的吸尘器或吸尘袋内，吸尘式打磨机可分为自吸式和主动集尘式干磨系统。

① 自吸尘打磨机。自吸尘打磨机利用压缩空气的回压，将打磨所产生粉尘吸引排出至集尘袋中。结构简单，可达到边打磨边吸尘的目的，一次投入费用低，但其吸尘力量有限，集尘容量小，操作时需经常清理，集尘袋的纤维空隙的密封性不好，易造成二次污染。自吸尘打磨机和构造原理分别如图 5-26、图 5-27 所示。

② 主动集尘式干磨系统。主动集尘式干磨系统采用有独立集尘中心的多层过滤技术，在打磨机附近设置吸尘软管口，使打磨下的粉尘直接吸入集尘中心，杜绝了粉尘的二次

图 5-26 自吸尘打磨机

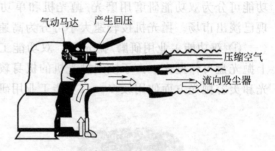

图 5-27 自吸尘打磨机构造原理

污染，既保护了操作者的身体健康，又避免了灰尘对涂装质量的影响。由于主动集尘式干磨系统采用的是集尘中心的主动吸尘，因此其集尘能力和集尘效果远高于自吸式干磨机。主动集尘式吸尘器如图 5-28 所示。主动集尘式干磨系统中间三合一套管连接如图 5-29 所示。

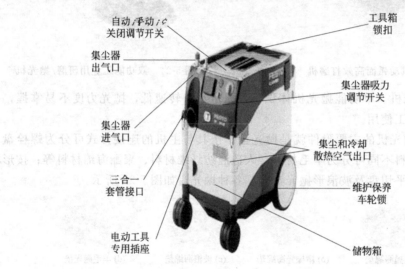

图 5-28 主动集尘式吸尘器

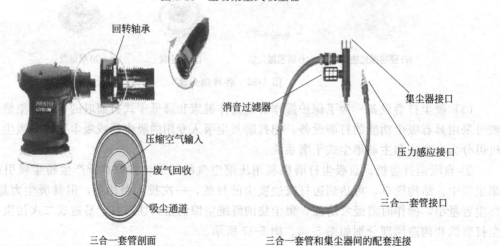

图 5-29 主动集尘式干磨系统中间三合一套管连接

(4) 湿式打磨设备 由于手工湿式打磨时，右手打磨，左手则不断用海绵给打磨区域供水，且需将砂纸在水桶中冲洗，整个操作过程繁琐，打磨效率低。采用专用的湿式打磨机既可达到湿式打磨效果，又可提高打磨效率。湿式打磨设备如图 5-30 所示。

图 5-30 湿式打磨设备

(5) 风动打磨机的使用

① 根据打磨对象选择打磨设备的类型，见表 5-3。

表 5-3 打磨设备类型的选择

打磨机类型	适用范围	打磨机用途				
		清除旧漆层	打磨薄边	粗磨钎焊表面	粗磨原子灰	细磨原子灰
圆盘打磨机	狭窄范围	优先使用	尽少使用	可以使用	尽少使用	尽少使用
复合打磨机		可以使用	优先使用	尽少使用	优先使用	优先使用
轨道打磨机	大面积范围	可以使用	可以使用	尽少使用	优先使用	优先使用
直线打磨机		可以使用	尽少使用	尽少使用	可以使用	优先使用
板式打磨机		可以使用	尽少使用	尽少使用	可以使用	优先使用

② 往复作用式打磨设备在使用时，必须平压在被磨表面上，才不会留下打磨痕迹。这种打磨设备包括轨道式圆盘打磨机、双动式打磨机及平板式打磨机。

③ 操作风动打磨设备时，应将气压调至规定值。风动打磨设备的压力见表 5-4。

表 5-4 风动打磨设备的压力

打磨设备类型	工作压力/kPa	打磨设备类型	工作压力/kPa
喷砂机	275~620	打磨机	410~530
磨光机	540~620	抛光剂	380~600

④ 使用圆盘式打磨机进行打磨时，应使圆盘边缘约 2~4cm 范围与被打表面接触，即应有适当的倾角，切勿将其平放在表面或倾角过大、过小，如图 5-31 所示。

⑤ 使用风动打磨机时，打磨铁屑、粉尘及火花时不可朝向操作者。磨盘的旋转方向应朝向已打磨过的区域，如图 5-32 所示。

⑥ 操作打磨机时，右手握住打磨机手柄，左手施加较小压力并控制好移动的速度及路线。对需要保护的部位应事先遮盖好，并在被保护件以外 2cm 处不可打磨，以免损坏装饰件。

⑦ 砂盘的更换。风动研磨机上使用的砂盘，虽比砂纸厚且结实耐用，但还是不能单独使用，必须与衬板配合，以保证其打磨刚度。衬板主要有硬橡胶材料和纤维材料两种，其直径比砂盘稍小一些。

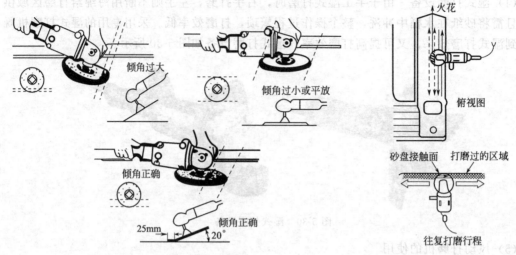

图 5-31 圆盘式打磨机的操作　　图 5-32 铁屑、粉尘及火花的朝向

⑧ 砂纸的更换。圆盘形砂纸的更换方法是，将胶粘剂均匀涂抹在砂纸垫盘上，然后把圆形砂纸对准垫板中心压紧。为粘结牢靠，可将砂纸揭起、按下，反复几次后压紧。自粘砂纸在生产时就已涂有非凝固性胶质，这种砂纸的价格较贵一些，但使用方便，节省时间。打磨完成后，应立即将自粘性砂纸揭下。否则，自粘胶会进一步硬化，使砂纸完全粘结在垫板上而难以清除，必须使用有机溶剂才能化开。

(6) 风动打磨机使用注意事项

① 清除旧漆层或金属毛刺，修平焊缝时可使用圆盘式磨光机。打磨原子灰层时不可使用单运动式圆盘打磨机，而应使用轨道式打磨机。

② 打磨时切忌原地不动打磨，应保持打磨移动的连续性，否则会产生划痕、擦伤或烧灼等打磨缺陷。

③ 在靠近车身流水槽、装饰条、板件边沿及一些松脱构件时，应特别小心，防止发生磨盘卡住而损坏，这种情况是非常危险的。

④ 在对平面进行打磨时，应使用轨道式平板打磨机，以获得良好的平整度，切忌使用单向圆盘打磨机。

⑤ 在打磨过程中，若发现涂料开始聚结成球时，应及时更换砂纸。

⑥ 在打磨时，操作者应戴防尘面罩。

三、刮涂工具

1. 刮板的分类

(1) 牛角刮板　它是用水牛角制成的，质量以透明、纹路清晰、平直为好。这种刮板一般由漆工自己制作。将购买的水牛角坯料下端削成 20°斜角，向上逐渐变厚，最后再在磨刀石上把刃口磨平，直至刃口不太锋利为止。

牛角刮板的特点是受热发软，遇冷变脆、变形而影响使用。使用后，应保持清洁，并将刮板插入木板槽中，以防变形。若出现变形，可采用电熨斗烫平，或用开水浸泡后再用重物压平。

(2) 铲刀　铲刀也称为灰刀、腻铲、批刀，是木柄钢制刀具，既可

图 5-33 铲刀

用于涂刮原子灰，也可用于铲除表面上的旧漆或其他异物等。铲刀的规格因其刃口宽度而异。铲刀如图 5-33 所示。铲刀规格见表 5-5。

表 5-5 常见铲刀规格

刃口宽度/mm	第一系列	25	35	45	50	65	75	90	100
	第二系列	25	38	44	50	63	76	89	102
刃口厚度/mm									

（3）刮板 刮板所使用的材料有薄钢板、耐油橡胶、聚氯乙烯塑料板、竹板等。为了操作方便，有些刮板有木制手把。硬质刮板如图 5-34 所示。软刮板如图 5-35 所示。

图 5-34 硬质刮板

图 5-35 软刮板

2. 刮具的选择和正确使用

（1）刮具的选择 选择刮具时主要根据刮涂表面的大小、形状。一般刮涂大面积原子灰时应选用大刮具，否则刮涂表面的平整度差。刮涂小面积时使用小刮具。在平直表面上刮涂时选用钢制刮具，而在曲面上刮涂时则选用橡胶刮具。

（2）刮具的维护 刮具的维护事项

① 清除刮具、铲刀及原子灰调和板上的异物，并检查刮具和铲刀刃口，视需要进行修磨。

② 在刮具使用过程中应时刻注意刮具刃口的平直度，一旦发现刃口有异物或损坏，应及时予以清除或将砂布放在玻璃板表面来研磨刮具刃口，以保证刮涂表面的平整度。刮具刃口的研磨如图 5-36 所示。

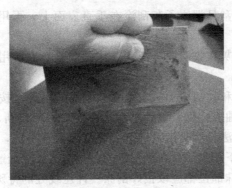

图 5-36 刮具刃口的研磨

③ 刮涂施工结束后，应及时清理刮具、铲刀及调和板（盒）表面的残余原子灰，妥善保管。刮具的保管措施以不产生变形为准，为下一次使用做好准备。

(3) 刮涂原子灰的方法 刮涂原子灰 8 种方法

① 填刮。刮涂时主要依靠刮具上部有弹力的部位与手配合操作，目的是利用较稠的原子灰分多次把工件表面凹陷填平口。填刮的操作技法如图 5-37 所示。

图 5-37 填刮的操作技法

② 靠刮。刮涂时，主要依靠硬刮具的刃口以刮涂区外的表面为导向刮涂较浅、较小的凹陷，刮涂的原子灰层较薄且光滑。所用的原子灰稠度稍低，一般用于最后一二道的刮涂或用于平滑表面的刮涂。靠刮的操作技法如图 5-38 所示。

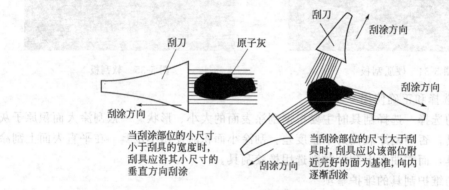

图 5-38 靠刮的操作技法

③ 先上后刮。先将原子灰逐一填满或刮平，然后再用刮具将其收刮平整。一般用于较大面积的刮涂。

④ 上带刮。边上原子灰边将其刮平。一般用于较浅、面积较小或形状较复杂部位的刮涂。

⑤ 软上硬收。先用软刮具把原子灰刮涂在垂直表面上，再用硬刮具将原子灰层收刮平整，这样原子灰不易掉落。

⑥ 硬上硬收。上原子灰和收刮原子灰都采用硬刮具，主要用于既有平面又有曲面的构件表面。

⑦ 上软收。上原子灰和收刮原子灰均采用软刮具，以便于按照构件的表面形状刮出曲面。主要用于刮涂单纯的曲面构件。上软收刮涂技法如图 5-39 所示。

⑧ 冲压线处的特殊刮法。沿交接线贴上胶带纸遮盖住一侧，刮好另一侧的原子灰；稍隔片刻待原子灰干了，揭下胶带，再在已刮好的一侧贴上胶带纸遮盖，接着刮涂好余下的一侧。仿照该技法，一些特殊部位都应该很好刮涂。冲压线处的特殊刮法如图 5-40 所示。

四、刷涂工具

刷涂是一种古老而又普遍的涂装施工方法，手工用漆刷蘸漆后，把涂料涂覆到工件表

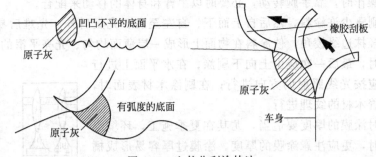

图 5-39 上软收刮涂技法

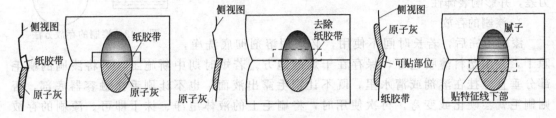

图 5-40 冲压线处的特殊刮法

面。其主要优点是：设备简单，仅需要漆刷、盛漆的容器和搅拌棒；操作方法容易掌握；适应性强，施工时不受工件形状、大小的限制，通用性较强。其缺点是：劳动强度大，工作效率低，涂膜质量及外观直接受操作者的熟练程度及实践经验的影响。刷涂主要用来涂装底漆、底盘零件及总成、客车车身骨架等。

1. 漆刷的分类

（1）按制刷材料分，可分为硬毛刷、软毛刷两种。

（2）按漆刷形状分，可分为扇形、圆形和歪脖形三种。

（3）按漆刷的规格（刷毛的宽度）分，可分为 12mm、19mm、25mm、38mm、50mm、65mm、75mm、100mm 等。

漆刷一般以鬃厚、口齐、根硬、头软、毛不松散、不脱毛的为上品。常见毛刷如图 5-41 所示。

图 5-41 毛刷

2. 刷漆操作方法及注意事项

（1）使用漆刷时，一般采用直握法，用手将漆刷握紧，不允许松动。

（2）刷涂前必须将涂料搅拌均匀，并调到适当的黏度，一般以 40～100s（25℃时，以涂-4 黏度计测量）范围为宜。

(3) 刷涂操作时，靠手腕转动，必要时以手臂和身体的移动来配合。

(4) 将漆刷蘸少许涂料，然后自上而下、自左至右、先里后外、先难后易、纵横涂刷，最后用毛刷轻轻抹边缘棱角，使涂料在物面上形成一层薄而均匀、光亮平滑的涂膜。刷涂在垂直面上进行时，最后一次应由上向下刷涂；在水平面上进行时，最后一次应按光线照射的方向进行；在刷涂木材表面时，最后一次应顺着木材的纹理进行。

(5) 刷涂时涂膜的厚度要适当，尤其在夏季施工，环境温度高、湿度大时，更应注意涂膜的厚度。涂膜过厚容易形成橘皮，并且附着力变差，影响流平性；涂膜过薄容易露底，防护力差，并影响装饰性。

3. 漆刷的存放

漆刷用完后，若长时间不使用，必须用溶剂彻底洗净、

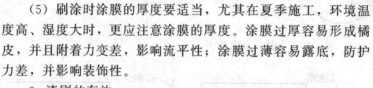

图 5-42 漆刷的存放方法

晾干，并用塑料薄膜包好，保存在干燥的地方。若短时期中断施工，可将漆刷的刷毛部分垂直悬挂在溶剂或清水里，既不让刷毛露出液面，也不让刷毛接触容器底部，否则刷毛就会硬化或变弯。再次使用时，将刷毛上的液体甩净、抹干即可。漆刷的存放方法如图 5-42 所示。

五、喷涂工具

1. 喷涂概述

车身涂装修理涉及的几种常用方法有：空气喷涂、刷涂、空气辅助无气喷涂、浸涂、静电喷涂、粉末涂装、电泳涂装以及高压无气喷涂等。底漆涂装常用方法有空气喷涂和电泳涂装。

空气喷涂法就是以压缩空气的气流为动力，以喷枪为用具，使涂料从喷枪的喷嘴中喷出呈漆雾而涂布到工件表面的一种施工方法，它是一种最为常用的喷涂方法。

(1) 空气喷涂的特点　空气喷涂在施工时，具备很多刷涂、浸涂和刮涂所不具备的优点。其最明显的是：设备简单，容易操作，能够获得厚薄均匀、光滑平整的涂层膜，使有缝隙、小孔的物件，以及倾斜、弯曲的地方均能喷到。适应性强，大多数种类的涂料都可用此法施工，对快干漆更为适用。其工效比刷涂高 6～12 倍。

但空气喷涂也有缺点主要是：涂料有效利用率低，有相当一部分的涂料随溶剂在空气中飞散；飞散的漆雾污染环境，吸入体内对人体有害；四散的漆雾易造成火灾，甚至发生爆炸，故需要有良好的通风设备；漆膜较薄，涂料利用率低。但随着新型喷枪的出现，这些缺点逐渐被克服。

(2) 喷枪的分类的方法　喷枪的种类和型号较多。各家涂装设备制造公司的命名方法和分类虽然有所不同，但是最常用的分类方法有三种：一是按空气和涂料的混合位置分为外雾化型喷枪和内雾化型喷枪两种；一是按涂料的进料方式分为虹吸式喷枪、重力式喷枪和压送式喷枪三种；一是按雾化技术分为高气压喷枪、低流量中气压喷枪和高流量低气压喷枪三种。此三种形式的喷枪在外形上没有多大区别，只是在内部结构上会有所不同，从而产生不同的雾化效果，并且为便于区别，也会在外形和颜色设计上有所不同。行业中各种喷枪都有使用，使用者应根据实际工作需要和作业习惯选择合适的喷枪类别。

2. 喷枪的类型

(1) 按空气与涂料的混合位置分类　空气雾化喷枪一般都配有两个控制阀门，分别用来

接通或阻断压缩空气和涂料。当压缩空气和涂料均匀混合发生在喷枪气帽内部时,则该类型的喷枪就被称为内部雾化型喷枪;当压缩空气和涂料均匀混合发生在喷枪气帽的外部时,则该类型的喷枪就被称为外部雾化型喷枪。内部雾化型喷枪如图5-43所示,外部雾化型喷枪如图5-44所示。

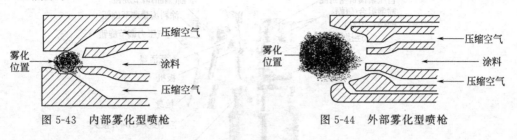

图5-43 内部雾化型喷枪　　　　　图5-44 外部雾化型喷枪

(2) 按涂料进料的方式分类

① 重力式喷枪。重力式喷枪也被称为上壶式喷枪。重力式喷枪的涂料杯位于喷枪喷嘴的后上方,喷涂时涂料借助自身的重力流向喷嘴及利用涂料喷嘴尖端产生的空气压力差使涂料形成漆雾。因为涂料杯在喷嘴的上方,在其重力影响下,杯内涂料黏度的变化对喷出量影响小,故其适合喷涂黏度较大的涂料。重力式喷枪与吸力式喷枪的外形区别不大,只是漆壶位置不同,漆壶材质多为尼龙塑料,杯的位置可由漆工任意调节,但容量较小,约0.68L,仅适用于小物件涂装,不适合喷涂较大面积的表面。

在喷涂施工时,随着杯内涂料的减少可能造成喷涂稳定性降低,不宜仰喷角度过大的表面。重力式喷枪的优点是使用起来较吸力式喷枪轻便,漆壶内的涂料可以用尽,节约油漆。重力式喷枪如图5-45所示。

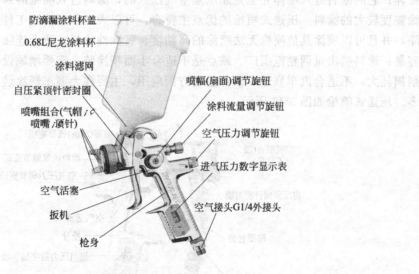

图5-45 重力式喷枪

② 虹吸式喷枪。虹吸式喷枪也称下壶式、吸上式、吸力式喷枪,是使用最为普遍的一种喷枪。虹吸式喷枪的涂料杯位于喷枪嘴的后下方,喷涂时利用气流作用,靠压缩空气在喷嘴口处形成的负压将漆壶里的涂料吸入枪体,并在喷嘴处由压力差而引起漆雾。喷涂时出漆量均匀稳定。漆壶材质多为铝材,漆壶容量以1.1L为主。虹吸式喷枪的优点是喷枪工作稳定,便于向涂料罐加涂料或变换颜色,大面积喷涂时可换掉料杯,抽料皮管直接从容器中抽吸涂料连续工作;漆壶容量大,一次可涂装的面积大,另外喷枪容易放置。缺点主要是在喷

涂水平表面比较困难；当黏度变化时易引起喷出量的变化，涂料罐自身重量、容量都比重力式喷枪的要重些，因而操作者较易疲劳；漆壶内的涂料通常用不干净。虹吸式喷枪如图5-46所示。

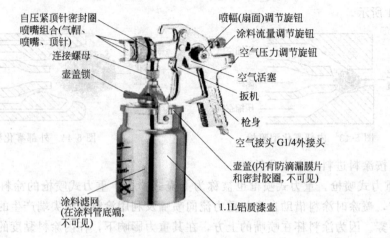

图 5-46 虹吸式喷枪

③ 压送式喷枪。压送式喷枪的涂料喷嘴与气帽正面平齐，不形成真空。将压缩空气直接充入盛满涂料的涂料罐内，涂料在压力作用下通过输料管进入喷枪，再在喷嘴雾化。压送式喷枪与前两类喷枪结构差别较大，其一，它盛装涂料的容器是大容积的压力罐，因此适用于大面积的工业涂装；其二，它的涂料罐与喷枪枪体是分离的，工作时涂料通过输料管进入枪体；它的涂料进入枪体完全是靠压缩空气压入的，涂料进入喷枪时带有压力，所以可以喷涂黏度较大的涂料。压送式喷枪的优点主要有：可以大面积地喷涂工件而不需要经常添加油漆，并且可以喷涂其他喷枪无法喷涂的高黏度、腐蚀性涂料，适合连续喷涂；喷涂方位调整容易；涂料喷出量调整范围广。缺点是不适合小面积涂装；需要增添设备、清洗麻烦、稀释剂损耗大，不适合汽车修理厂修补涂装方面应用，主要在大型车辆涂装和工业涂装上使用较多。压送式喷枪如图5-47所示。

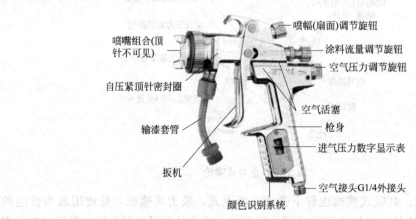

图 5-47 压送式喷枪

（3）按雾化技术的分类

① 高气压喷枪。高气压喷枪即为传统喷枪，其雾化气压较高，耗气量大，上漆率低。传统的重力式喷枪、虹吸式喷枪和压送式喷枪都属于高气压喷枪，在这里不再赘述。

② 高流量低气压喷枪。高流量低气压喷枪也称为 HVLP 喷枪，其雾化气压低，上漆率高。HVLP（High Volume Low Pressure）是"高流量低压力"的英文缩写，HVLP 喷枪即所谓的低压环保喷枪。与传统压力的空气喷枪相比，HVLP 喷枪主要是通过特殊的设计，对喷枪喷嘴气压进行优化，雾化气压不高于 70kPa，而传统喷枪的风帽气压为 250～300kPa。通过喷嘴处气压的改变，HVLP 喷枪大大降低了普通喷枪喷嘴过度雾化的现象，降低了溶剂和涂料的散失，提高了涂料的传递效率。使用 HVLP 喷枪可以节省大量的油漆材料及废漆处理费用，并且涂装质量要好于其他喷涂方式，但这种喷枪价格通常要比传统型的喷枪贵。

③ 低流量中气压喷枪。低流量中气压喷枪的各项性能介于高压喷枪和高流量低气压喷枪之间。三种喷枪的使用技术参数差异比较见表 5-6。

表 5-6 三种喷枪的使用技术参数差异比较

雾化技术	高气压喷枪（传统型）	低流量中气压喷枪	高流量低气压喷枪
雾化方式	气压雾化	气压、气流雾化	气流雾化
进气压力	$3\times10^5\sim4\times10^5$ mPa	2.5×10^5 mPa	2×10^5 mPa
雾化压力	$2\times10^5\sim3\times10^5$ mPa	1.3×10^5 mPa	0.7×10^5 mPa
用气量	380L/min	295L/min	430L/min

3. 喷枪的雾化原理

空气喷枪是指利用空气压力将液体转化为液滴的喷涂工具，该过程称为雾化。雾化过程就是喷枪工作过程，雾化使涂料成为可喷涂的细小且均匀的液滴。当这些小液滴被以正确的方式喷上汽车表面后，就会结合形成一层厚度极薄的像镜子一样平整的膜。喷枪的雾化过程如图 5-48 所示。

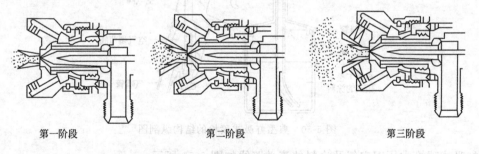

第一阶段　　　　　　第二阶段　　　　　　第三阶段

图 5-48 喷枪的雾化过程

喷枪的雾化分以下三个阶段进行。

(1) 第一阶段：涂料从喷嘴喷出后，被从环形口喷出的气流包围，气流产生的气旋使涂料分散，见图 5-48 第一阶段。

(2) 第二阶段：涂料的液流与从辅助孔喷出的气流相遇时，气流控制液流的运动，并进一步使其分散，见图 5-48 第二阶段。

(3) 第三阶段：涂料受到从空气帽喇叭口喷出的气流作用，气流从相反的方向冲击涂料，使其成为扇形液雾，见图 5-48 第三阶段。

4. 喷枪的组成及各部分的作用

(1) 喷枪的组成　虽然不同的喷枪有许多通用的零部件，但每种类型或型号的喷枪只适用于一定范围的作业，选择合适的工具是以最短时间高质量完成作业的保证。

典型的虹吸式喷枪由枪体和喷枪嘴组成。枪体又分空气压力调节阀、涂料流量控制阀、喷幅（扇面）、扳机、手柄。喷枪嘴由气帽、涂料喷嘴、顶针组成。典型喷枪的组成如图5-49所示。

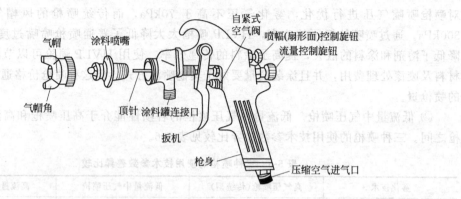

图5-49 典型喷枪的组成

虹吸式喷枪扳机为两段式转换，扣下喷枪扳机时，空气阀先开放，从空气孔以高速喷出的压缩空气在涂料喷嘴前面形成低压区，再用力扣下时，涂料喷嘴开口，吸引涂料。虹吸式喷枪的结构纵剖图如图5-50所示。

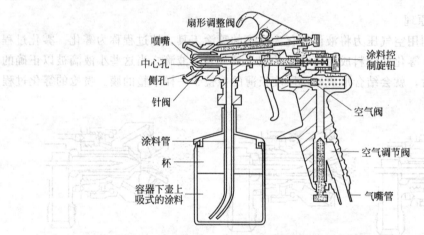

图5-50 典型虹吸式喷枪的结构纵剖图

虹吸式喷枪中压缩空气及涂料的流动路线如图5-51所示。

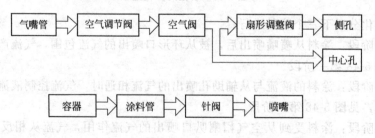

图5-51 虹吸式喷枪中压缩空气及涂料的流动路线

(2) 各部件的作用

① 喷枪的喷嘴组合。喷枪的喷嘴主要由顶针、喷嘴和气帽三部分组成，这是整把喷枪最精密和贵重的部件。喷枪的喷嘴组合如图5-52所示。

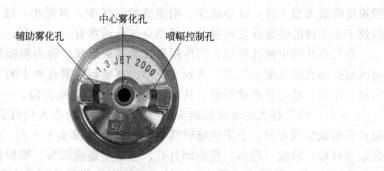

图 5-52 喷嘴组合

a. 顶针。它是细长的不锈钢零件，呈针状，用于调节涂料的喷涂量。顶针后端通过一个弹簧与涂料流量控制旋钮相连，通过旋进和旋出调漆旋钮，进而控制顶针位置的前后。顶针位置越前，其前端与喷嘴间的缝隙就越小，这时喷枪的喷漆量就越小；反之顶针位置越后，其前端与喷嘴间的缝隙就越大，这时喷枪的喷漆量就越大。顶针与喷嘴口径一致，二者配套才能使用。

b. 喷嘴。喷嘴位于气帽的内部，跟枪体相连，是涂料雾化的关键部件，上面有涂料流出口和压缩空气出口。涂料流出口与喷枪气帽的中心雾化孔为同心圆，二者汇合处就是涂料、空气混合处。喷嘴长期流通高压空气和涂料，容易磨损，因此一般采用抗压、硬质的合金钢制作，并经热处理。喷嘴口径即常说的喷枪口径，一般有 0.5mm、0.7mm、1.0mm、1.2mm、1.5mm、2.0mm、3.0mm、4.0mm 和 5.0mm 等多种规格，常用口径是 1～2.5mm 的。

喷枪的口径越大，涂料流出量也越多，雾化时需要的压缩空气压力要求也越高，倘若空气压力不够，涂料漆雾就变粗。实际工作时选用何种口径喷枪，需随用途和涂料黏度而定。

c. 气帽。气帽的主要作用是雾化和控制涂料喷雾形状，气帽上通常有三种细孔：中心雾化孔、辅助雾化孔和喷幅（扇形）控制孔，如图 5-53 所示。

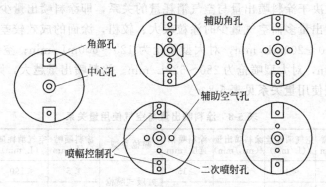

图 5-53 气帽上各种孔

根据喷枪用途不同，这些细孔的位置、数量和孔径等会有所差异。喷嘴与顶针是配套的，不能任意组合使用。

中心雾化孔也被称为主空气孔、中心孔，其作用是形成真空，吸出漆液，它借助空气压力控制雾束形状。各孔的排列方式有多种。

辅助雾化孔的作用，主要是对中心雾化孔雾化后的涂料进行精细雾化，形成密度均匀、流量稳定的漆雾。辅助空气孔对喷枪性能有明显影响，孔大或多，则雾化能力强，能以较快的速度喷涂大型工件；孔小或少，则需要的空气少，雾形小，涂料雾化程度差，喷涂量小，但便于小工件的喷涂或低速喷涂。辅助空气孔通常有4～10个。

空气也从两个侧孔流出，其作用是控制雾束形状，称为喷幅控制孔，也叫扇形孔。当不向喷幅控制孔送压缩空气时，喷幅为圆形。从喷幅控制孔喷出的空气流对呈圆形喷雾图样起压扁的作用，使之呈现椭圆形，从而减少同板件的走枪次数，一般的喷枪喷幅宽度在15～20cm左右，喷幅越大走枪次数越少。喷雾图的形状操作人员可自主调节。水平走枪时两喷幅孔要调成竖直方向，上下走枪时两喷幅孔则要调成水平方向。喷幅（扇形）控制阀关上，雾束呈圆形；喷幅（扇形）控制阀打开，雾束呈扁椭圆形。喷幅控制孔通常有2～4个。

② 顶针和涂料喷嘴。顶针和涂料喷嘴的作用都是控制喷漆量，并把喷流从喷枪中导向气流。涂料喷嘴内有顶针内座，顶针顶到内座时可切断漆流。从喷枪喷出的实际出漆量由顶针顶到内座时涂料喷嘴开口的大小决定。控制阀可以改变扳动扳机时顶针顶离其内座的距离。

涂料喷嘴有各种型号，可以适应不同黏度的油漆。涂料喷嘴的口径越大时，涂料喷出量越大，因此防锈底漆等下层涂装用大口径的涂料喷嘴。喷枪口径的选用见表5-7。

表 5-7 喷枪口径的选用

喷枪类型	喷涂类型	喷枪口径/mm	主要特点
虹吸式喷枪	底漆	2.5	要求喷出压缩空气要高压力、高流速才能将涂料吸出
	面漆	1.8	
	清漆	2.0	
重力式喷枪	底漆	1.9	出漆量不受黏度影响，压缩空气的压力和流速小些
	面漆	1.3	
	清漆	1.4	
压送式喷枪	各种油漆	0.5	涂料输送压力较高，所以不需加压

喷枪的性能取决于涂料喷出量与空气消耗量的关系，即涂料喷出量少而空气消耗量大时涂粒较小，涂料喷出量多而空气量少时涂粒较大、较粗，涂面的成效较差。通常涂料喷出量对于小型喷枪为10～200mL/min，对大型喷枪为120～600mL/min；空气使用量对小型喷枪为40～290L/min，对大型喷枪为280～520L/min。涂料喷出量越大，则空气使用量越大。涂料喷出量与空气使用量关系见表5-8。

表 5-8 涂料喷出量与空气使用量关系

喷枪类型	涂料喷嘴口径/mm	空气消耗量/(L/min)	涂料喷出量/(mL/min)	涂料喷幅宽度/mm	喷枪类型	涂料喷嘴口径/mm	空气消耗量/(L/min)	涂料喷出量/(mL/min)	涂料喷幅宽度/mm
重力式喷枪	0.5	<40	>10	>15	虹吸式喷枪	1.5	<190	>100	>130
	0.6	<40	>15	>15		1.6	<200	>120	>140
	0.7	<50	>20	>20	压送式喷枪	1.0	<350	>250	>200
	0.8	<60	>25	>25		1.2	<450	>350	>240
	1.0	<70	>50	>60		1.3	<480	>400	>260
虹吸式喷枪	1.2	<170	>80	>100		1.5	<500	>520	>300
	1.3	<180	>90	>110		1.6	<520	>600	>320

③ 控制阀。空气喷涂是由空气和涂料混合使涂料雾化，雾化程度取决于喷枪中心雾化

孔和辅助雾化孔喷射出来的空气流速和空气量,而喷幅控制孔流出的压缩空气则决定漆雾图形的形状和喷幅大小,因此对喷枪的正确使用控制就是对喷枪调节旋钮的调节控制。空气喷枪控制调节旋钮有三个:空气压力控制阀、涂料流量控制阀和喷幅控制阀。

a. 空气压力控制阀。空气压力控制阀气压也被称为气压调节旋钮。一般位于喷枪尾部,也有喷枪将安装气压调节旋钮的位置封死,而在枪尾加装带有气压调节旋钮的气压表,以控制压缩空气进入量。气压调节旋钮一般只在试喷前调枪时才使用,当气压调好以后就基本不用再调试。

b. 涂料流量控制阀。涂料流量控制阀也被称为喷漆量调节旋钮。通常位于顶针后端,主要通过调节顶针前后位置来控制涂料的喷出量。喷漆量调节旋钮拧得越紧,顶针位置越前,涂料流出量越大,反之相反。实际涂装时要根据涂料黏度,配合气压调节旋钮来调节。虹吸式喷枪和重力式喷枪,在喷涂时提高空气压力涂料的喷出量会增加,但不能超过某一界限,超过反而减少。因为喷雾图样幅度虽然随着空气压力的上升稍有增加,但超过界限以上,则喷雾图样有集中的倾向,如果空气压力下降,则幅度减小,喷雾图样中心部变厚。不过,压送式喷枪涂料喷出量与空气压力的关系不大,可以在一定范围内调节。

c. 喷幅控制阀。喷幅控制阀也叫喷幅调节旋钮。其位于喷枪枪体最上端,有的在调漆旋钮正上方,有的位于枪体侧面。它的作用主要是通过调节流进喷枪喷幅孔的气流量,来控制喷涂漆雾的形状。喷幅调节旋钮拧得越紧,喷幅就越小,完全拧紧喷幅调节旋钮时漆雾形状为一个圆。涂料的喷幅过小,雾化就不完全,涂料集中在一个较小的圆圈内,这时涂装效率低,还有可能会流挂。

④ 枪身。喷枪枪身结构形式大都相同,主要都由手动扳机和空气通道两部分组成,有的还会在枪体尾部加装上调压表,或在枪体下方的内侧面镶嵌一个数字压力表,便于显示喷枪进气压力。工作时扳机完全是由操作者控制,它既可以调气又可以调漆,一般扣动第一挡扳机时喷枪只有空气流出,继续紧扣扳机时涂料才会流出。枪体材质很重要,需有足够的硬度和抗压性能,表层处理也很重要,目前喷枪表层处理技术主要有电镀和阳极氧化处理等,而电镀又有镀镍和镀铬两种,好的表面处理技术使喷枪美观耐用,易于清洁和保养。

虹吸式喷枪主要零部件的作用见表 5-9。

表 5-9 虹吸式喷枪主要零部件的作用

序 号	零件名称	作 用
1	气帽	把压缩空气导入漆流,使漆液雾化,形成雾形
2	中心雾化孔	形成真空,吸出漆液
3	辅助雾化孔	促进漆液雾化。孔大或多,则雾化能力强,能以较快的速度喷涂大型工件;孔小或少,则需要的空气少雾화小,喷漆量小,便于小工件的喷涂或低速喷涂
4	喷幅控制孔	借助空气压力控制雾束形状
5	喷幅控制阀	控制阀关上,雾束呈圆形;控制阀打开,雾束呈偏椭圆形
6	顶针	控制液体涂料喷离喷嘴的流量。喷涂时,通过扳机的动作来控制。连接顶针的尾部有一个螺母,用以调节顶针的伸缩幅度,这是喷枪调整的最基本的操作
7	自压紧顶针密封圈	起密封作用
8	顶针弹簧	当扳机放开时,将顶针顶进喷嘴,封闭喷嘴,控制液体涂料的流动
9	涂料流量控制阀	当扳动扳机时,控制液体涂料的流量。当其全关时,即使扣死扳机也没有液体涂料流出;当其全开时,液体涂料的流量最大。这是调节喷枪的最为重要的部件之一
10	空气压力控制阀	空气压力控制阀的开关由扳机控制。打开空气压力控制阀所需的扳机行程可由一个螺钉控制。扳机扳到一半时空气阀打开,再继续扣动扳机,喷漆嘴打开
11	扳机	扳机用来控制空气和液体涂料的流量。扣动扳机时,最先启动的仅仅是空气,然后才带动顶针运动,开启漆流控制阀,使液体涂料喷出

5. 喷枪的调整

喷枪在调整前要保证两点符合施工要求，即涂料的施工黏度和喷枪端的空气压力。如果涂料的施工黏度过大，则喷枪的出料量少，且涂料的雾化性差；涂料黏度过小，喷枪的出料量大（固体分量低），容易产生流挂、遮盖力、附着力差等涂膜缺陷。喷枪端的空气压力将直接影响到涂料的雾化性能、喷枪的出料量及喷幅大小等。如果压力大，则容易产生过度雾化和过度喷涂；如果压力过小，则会使涂料雾化差、喷幅小且喷幅中心过厚等。为了保证喷涂施工过程中压力稳定或在很小的范围内变化，可在软管与喷枪的连接处加装一只气压表。

（1）获得最佳喷幅图形　最佳喷幅图形调整如图 5-54 所示。其方法如下。

① 在墙上粘贴一张大纸，使喷枪与纸张保持适当距离（150～250mm）且稳定，并与纸张垂直。

② 试喷时，应采用点射喷涂法，使涂料在纸张上形成长而窄的形状。

③ 改变喷枪上喷幅控制阀，再试喷，直至达到合适的喷幅（喷幅高度），即拧进旋钮，得到的雾形小而圆；拧出旋钮，即可得到大而扁的雾形。

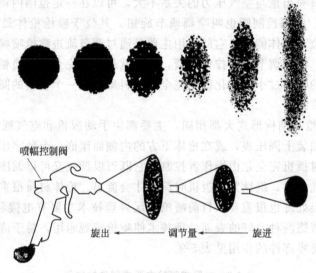

图 5-54　最佳喷幅图形调整

（2）获得最佳雾化质量的压力（出漆量）　用同样的方法将纸张粘贴在墙上，在试喷的同时，改变涂料流量调整旋钮，观察涂料的雾化程度，即拧进旋钮出漆量少，拧出旋钮则出漆量大，直至达到最佳的雾化质量。获得最佳雾化质量的压力如图 5-55 所示。

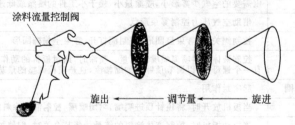

图 5-55　最佳雾化质量的压力

（3）雾化质量的检查　通过雾形的流挂情况来检查涂料的雾化质量。如果流挂呈分开状态，是由于喷束太宽（模式气压过大）；如果流挂呈中间多而两侧少，则是由于喷束太窄（模式气压过小或出漆量大）。通过模式旋钮和涂料流量旋钮的反复调整，最终得到喷束各段的流挂长短均匀为止。雾形的流挂情况如图 5-56 所示。

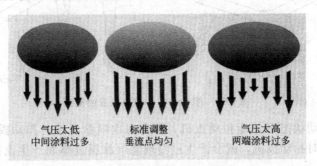

图 5-56　雾形的流挂情况

（4）雾束方向　雾束方向是通过喷枪的空气帽来实现的。如果将空气帽上的犄角（两个模式出气孔）调整成左、右对称，则喷出的是垂直雾束；如果空气帽上的犄角呈上、下对称，则喷出的是水平雾束。在喷涂施工过程中，如果喷枪上、下移动，则使用水平雾束；如果喷枪水平移动，则使用垂直雾束。喷涂过程中，应根据被喷涂面的部位和喷枪的移动方向随时调整喷幅方向，但要在调整后将气帽锁紧。

6. 喷枪的操作规范

喷枪的操作规范步骤如下：

（1）喷枪与被涂表面应保持正确的距离和角度，正确的距离一般为 150～300mm 之间即可。喷枪与被涂表面之间的角度应始终保持在 90°。喷枪与被涂表面应保持正确的距离和角度如图 5-57 所示。

简易测定喷涂距离的方法是：喷嘴与被涂表面之间的距离等于张开手掌后拇指尖与小拇指尖之间的距离，为 150～225mm。如果距离过长，溶剂就会过度蒸发，涂料涂覆在工件表面就会出现干喷或者橘皮等现象；而如果距离过近，涂料涂覆在工件表面就出现过喷从而形成褶皱或波纹。错误的喷涂距离如图 5-58 所示。

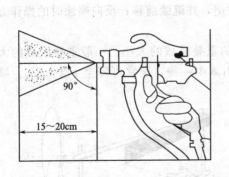

图 5-57　喷枪与被涂表面应保持正确的距离和角度

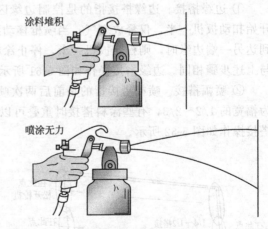

图 5-58　错误喷涂距离

（2）喷枪在移动时，应始终保持与被涂表面平行，即喷射线与表面垂直，如图 5-59 所示。

（3）喷枪的移动速度应保持在 300～600mm/s 范围内，或根据涂料的施工黏度、喷涂距离等来确定喷枪的移动速度，以获得最佳的涂膜质量为准。

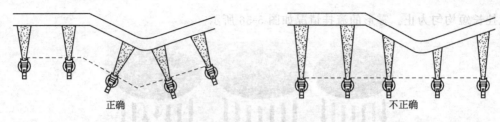

图 5-59 喷枪和工件预喷涂表面垂直

（4）喷枪在移动状态下才能扣动扳机，即在每次喷涂开始时扣动扳机，终了时松开扳机。若在喷枪静止时扣动扳机，就会产生过喷现象（涂膜过厚而产生流挂）。喷枪扳机的操作如图 5-60 所示。

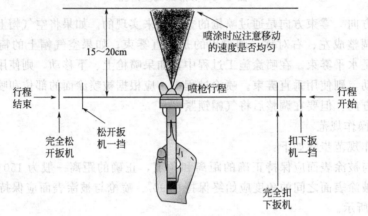

图 5-60 喷枪扳机的操作

注意：扳机在从一挡状态至完全扣下和从完全扣下状态至扳机一挡应该逐渐地进行，不应突然扣下或放开。

（5）喷涂的喷幅搭接 喷涂的喷幅搭接包括边缘搭接、喷幅搭接和两次喷涂面积搭接三种。

① 边缘搭接。边缘搭接指的是控制边缘区涂料的涂布适度。操作方法是：在遮盖纸上开始扣动扳机一半，仅释放空气；当喷枪移动到边缘时，完全扣尽扳机以释放涂料；当喷枪到达另一端边缘时，则松开扳机一半，停止涂料喷出，并继续前移；反向喷涂时的操作方法与上述步骤相同。边缘搭接操作如图 5-61 所示。

② 喷幅搭接。喷幅搭接指的是前后两次喷幅的重叠区域的大小。一般重叠区域的大小为幅宽的 1/2～2/3，有些涂料搭接时重叠可以适当减少一些，通常可降至 1/4～1/3。喷幅搭接操作如图 5-62 所示。

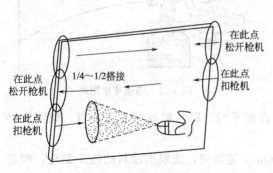

图 5-61 边缘搭接操作

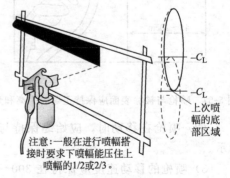

图 5-62 喷幅搭接

③ 两次喷涂面积搭接。由于手提式喷枪每次有效的移动距离为 500~900mm,如果需喷涂的长度大于 900mm,就需分段喷涂。每次喷涂应有 100mm 的湿边缘重叠。在重叠区操作时,要注意扣动扳机的时机和程度,防止出现双涂层或厚边带。两次喷涂面积搭接如图 5-63 所示。

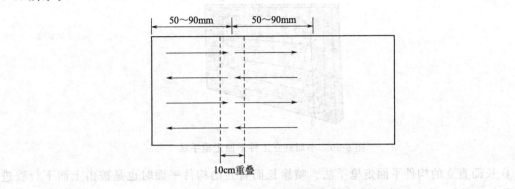

图 5-63 两次喷涂面积搭接

7. 喷涂顺序

在对汽车进行整车喷涂时(如大修翻新或改色),应先计划好喷涂的顺序。合理的喷涂顺序可得到以下几点好处:

① 防止漆雾回落到已喷涂过的漆面,影响涂装质量。
② 消除干喷重叠点,使涂层的整体性好。
③ 对一些如边缘、缝隙等处先施喷涂,可起到安定灰尘作用,从而防止对漆面的污染。
④ 可使涂装作业连贯,减少不必要的移动。轿车全面喷涂顺序一般从车顶开始到后备箱盖、侧面。

(1) 常用喷涂走枪手法　汽车修补涂装中,被涂物的情况不同,喷漆走枪的手法也不同,以下叙述几种常用的喷漆走枪手法。

① 构件边缘走枪手法。在构件边缘喷涂时,一般使用纵向喷幅由右至左的喷涂顺序。构件边缘走枪手法如图 5-64 所示。

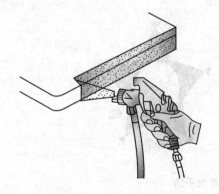

图 5-64 构件边缘走枪手法

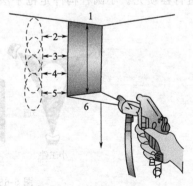

图 5-65 构件内角走枪手法

② 构件内角走枪手法。在构件内角喷涂时,先使用横向喷幅由下而上、再由上而下分别进行 1 和 6 的喷涂;然后使用纵向喷幅进行 2、3、4 和 5 的喷涂,整体遵循 1—2—3—4—5—6 的喷涂顺序。构件内角走枪手法如图 5-65 所示。

③ 小而直立工件平面走枪手法。喷涂小而直立工件平面时,使用横向喷幅按由上而下

的行程进行 1—2 的喷涂,然后由左至右进行 2—3 的喷涂,再由下而上进行 3—4 的喷涂,依次完成 4—5—6—7—8—9 的喷涂,整体遵循 1—2—3—4—5—6—7—8—9 的喷涂顺序。小而直立工件平面走枪手法如图 5-66 所示。

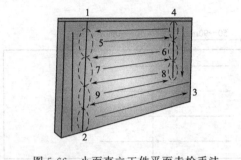

图 5-66 小而直立工件平面走枪手法

④ 长而直立的构件平面走枪手法。喷涂长而直立的构件平面时也是按由上而下行程进行,再由左至右,依次沿横向行程,每行程 45～90cm,即按板长方向分段进行,每段之间交接处有 10cm 的行程重叠。长而直立的构件平面走枪手法如图 5-67 所示。

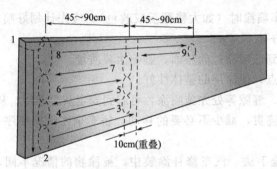

图 5-67 长而直立的构件平面走枪手法

⑤ 小圆柱构件走枪手法。喷涂小圆柱构件时,由圆柱顶自上往下再自下往上,分 3～6 道垂直行程喷完。小圆柱构件走枪手法如图 5-68 所示。

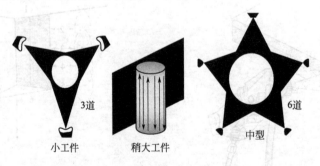

图 5-68 小圆柱构件走枪手法

⑥ 大圆柱构件走枪手法。喷涂大圆柱体时,先由左至右再由右至左的水平行程依次喷完,如图 5-69 所示。

⑦ 棒状构件走枪手法。喷涂较长的、直径不大的棒状构件时,最好将雾束调窄一些与之配合。然而很多漆工为了省事,不愿经常调整喷枪,而是将喷枪雾束的方位与棒状构件相适应,这样既可达到完全覆盖又不过喷的目的。棒状构件走枪手法如图 5-70 所示。

图 5-69 大圆柱构件走枪手法

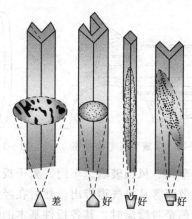

图 5-70 棒状构件走枪手法

(2) 轿车各板件的走枪顺序

① 车门的走枪顺序。在喷涂车门时，首先喷涂车门框的顶部，然后下移直到车门的底部。如果只喷涂一个车门，首先应喷涂车门边缘；喷涂门把手时应该特别小心，因为某点的涂料太多将会导致流挂。车门走枪顺序如图 5-71 所示。

② 前翼子板的走枪顺序。喷涂前翼子板时，应该首先喷涂发动机罩的边缘和前翼子板的轮毂翻边，然后是前大灯周围部分、面板的弯起部分，最后是面板的底部。前翼子板走枪顺序如图 5-72 所示。

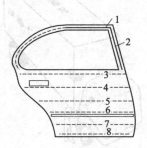

图 5-71 车门走枪顺序

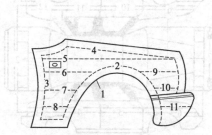

图 5-72 前翼子板走枪顺序

③ 后翼子板的走枪顺序。喷涂后翼子板时，首先喷涂边缘和后翼子板的轮毂翻边，然后从 C 柱向行李箱盖和车身进行，在以一个长的连续的行程喷涂面板。如果无法一次完成，就把这个区域分成两个部分。使用这种方法时，一定要特别注意中间的重叠。后翼子板走枪顺序如图 5-73 所示。

④ 发动机罩的走枪顺序。喷涂发动机罩时，首先喷涂发动机罩的边缘，然后是发动机罩的前部，下一步是在前翼子板的侧面，从中心开始向一侧边缘进行喷涂，进行完一侧后，再进行另外一侧。某些车型的发动机罩比较大，可以分成 4 部分进行。发动机罩走枪顺序如图 5-74 所示。

⑤ 车顶的走枪顺序。喷涂车顶时，为了方便对车顶盖进行喷涂，喷漆工应站在工作台上，以便能够喷到车顶的中心。先喷涂一侧的风挡玻璃边缘，从中心到一侧，进行完一侧后，再进行另外一侧。某些车型的车顶比较大，可以分成 4 部分进行。车顶走枪顺序如图 5-75 所示。

⑥ 整车翻新喷涂或改色喷涂各板件的喷涂顺序。当整车翻新喷涂或改色喷涂时，对汽车不同部位喷漆顺序可能不同。通常，使用的是上送下排式喷烤漆房，干净的空气从天花板

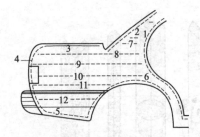 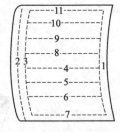 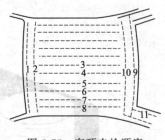

图 5-73　后翼子板走枪顺序　　图 5-74　发动机罩走枪顺序　　图 5-75　车顶走枪顺序

处沿着车顶、风挡玻璃、车门、翼子板及发动机罩和行李箱盖这个顺序流经车身，将多余的四处飞散漆雾从排气道带出，然后在经过层层过滤和燃烧，排到室外。所以在对整车翻新喷涂或改色全身喷涂时，其各板件基本的喷涂顺序是：首先对车顶盖喷涂，然后是左侧或右侧车门，下一步是同侧的后翼子板，接着是行李箱盖和后围板。对汽车另一侧的喷涂是从后翼子板开始，然后是车门和前翼子板、发动机罩、前裙板、门窗框，最后对另一侧的前翼子板喷涂。全车喷涂各板件喷涂顺序如图 5-76 所示。

当对货箱进行喷涂时，需盖住部分车体以免漆雾粒溅落并附着其上。当喷涂带有货箱的拖车组时，其货箱的喷涂顺序为：先罩住拖车头（驾驶室）；然后喷涂车厢顶部；最后喷涂后端。货车车厢的喷涂顺序如图 5-77 所示。

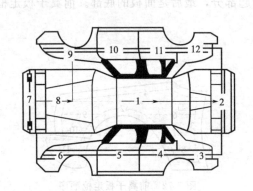 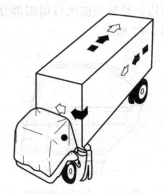

图 5-76　全车喷涂各板件喷涂顺序　　图 5-77　货车车厢的喷涂顺序

8. 新型专用喷枪

（1）带搅拌的虹吸式喷枪　金属闪光漆、珍珠漆在施工黏度下极易沉降，为此要想保持喷涂面上各个部位的色相一致就变得非常困难。为了解决这一难题，国外开发了一种以带搅拌为特征的新型喷枪。

这种喷枪的主要特征是：

① 进入喷枪的压缩空气的一部分在喷枪的手柄部位分成两股：一股像传统喷枪一样，进入空气帽供雾化涂料用；另一股则进入喷杯，驱动喷杯内的搅拌器进行搅拌。这样一来，在配方中采用了云母、铝粉以及石墨等密度较大的颜料的涂料，在施工黏度下易于沉降的弊病在这类喷枪中就得到了克服。

② 喷杯中搅拌器的速度可以很方便地由操作工手工调整刻度显示，操作方便。

③ 喷枪上的压力表直接与枪体内的空气回路相通，很容易控制喷涂时压缩空气的压力。

（2）含珠光颜料的专用喷枪　含珠光颜料的专用喷枪的主要特征是：

① 高微粒化、薄膜型扇面，特别适合含珠光颜料涂料的施工。

②由空气帽喷出的空气压力、由喷嘴喷出的涂料的量以及漆雾的扇面大小均可预先设定。

③在操作时还可以方便地通过喷枪上的调节阀进行调整,各调节阀上均设有刻度盘。

④喷嘴和控制阀均采用不锈钢制造,所以适用于几乎所有品种的涂料。

⑤尽管喷枪设计为大供气量,但是由于枪体较轻,操作非常方便。这种类型喷枪的最大缺点是:由于其供漆量较小,不适合大面积的涂装施工。像大型公交车、集装箱车等的修补就不宜选用这种喷枪。

(3) 双组分涂料专用喷枪 丙烯酸聚氨酯涂料、聚酯-聚氨酯涂料是汽车修补漆中性能比较突出、所占市场份额最大的品种。然而这一类双组分涂料为用户带来的最大不便就是其适用期有限,至多也不过 6~8h,必须当天配漆当天用完,即使出现停电、机械故障等不可抗拒的因素也都如此,否则所配漆料就会凝胶,甚至固化。清洗残留在系统或枪体内已经凝胶甚至固化了的涂料,无论是谁都会感到棘手。为此国外发明了专用于双组分涂料的喷枪,这种类型的喷枪采用了甲乙两个组分在喷枪枪体内混合的方式,无需在喷漆前将涂料预混合均匀。

9. 喷枪的正确使用与维护

(1) 喷枪的正确使用 喷枪的正确使用步骤如下。

①使用前,应检查涂料罐盖上的空气孔是否堵塞,涂料罐盖上的密封圈有无渗漏。

②按照施工参数要求调整好出漆量、雾束大小和方向。若有故障,应时排除。

③在喷涂过程中,若需暂停工作,应将喷枪头浸入溶剂中,以防涂料干燥、结皮,堵塞喷嘴而影响工作。

④喷涂结束后,立即清洗喷枪,并进行必要的维护保养。

⑤避免喷枪碰撞物体或掉落地上,以防造成永久性损坏。

⑥喷枪一般不要大拆大卸,以防损坏零件。若必须拆检时,应注意各锥形部位不能粘有异物,密封垫、喷嘴、气帽等不能损坏。安装完成后,应正确调整和试验,使拆检后的喷枪达到技术要求。

(2) 喷枪的清洗、润滑 喷枪的清洗、润滑步骤如下。

①松开涂料罐盖,拔出吸料管,但不离开罐口。

②将空气帽旋出 2~3 圈,使针阀与喷嘴平齐,用多层布或手指堵住喷嘴,然后扣动扳机,迫使喷枪中的涂料回流到罐内。

③将罐中的涂料倒回原来的容器,再向罐内倒入溶剂或稀释剂,并扣好盖子,边摇晃边扣动喷枪扳机喷射,之后再倒出溶剂或稀释剂。

④将干净溶剂倒入罐中,装入喷枪。扣动扳机,喷射溶剂清洗枪内,并反复摇晃。

⑤把空气帽拆下放入溶剂中清洗,将阻塞的孔径予以疏通。

⑥用蘸有溶剂的抹布擦拭喷枪外表。

⑦清洗结束后,应对喷枪中有相对运动的部位进行必要的润滑,一般用少量轻质机油。

第二节 汽车涂装修复设备

一、压缩空气供给系统

压缩空气供给系统用于提供充足的达到预定压力值的压缩空气,以确保喷涂车间所有的气动设备都能有效工作。系统的规格从小型的便携式装置到大型的安装在车间内的设备应有尽有。

这些系统的基本配置和安装要求都有以下相同点：一台或一组空气压缩机，有时也称为气泵；动力源一般为电动机，室外工作时可使用便携式汽油机驱动的压缩机；一只或一组用于调节压缩机和电动机工作的控制器；应使用规格合适的储气罐或容器，如果过小将导致压缩机频繁启动，从而使电动机负载过重，过大则浪费；分配系统是指从空气容器到需要压缩空气的分配点的软管和固定管道，或者软管和固定管道的组合，包括规格合适的软管或者固定管道、接头阀、油和水分离器、气压调节器、仪表和其他特定的气动工具以及喷涂设备有效工作的空气与流体控制装置，它是压缩空气系统连接的关键。喷涂车间的压缩空气供给系统如图5-78所示。

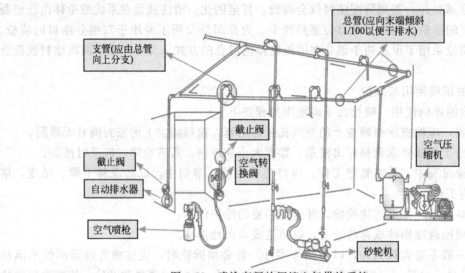

图 5-78 喷涂车间的压缩空气供给系统

1. 空气压缩机

（1）空气压缩机的类型

① 按工作原理分类。可分为活塞式、膜片式、双螺杆式及"Z"旋转螺杆式。活塞式空气压缩机应用最为广泛。活塞式空气压缩机如图5-79所示。膜片式空气压缩机如图5-80所示。双螺杆式空气压缩机及其简单工作原理如图5-81所示。

(a) 活塞式风冷空气压缩机　　　　　(b) 活塞式水冷空气压缩机

图 5-79 活塞式空气压缩机

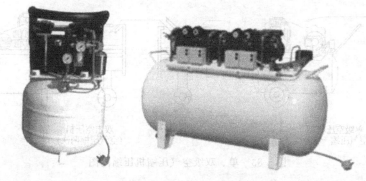

图 5-80　膜片式空气压缩机

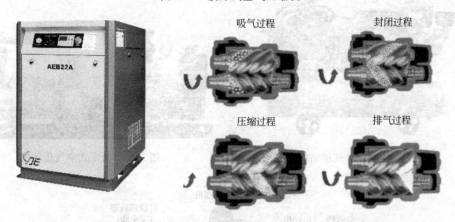

图 5-81　双螺杆式空气压缩机及工作原理

②按空气被压缩的次数分类。可分为单级、双级和多级三种。单级、双级空气压缩机如图 5-82 所示。单、双级空气压缩机压缩简图如图 5-83 所示。

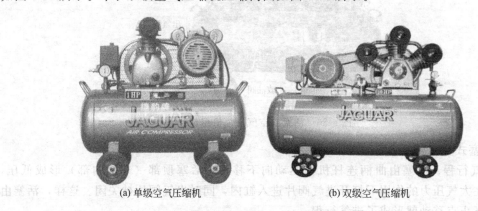

(a) 单级空气压缩机　　(b) 双级空气压缩机

图 5-82　单级、双级空气压缩机

③按固定方式分类。可分为移动式和固定式。移动式空气压缩机如图 5-84 所示。固定式空气压缩机如图 5-85 所示。

(2) 活塞式空气压缩机的组成和工作原理

①活塞式空气压缩机的组成。活塞式空气压缩机是由曲轴箱、缸体、缸盖、曲轴、连杆、活塞组件、配气阀片、空气滤清器、气压自动控制机构及附属装置等组成。活塞式空气压缩机组成如图 5-86 所示。

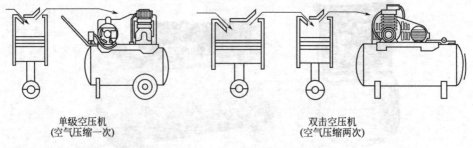

单级空压机　　　　　　　　　双击空压机
(空气压缩一次)　　　　　　　(空气压缩两次)

图 5-83　单、双级空气压缩机压缩简图

图 5-84　移动式空气压缩机

图 5-85　固定式空气压缩机

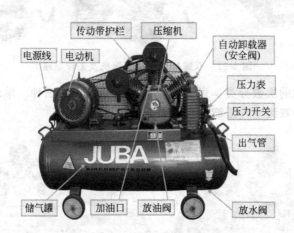

图 5-86　活塞式空气压缩机组成

② 活塞式空气压缩机的工作原理。

a. 进气行程。活塞由曲柄连杆机构驱动向下移动，活塞顶部（气缸内部）形成低压，外界空气在大气压力的作用下打开进气阀片进入缸内，同时出气阀片被关闭。这样，活塞由上止点向下止点移动就形成了进气行程。

b. 压气行程。曲轴继续旋转，活塞向上移动，缸内的空气被压缩，使进气阀片关闭。当缸内的气体压力达到一定值时，出气阀片被推开，使压缩空气进入储气筒内，直至活塞到达上止点。

活塞式空气压缩机工作原理如图 5-87 所示。

（3）储气筒及其安全保护装置　储气筒的作用是把压缩机产生的高压气体储存起来。在储气筒壁上安装有压力表，以显示筒内的压力。为了防止储气筒内的压力过大而爆炸，在储气筒上还装有安全阀（钢球-弹簧式单向阀），即当压力超过规定值时，安全阀自动排气，使

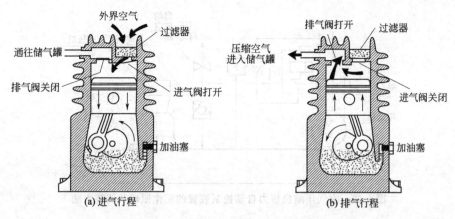

图 5-87 活塞式空气压缩机工作原理

储气筒内的最高压力不超过规定值（调整值）。另外在储气筒的下部还装有排除筒内油、水等污物的排污阀，定期排除储气筒内的污物。若空气湿度大时，应缩短排污周期。常见的储气筒有立式储气筒和卧式储气筒。立式储气筒节省空间，便于布置，也被称为垂直式储气筒，而卧式储气筒也被称为水平式储气筒。常见的立式和卧式储气筒如图5-88所示。

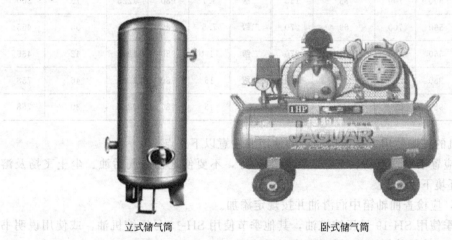

图 5-88 立式和卧式储气筒

① 储气筒安全阀排气压力的调整方法。首先松开锁止螺母，旋进调整螺钉使安全阀完全关闭（弹簧处于被完全压紧状态），接通电源使压缩机工作。当储气筒上的压力表显示的压力达到规定（要求）值时，断开电源使压缩机停机。缓慢旋松调整螺钉直至排气为止，然后旋紧锁紧螺母即可。

② 储气筒和安全保护装置。

a. 安全阀的排气压力不能超过厂家的规定值。

b. 不准将安全阀装在排污阀处，污物如果堵塞排气孔，安全阀将不起作用而发生危险。

（4）空气压缩机的自动控制装置及原理　控制装置的作用是自动控制空气压缩机的工作，使储气筒内的压力始终在规定的范围内，即压力超过规定值时，自动控制装置使压缩机停机或空运转；当压力低于一定值时，又使压缩机恢复工作。空气压缩机压力自动控制装置的工作原理及调整方法如图5-89所示。

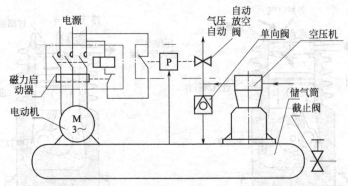

图 5-89 空气压缩机压力自动控制装置的工作原理及调整方法

通过调整弹簧弹力来改变压缩机电动机断开和接通电源时的压力值。常见压缩机启动和断开时间见表 5-10。

表 5-10 常见压缩机启动和断开时间

压缩机	功率/kW	接通压力/kPa	断开压力/kPa	压缩机从接通到断开的时间/s	储气罐容积/L	压缩机	功率/kW	接通压力/kPa	断开压力/kPa	压缩机从接通到断开的时间/s	储气罐容积/L
一级	0.745	500	700	83	135	二级	3.7	980	1225	75	300
一级	1.5	560	700	69	270	二级	7.5	980	1225	56	455
一级	2.2	560	700	51	270	二级	11.0	980	1225	42	455
二级	0.745	980	1225	284	270	二级	15	980	1225	46	758
二级	2.2	980	1225	115	300	二级	18	980	1225	30	758

(5) 压缩机的正确使用 压缩机的正确使用要注意以下几点。

① 压缩机应置于空气流动、干净、阴凉的地方，不要使之在空气污浊、尘土飞扬及溶剂蒸发量大的环境下工作。

② 启动前，应检查曲轴箱中润滑油并按规定添加。

③ 一般夏季使用 SH-19 号压缩机油，其他季节使用 SH-13 号压缩机油，或使用说明书要求的润滑油。压缩机使用 500h 后要更换润滑油。

④ 若使用纸质空气滤芯时，应在规定时间内更换。若使用金属滤芯，250h 后应对其进行清洗，且在清洗完成后使用压缩空气将其吹干、安装。

⑤ 使用过程中，应时刻注意压缩机的工作情况，如有异响，应立即停机检查。

⑥ 经常使用的压缩机，应注意排除储气筒内的污水。一般每 2 班或 16h 排除 1 次，若空气湿度较大，应缩短排污间隔时间。

⑦ 为了保证安全阀工作正常，对其每 3 个月检查 1 次。

(6) 空气压缩机常见故障及排除方法 活塞式空气压缩机常见故障及排除方法见表 5-11。

2. 空气清洁器

空气清洁器又称为空气过滤器、空气转换器。空气清洁器是将压缩空气通过金属网、PVC 海绵等空气滤清器，除去微细粉尘、气，水及油分在清洁器内因膨胀降温而成为水滴、油滴，从下部的排泄阀排出。空气清洁器如图 5-90 所示。

表 5-11 活塞式空气压缩机常见故障及排除方法

故障现象	产生的原因及排除方法
排气温度突然升高	进气阀片破裂或弹簧片断裂,产生漏气,应予以更换
润滑油温度升高,超过70℃	活塞、活塞环及缸筒的磨损严重或装配不当,使高压、高温气体进入曲轴箱;润滑油量过少。添加润滑油至规定值,维修活塞、活塞环及缸筒
排气量不足	进排气阀片密封不严,管道配气、空气滤清器堵塞,皮带过松或皮带磨损而打滑。汽缸组件密封性差。检查并调节皮带松紧度,清洗或更换空气滤清器;拆检进出气阀;拆检汽缸组件
缸内有异响	缸内进入异物,或阀片破碎落缸,缸盖垫子过薄,活塞碰击缸盖;汽缸组件磨损严重或装配不当。拆检汽缸组件,检修活塞和曲轴配合间隙
电机温升过高	电路接触不良、短路,压缩机故障,电压偏低等。查明原因,予以排除
压缩机停机后有明显的回气声	排气阀片密封不严;检修或更换排气阀片

3. 空气压力调节器

(1) 空气压力调节器及其工作原理 空气压力调节器能凝结空气中的油和水分,调节空气的压力和过滤空气的灰尘。它的空气出口可以连接喷枪、除尘器等。变压器能借助机械装置和空气膨胀分离油和水分,只允许清洁干燥的空气到达喷枪。如果有任何一点水分和油迹通过喷枪到达油漆表面,将会破坏油漆面质量。空气压力调节器如图 5-91 所示。

图 5-90 空气清洁器　　　　图 5-91 空气压力调节器

(2) 变压器及其工作原理 变压器可调节和控制喷枪压力,得到理想的雾化效果。并装备有主通道压力表和工作压力表,有主通道压力出口和工作压力出口。变压器的旋钮能调节压缩空气的工件压力,从汽缸底部的水阀可以排出凝结的水分。变压器通常安装在主管路上距离压缩机至少 7.5m 的地方。

变压器的工作原理相当简单,空气进入变压器主通道后,利用调整手柄可以把压力调整到所需值。空气经过金属滤网、水分离器和节气门冷凝器,去除杂质后,通过变压器的侧面出口到达喷枪,应该每天对变压器排水。

4. 油水分离器

(1) 油水分离器的作用 油水分离器是把压缩空气中的油和水分过滤掉,使输出的空气干燥、洁净,否则将产生涂装缺陷,如水泡、麻点等。油水分离器有单节式,也有两节或三节组合式。

油水分离器能调节和控制喷枪压力,得到理想的雾化效果。并装备有主通道压力表和工作压力表,有主通道压力出口和工作压力出口。油水分离器的旋钮能调节空气的工件压力,汽缸底部的放水阀可以排出凝结的水分。油水分离器通常安装在主管路上距离压缩机至少 7.75m 的地方。

（2）油水分离器组成和工作原理　油水分离器由旋风叶片、多孔过滤杯、挡水板、铝杯及盖体等组成。

油水分离器工作时，压缩空气经输入接口进入，在旋风叶片的导流下使压缩空气高速旋转。由于离心力的作用使空气中的粉尘颗粒、水分、油污等甩向铝杯内壁，细小污物则由多孔过滤杯过滤后从输出接口输出。油水分离器构造如图 5-92 所示，常见的油水分离器如图 5-93 所示。

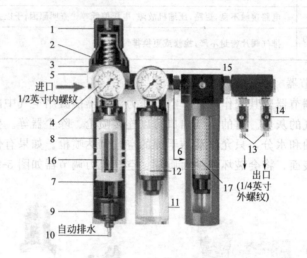

图 5-92　油水分离器构造

1—压力调节旋钮；2—固定螺母；3—隔膜和调压阀（内部）；
4—气压表（1级过滤出口压力）；5—空气进口（安装时取出保护塞）；
6—连接螺丝（侧面）；7——级过滤器外壳（金属）；8—旋风分离器；
9—自动排水阀；10—冷凝水排泄管；11—二级过滤器外壳（金属）；
12—纤维棉滤芯；13—两个空气出口；14—特氟龙（聚四氟乙烯）球阀；
15—气压表（2级过滤出口压力）；16—黄铜滤芯；17—活性碳滤芯

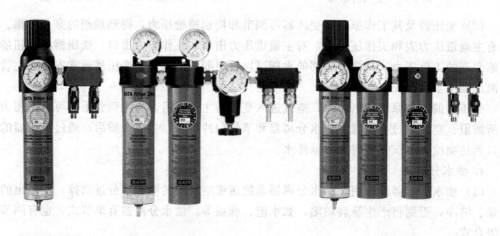

(a) 单级油水分离器　　(b) 双级油水分离器　　(c) 三级油水分离器

图 5-93　常见油水分离器

(3) 油水分离器安装与维护

① 油水分离器必须垂直安装，放水阀朝下。

② 要按照阀体上气流方向安装并配接气管。

③ 油水分离器可单独使用，也可与空气压力调节器配合使用。在与空气压力调节器配合使用时，油水分离器应接在调节器的前端，即先过滤，再调压。

④ 每日打开放污阀1~2次，或依据工作环境及压缩机的技术状况而定，将储存在滤杯中的油水放掉。

⑤ 定期对滤杯和存水杯进行清洗，并用低压空气吹干。

5. 压缩空气软管与液体涂料软管

软管一般由主管、骨架和管套组成。用于喷漆系统的压缩空气软管主管为丁腈橡胶，由高强度补强粘胶纤维布作骨架，能够耐各种润滑油、燃料油的污染。软管的直径对大型喷枪而言为 0.8cm，修补涂装施工中最通用的长度为 7.5~15m。

输送液体涂料的软管主管为尼龙，由高强度补强粘胶纤维布作骨架，能够耐多种涂料用溶剂，如丙烯酸漆、聚酯聚氨酯漆、氨基醇酸漆以及水溶性涂料和各类油漆稀释剂等污染。输送液体涂料软管主要用于压送式喷漆系统，内径一般为 0.8~1cm；在大型喷漆间，其长度一般为 7.5~15m。两纺织层结构的液压软管结构如图 5-94 所示，空气软管结构如图 5-95 所示。

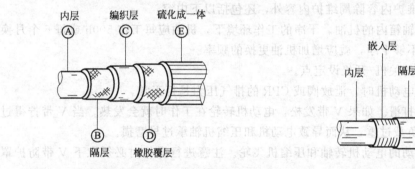

图 5-94 两纺织层结构的液压软管结构

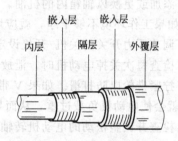

图 5-95 空气软管结构

流体在沿管道输送过程中由于本身黏度而不可避免会产生一些损失，不管输送液体或是气体，都会因流体与软管壁之间的摩擦产生一定的压力降。软管直径、长度与压力降之间的关系见表 5-12。

表 5-12 软管直径、长度与压力降之间的关系

管径	管长/m 压力	1.53	3.05	4.58	7.7	15.2	
6mm	276kPa 压力时	41	55	65	88	123	压力下降
	345kPa 压力时	52	69	83	110	165	
	414kPa 压力时	62	86	100	136	214	
	482kPa 压力时	74	100	117	155	234	
	551kPa 压力时	84	114	134	175	256	
	620kPa 压力时	97	129	152	200	274	
8mm	276kPa 压力时	15.5	19	22.4	27.6	58.5	
	345kPa 压力时	20.7	24.1	27.6	34.5	69	
	414kPa 压力时	25.9	31	34.5	41.4	79.2	
	482kPa 压力时	31	36	41.4	50	90	
	551kPa 压力时	38	42	48.3	60	100	
	620kPa 压力时	44.8	52	58.5	72.5	120	

6. 供气系统的维护

为了供气系统能有效工作，延长系统部件的使用寿命，要按规定的维护方案进行日常维护。供气系统的维护分为日维护、周维护和月维护。

(1) 日维护

① 放掉储气罐、油水分离器内的冷凝水，特别是在空气湿度比较大时，每天要多放几次。

② 检查曲轴箱的润滑油面，应充足但不要过高，以避免机油消耗过多。

(2) 周维护

① 拉开安全阀上的拉环，使其打开。先检查安全阀再排气。排气的要求是：若安全阀装在储气罐或单向阀上，则在罐内存有高压气时排气；若安全阀装在压缩机内置冷却器上，则在压缩机工作时排气。

② 用手指将拉出来的杆推回去。当安全阀不能正常工作时，应立即维修或更换。

③ 清洗空气滤清器的毛毡或海绵等过滤件，用溶剂清洗干净后，晾干重新装好。如果滤清器太脏，就会降低压缩机的效率和增加机油的消耗。

④ 清洗或吹掉汽缸、内冷器、后冷器及其他容易集灰尘或脏东西的压缩机及其附属设备的部件上的小颗粒。干净的压缩机工作时的温度较低，而且使用寿命也较长。

(3) 月维护　月维护内容除周维护内容外，还包括以下内容。

① 添加或更换风轴箱内的机油。干净的工作环境下，机油应每工作 500h 或每 6 个月换一次。如果工作环境不够干净，就应增加机油更换的频率。

② 调节压力开关的关机/开机设定点。

③ 检查每次关掉电动机时，泄放阀或 CPR 的排气压力是否正常。

④ 拧紧带轮以防打滑。如果 V 带发松，电动机转轮在工作时就会发热。当 V 带拧得过紧时，就会使电动机负载过重，从而导致电动机和压缩机轴承过早磨损。

⑤ 检查并调整松动的电动机转轴和压缩机飞轮。注意进行操作时必须取下 V 带防护罩的前半部分。

⑥ 拧紧压缩机上所有的阀芯或汽缸盖，确保每个汽缸不会松动，以免损坏汽缸或活塞。

⑦ 检查压缩机附件和供气管道系统有无空气泄漏。

⑧ 关闭储气罐排气阀，检查泵气时间是否正常。

⑨ 检查机油是否泄漏。

二、喷涂室

喷涂室主要是为喷涂施工提供一个清洁、安全、照明良好的封闭环境，既可隔开其他工序对喷涂施工过程的影响，也可使喷涂过程所产生的污染物得以控制和治理。

1. 喷涂施工对喷涂室的要求

(1) 供给喷涂室内的空气必须过滤；在要求高的场合，喷涂室内的温度、湿度可以调节。

(2) 空气在室内的流向应是自上而下，这样不易形成气流死角和漆雾回落而影响喷涂质量。

(3) 室内的空气流速应在 0.3～0.5m/s 范围内。过快过慢的气流都会影响涂膜的流平性。

(4) 排风量应稳定，并要求供风量应略大于排风量，以免外界空气进入，也应避免内外压差过大而使漆雾外逸。

(5) 在喷涂室产生的气体应在处理后排出，以免污染环境。

(6) 喷涂室内应具有不小于800W的照明度。照明灯具一般选用标准消防安全灯，不得与漆雾接触。

2. 喷涂室的结构类型

喷涂室主要由墙体、换气系统、过滤系统、照明装置及废气、废渣处理装置等组成。

(1) 按换气系统不同分类　按换气系统的类型来分，有正向流动喷涂室、反向流动喷涂室和下向通风式喷涂室三种。

① 正向流动喷涂室。正向流动喷涂室即汽车从空气进口进入，沿气流流动方向走向喷漆房的另一端空气口离开，气流是从汽车尾部向前吹的。

② 反向流动喷涂室。反向流动喷涂室指汽车倒向喷涂室，气流迎着汽车尾部吹向出口端。

以上两种喷涂室均为横向或水平通风类型。

③ 下向通风式喷涂室。下向通风式喷涂室的气流是从喷涂室的天花板向下流动，从地板栅格处排出。气流在汽车表面形成一层包围层，促使漆雾不会沉积、污染已喷过的表面，保证喷漆作业的质量。此类喷涂室目前应用最广泛。下向通风式喷涂室如图5-96所示。

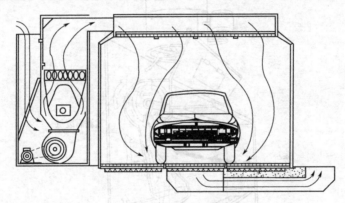

图5-96　下向通风式喷涂室

(2) 按过滤系统不同分类　喷涂室的过滤系统是其重要组成部分，其作用是把进入喷涂室内的空气进行过滤，以保证喷漆质量；同时，可将喷涂室中产生的漆雾和其他污物过滤掉，使排入大气的气体无污染。过滤系统主要有干式和湿式过滤系统。

① 干式过滤系统。干式过滤系统包括两大装置，即空气供给装置和排风、漆雾过滤装置。空气供给装置的作用是将空气中的粉尘等杂质过滤干净；使进入喷涂室中的气流分布均匀，避免紊流现象的产生。常用的下向通风式喷涂室中，空气供给装置安装在天花板上，一般以镀锌的钢丝网为框架，其上铺设有无纺布和1～2层黏纱布，保证进入喷漆房内空气的净化质量。

对涂装质量要求高或室外温度低（-20℃）的场合，喷涂室中还要安装空调供风系统，为喷涂室提供经过调温、调湿、除尘过的洁净空气。

排风及漆雾过滤装置主要由排风机、漆雾过滤网及管道等组成。干式漆雾过滤网的结构简单，清洗和滤网更换方便，干式过滤系统如图5-97所示。

② 湿式过滤系统。湿式过滤系统的空气供给系统与干式过滤系统相同，而排气过滤采用的是湿式结构，即把喷涂室内含有漆雾粒子和其他杂质的气体经水幕（水流）带走，由排

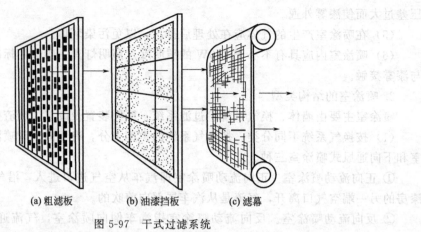

(a) 粗滤板　　　　(b) 油漆挡板　　　　(c) 滤幕

图 5-97　干式过滤系统

污系统收集处理。湿式过滤系统的类型有喷淋式、多级水帘式、水旋式等几种。喷淋式过滤装置的过滤效果相对较差，已被其他类型的湿式结构所代替。修补涂装中常用的是水帘式和多级水旋式。水帘式湿式过滤系统如图 5-98 所示。

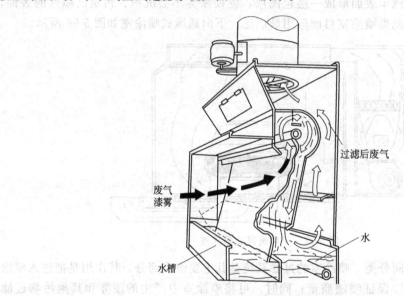

图 5-98　水帘式湿式过滤系统

（3）按功能不同分类　喷涂室按其功能不同可分为单室和双室两种形式。单室喷涂室、双室喷涂室如图 5-99 所示。

① 双室喷涂室。双室喷涂室可完成喷漆和烘干功能，功能上比单室喷涂室多，施工环境好，但由于尺寸大，造价高，不适于维修企业使用。

② 单室喷涂室。单室喷涂室只能完成喷漆功能。维修行业常用的是单室的喷漆烤漆房，又被称为喷烤漆房，即可在其中进行喷涂施工，等涂膜经过充分的晾干后，再实施烘烤工序。单室喷漆烤漆房如图 5-100 所示。

3. 喷涂室的正确使用和维护

喷涂室是为涂装施工提供良好环境的场所。只有严格遵守其使用程序，减少污染传播，才能使喷涂室处于良好状态。喷涂室的正确使用和维护注意事项如下：

（1）定期清洗内部墙体、地板及其他固定件表面上的灰尘、油污等，并做好例行保洁工作；

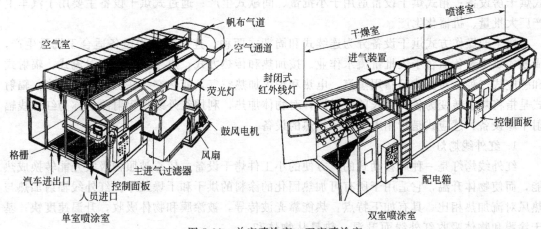

图 5-99　单室喷涂室、双室喷涂室

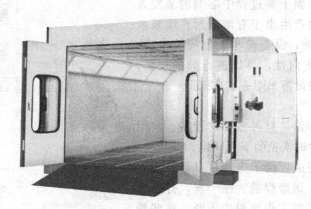

图 5-100　单室喷漆烤漆房

（2）喷涂室内不准存放如零件、涂料、包装纸（盒）、衣物等，以防沉积污物，影响涂装质量；

（3）不能在喷涂室内进行涂装前的表面打磨、清洁及涂料调制等工序，以免打磨粉尘弥漫而影响空气质量，尽可能避免污染源的出现；

（4）用水清洗地板时，防止水飞溅到车身上，同时要对污水进行处理；

（5）定期检查、更换干式过滤系统中的滤网，应经常使用压力表检测挡漆板的堵塞情况；

（6）湿式过滤系统中的水位应保持正常，并在水中加入添加剂；

（7）定期检查喷涂室周围的密封情况，以防灰尘进入；

（8）汽车进入喷涂室前，应清洗干净，并对车身上的缝隙、沟槽等不易发觉的地方进行彻底清洁；

（9）喷涂室内必需的物件，如喷枪、软管、胶带、车轮套、工作服、防毒面罩、手套等，应存放在密闭的储藏室内；

（10）定期对排风扇、电动机进行维护保养。

三、烘干设备

烘干设备按外形结构分为室式、箱式和通过式三种。维修企业常用的喷烤漆房就属于室式烘干房设备；箱式烘干设备适用于小批量、间歇式生产；通过式烘干设备主要用于汽车生产厂大批量、机器化生产。

按生产操作方式烘干设备分为连续式和周期式两种。连续式烘干设备适合于批量生产，周期式烘干设备适合于大批量流水作业。按加热和传热方式，烘干设备分为对流式、辐射式和感应式三种。对流式是指用蒸汽、电热和炉火加热空气，使热空气在房内对流加热；辐射式是指将热能转变为各种波长的电磁波，对物体加热，利用红外线作辐射源的称为红外线辐射干燥设备；感应式是指用电磁感应加热的设备。

1. 红外线烤灯

红外线烤灯是一种可移动式的、方便的小工件烤干设备，依靠被照物吸收光能转换成热能，而使物体升温，它适用于所有可加热固化的涂料的烘干和干燥工序。红外线辐射加热与热风对流加热相比，具有如下特点：热能靠光波传导，被涂膜和物体吸收，升温速度快；基于涂膜和物体吸收红外线而升温，热量从物体和涂膜内向外传，与涂膜干燥过程中溶剂的蒸发方向一致，这样就不易产生由于有溶剂封在涂膜内部而生成针孔的缺陷；设备简单，生产效率高；由于红外线辐射有方向性，可以进行局部加热。移动式远红外线干燥设备如图5-101所示。

2. 喷烤漆房

喷烤漆房是汽车涂装修补重要的设备，常用喷烤漆房来解决喷涂时常见的下列问题，即灰尘、污染、安全、喷涂完成后的干燥。车身修复车间难免由于敲打金属，研磨焊缝、原子灰，打砂和其他类似的产生粉尘的工作而粉尘不断，这些粉尘大多数非常细微，很难控制，而这种环境不利于车身的喷涂工作。喷烤漆房能够提供一个清洁、

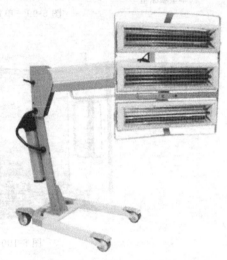

图 5-101 移动式远红外线干燥设备

安全、明亮、有利于健康的工作场地。它可以使喷涂场地没有飞扬的粉尘，并能限制和安全排放掉进行车身喷涂工作时产生的挥发性气体。现代烤房的设计非常科学，它能提供合适的空气环境，必要的照明，保证喷涂工作的安全。

现代喷烤漆房的空气供应系统一般采用上送下排式，又称下行式。气流从天花板吹进来后，经过车身，从气坑排出。干净、适温的气流经过车身表面的过程有利于减少喷涂表面的污染和多余的漆雾，风速为0.3m/s，可通过调整排风门的开度来调节。

从保护漆工的健康与安全的角度出发，漆房最重要的部件是其空气滤清系统。目前有各种配置和过滤材料，如纸、棉、玻璃纤维、聚酯纤维等。空气滤清系统有湿式和干式两种过滤系统，一般多采用干式系统。它的工作原理类似于筛网，当空气通过滤清器时可将其中的涂料颗粒和其他污物分离掉，有些系统还有一些黏性物质层，可以将各种小纤维粘到纤维的表面。大多数过滤系统几乎可以过滤掉全部能导致产生肉眼可见的涂层缺陷的小颗粒，任何大于 $14\mu m$ 的颗粒都会使涂层产生显著的缺陷，而过滤系统能滤掉 $10\mu m$ 的颗粒。而且房内压力要求大于房外压力 30kPa 左右，形成正压状态，这样可以有效地防止房外颗粒物的进入。

3. 烘箱

烘箱在喷涂作业中多用于喷涂样板的烘干，一般为柜式结构，加热方式一般为电加热和

红外线加热，它的特点是保温性能好、占地面积小。烘箱如图 5-102 所示。

四、其他设备

1. 工作台

工作台是汽车涂装施工人员不可缺少的一类设备，主要供施工人员操作时使用。工作台的种类很多，汽车涂装常用的工作台可分为固定升降式、移动升降式和简易工作台三种形式。另外，还有用于湿磨的湿磨工作台。

（1）固定升降式工作台　固定升降式工作台的用途较为广泛，特别对各大中型客车制造厂的涂装车间使用更为广泛，几乎从喷底漆、刮原子灰、喷中涂漆、涂层磨光到面漆喷涂和彩条喷涂等施工工位，均采用固定升降式工作台，以便于施工人员操作和提高生产效率和施工质量。使用升降式工作台时，操作人员可根据车身的高度，将工作台升降至合适的位置，以达到便于操作为准。

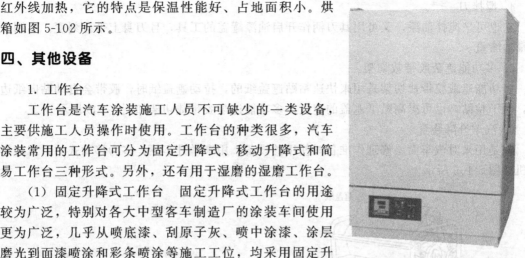

图 5-102　烘箱

（2）移动升降式工作台　移动升降式工作台，是设计在喷漆室内，主要用于底漆、中涂漆、面漆等小批量生产的喷漆使用。移动升降式工作台喷涂客车车身时需分段移动，操作不太方便，但设备投资少，运行费用小。

（3）简易工作台　简易工作台主要由木工自制而成。根据施工用途可制成平板式、木马式、高凳等便于操作的各种简易工作台。平板式工作台的高度以 0.7~0.8m 为宜，长、宽度应根据工件规格及生产量多少而定，主要用于小件喷漆、刮原子灰等使用。木马和高凳用于室外单车涂装或修补等。

（4）有水砂磨工作台　有水砂磨工作台是专门用来对个别零部件进行打磨的，打磨时应加水作为冷却和湿润之用。有水砂磨工作台如图 5-103 所示。

2. 板件喷涂悬架

板件喷涂悬架主要是用来把个别零件悬挂起来进行喷漆的设备。板件喷涂悬架如图 5-104 所示。

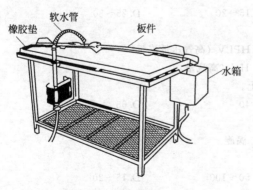

图 5-103　有水砂磨工作台

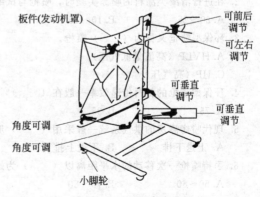

图 5-104　板件喷涂悬架

3. 油漆搅拌器

它是用来搅拌油漆的工具，以保证油漆均匀，是喷涂时必备的设备。

4. 搅拌刀

它也可来搅拌油漆，又可用其刀柄作开启油漆罐盖的工具，且刀身上带有刻度，可用来测量油漆量。

5. 多功能遮蔽胶带裁切架

多功能遮蔽胶带裁切架是用来快速粘贴遮盖纸的，拉动遮盖纸时，胶带会自动贴向纸边上，便于粘贴，也可提高贴纸遮盖的速度。多功能遮蔽胶带裁切架如图 5-105 所示。

6. 汽车升降装置

它是用来对汽车面层修理作准备时使用的设备，用来举升车辆，多为移动式的。双柱举升机如图 5-106 所示。

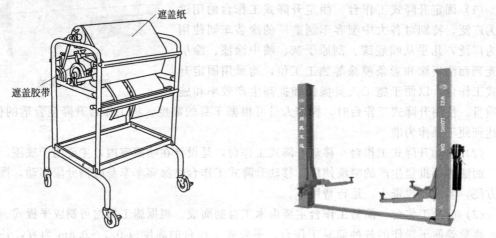

图 5-105　多功能遮蔽胶带裁切架　　　　　　　图 5-106　双柱举升机

思考与练习

一、选择题

1. 空气喷枪按涂料的供给方式分为（　　）3 种。
   A. 吸上式、自进式、压力式　　　　B. 上壶枪、下壶枪、无壶枪
   C. 常压枪、高压枪、低压枪　　　　D. 吸上式、重力式、压力式
2. 在进行清漆类涂料的喷涂实验时，喷枪与试纸的距离为（　　）cm。
   A. 20～25　　B. 10～15　　C. 15～20　　D. 25～30
3. 环保型喷枪又称为（　　）喷枪。
   A. HVLP（高流量低气压）　　　　B. HPLV（高气压低流量）
   C. HP（高气压）　　　　　　　　D. HV（高流量）
4. 环保型喷枪的材料传递效率一般在（　　）%以上。
   A. 75　　　　B. 35　　　　C. 40　　　　D. 65
5. 现代喷烤漆房的供气系统一般采用（　　）形式。
   A. 上送下排　B. 下送上排　C. 涡旋　　　D. 紊流
6. 手持喷枪一次移动的水平距离以（　　）为好。
   A. 50～60　　B. 70～80　　C. 50～100　　D. 15～20
7. 空气压缩机的控制系统中自动卸载器又称为（　　）。
   A. 调压阀　　B. 限压阀　　C. 回流阀　　D. 安全阀
8. 往复直线式打磨机的砂垫运动方式是（　　）。
   A. 圆周运动　　　　　　　　　　B. 小幅振动

C. 既有圆周运动又有直线运动　　　　D. 往复直线运动
9. 使用手工打磨时，应沿（　　）方向打磨。
　　A. 垂直方向　　　B. 圆周　　　C. 水平方向　　　D. 车身轮廓线
10. 钣金磨属于（　　）处理工具。
　　A. 面漆层　　　B. 中涂层　　　C. 底材　　　D. 原子灰

二、判断题（正确画√，错误画×）

1. 使用喷枪进行喷涂前应调整喷枪的气压、流量、扇面宽度。（　　）
2. 喷枪使用完毕后不需要进行清洗。（　　）
3. 用于抛光的抛光垫有毛巾式、毛绒式和海绵式三类。（　　）
4. 手工水磨的工作效率要高于机器干磨。（　　）
5. 喷枪的口径并不因所喷涂涂料的类型而改变。（　　）
6. 在进行喷涂操作过程中不必关注喷枪与工件的距离。（　　）
7. 在进行喷涂操作时对喷枪的移动速度是有一定要求的。（　　）
8. 使用环保型喷枪能够显著减少涂料用量。（　　）
9. 红外线烤灯适用于局部加热。（　　）
10. 喷烤漆房并不能为喷涂工作提供清洁的工作环境。（　　）

三、简答题

1. 在使用喷枪进行喷涂工作前应进行哪些方面的调整？如何进行？
2. 喷枪使用完毕后应该注意哪些问题？
3. 刮涂的手法有哪些？在车身轮廓特征线处如何刮涂？
4. 在喷涂长板件时如何走枪？

第六章
新车制造涂装

【学习目标】 1. 了解新车制造过程中的涂装流程。
2. 了解阴极电泳和阳极电泳的区别。
【重点难点】 重点：新车涂装前的清洗和磷化处理。
难点：面漆的涂装工艺。
【考核标准】 应知：新车涂装的工艺流程。
应会：能使用相关工具和设备。

　　新车涂装是汽车制造厂家车辆生产制造过程中的重要环节，新车涂装的工艺水平的高低、新车涂装质量的好坏直接关系到所制造车辆的销售情况。

　　此外，新车的涂装费用在整个新车制造成本中所占的比例达到 10%～20%，因此新车涂装工艺直接关系到车辆的制造成本和最终售价。最典型的事例就是同一型号的车辆由于不同种类的涂料所造成的价格差异。

　　由于车型众多，不同车型采用的涂装工艺也有所不同。比如现代大批量生产的小轿车大多采用自动流水线生产，涂装过程自动化程度高、速度快、产量大，所采用的涂料、工艺过程都和汽车修补涂装有相当大的差别。

　　而大型车辆的生产尤其是国内大型车辆制造过程中的涂装，由于其生产制造速度相对较慢、产量相对较小，所选用的涂料、工艺方法更接近于汽车修补涂装。

　　典型的小型轿车的涂装过程（此时车身上未安装任何部件和总成），从此可以看到其中既有自动化机械操作，也有工人的工作。但是工人的工作已经居于次位，只是作为机械操作的补充和修正。典型的轿车新车制造涂装流程如图 6-1 所示。

第一节　漆前表面处理

　　漆前表面处理非常重要，关乎后续所有工序的进行，这是一个关键处理流程。漆前处理流程如图 6-2 所示。

一、磷化处理前的清洗

1. 磷化处理前清洗的作用

　　涂装前的清洗工作是对已经焊接成形的车辆进行彻底的清洁，去除由于冲压成形、焊接过程中沾附在板件上的油污，以及在焊接成形后在储运过程中出于防锈目的涂附的防锈油

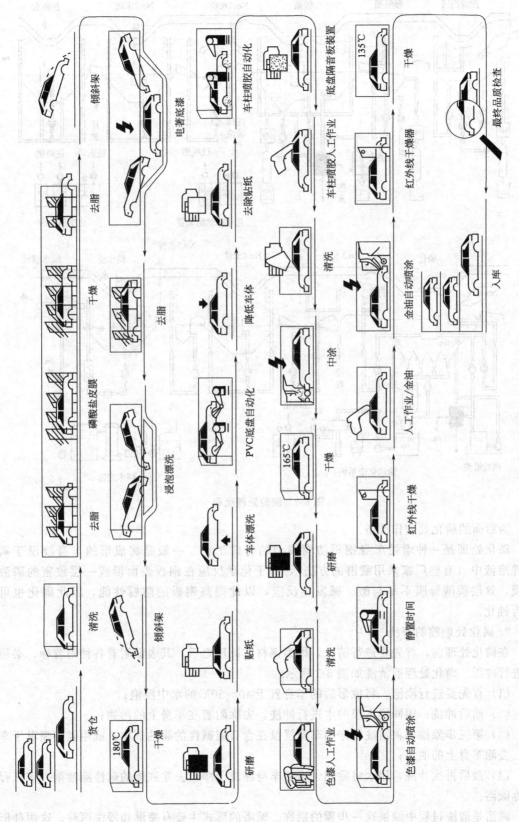

图 6-1 涂装流程

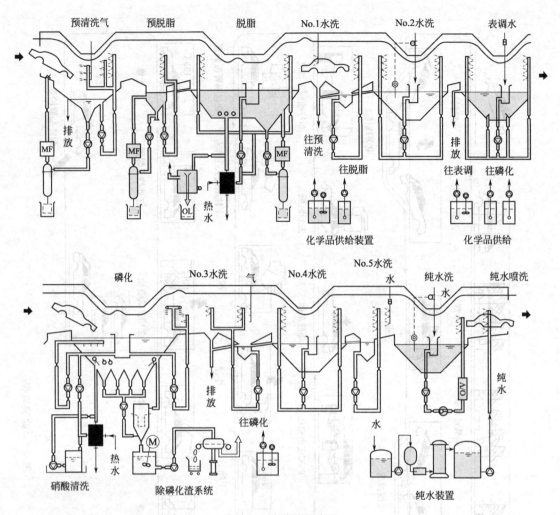

图 6-2 漆前处理流程

脂，为后面的磷化处理作准备。

磷化处理是一种增强车身钢板防腐能力的特殊工艺。一般是将成形的车身浸没于磷酸锌溶液中（有些厂家采用喷淋的方法），由于化学反应在钢板表面形成一层致密的磷酸锌膜，这层磷酸锌膜不易与酸、碱发生反应，以此提高钢板的防腐性能，因此磷化也可称为钝化。

2. 磷化处理前的清洗

在磷化处理前，首先要进行清洗，因为钢材在冲压之后，其表面附着各种附着物，必须要进行冲压。磷化处理前清洗如图 6-3 所示。

（1）首先要进行浸泡，将成形后的车身置于 40~50℃ 的水中浸泡；

（2）然后冲洗，用同样水温的水进行冲洗，去除附着在车身上的污物；

（3）第三步除油，将清洗干净的车身浸没在含有弱碱性的除油剂中，或用碱浴喷淋于车身，去除车身上的油污；

（4）最后再次冲洗，用水将除油干净的车身冲洗干净，去除残留的碱性除油剂，该流程俗称碱浴。

碱浴是清洗过程中除油这一步骤的别称。碱浴的形式主要有喷淋和浸洗两种，这两种形

热水洗1	热水洗2	除油脂	水洗
用40~50℃温度的热水清洗掉车身薄板脏物		用略有碱性的除油脂剂除掉冲压油或防锈油	清洗掉除油脂剂

图 6-3 磷化处理前清洗

式与碱浴相比较,其除油效果浸洗要比喷淋彻底,所获得磷化层更致密。

二、磷化处理

1. 浸没式磷化处理

首先将车身浸没入磷酸钛溶胶中,磷酸钛在车身钢板表面形成凝胶状表层。然后将车身浸入由磷酸锌、磷酸和加速剂组成的处理溶剂中,使车身钢板表面形成磷化层。浸没式磷化处理如图 6-4 所示。

表面调整　　　　　　磷酸锌处理

为形成致密的磷酸,首先将车身浸入磷酸钛溶液中,产生液晶　　　然后将车身浸入由磷酸锌、磷酸和加速剂组成的处理溶剂中,以使形成磷酸锌膜

图 6-4 浸没式磷化处理

2. 喷淋式磷化处理

将清洗过的车身用磷酸盐溶液喷淋,使车身钢板表面在喷淋过程中形成磷化层。

3. 磷化处理后的清洗、干燥

首先将经过磷化处理过的车身用大量的水冲洗,清除磷化处理后残留的磷酸锌等残留物。然后用纯水冲洗车身,为电泳底漆去除残留的、阻碍电泳底漆附着的多余磷酸锌离子。最后将清洗干净的车身在温度为 100℃ 以上的加温炉内加温以干燥清洗残留的水渍。磷化处理后的清洗和干燥如图 6-5 所示。

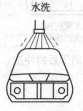 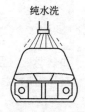 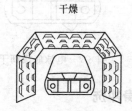

水洗　　　　　　纯水洗　　　　　　干燥

用大约三倍的时间清洗车身,除掉残余物　　　用纯水清洗车身,除掉残余的离子,这样有利于随后的电泳工艺　　　以100~110℃温度干燥车身

图 6-5 磷化处理后的清洗和干燥

第二节 电泳涂装

一、底漆的电泳处理

经过加温干燥的车身全部浸入装满电泳底漆的电泳池中,此时车身和电泳池中的涂料被加以相当高的直流电压,通常为200～300V,车身与电泳池中的涂料极性不同,涂料中的离子在电动势的作用下聚积于车身表面。电泳分为阴极电泳和阳极电泳两种,所使用的电泳涂料为水溶性涂料。使用电泳涂装不仅车身外表面能够得到良好的保护,其车身结构中一些腔体内壁都得到了很好的涂装保护。涂装电泳底漆如图6-6所示。

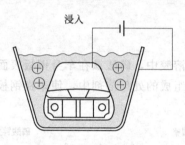

图6-6 涂装电泳底漆

电泳涂装一般分为阴极电泳和阳极电泳,主要是指加于涂料的极性是正极还是负极。如加于涂料的电极为正极,加于车身上的电极为负极,则此种电泳为阳极电泳;如加于涂料的电极为负极,加于车身上的电极为正极,则此种电泳为阴极电泳。阳极电泳比阴极电泳更加节省电力,所获得的涂膜具有更好的防腐能力。

二、电泳底漆的沥干

将电泳涂装完毕的车身吊入倾斜架,使车身上多余的电泳底漆由车身表面和结构腔体中流出。电泳底漆为高温烘烤型涂料,如不经过高温烘烤不会固化,所以不必担心电泳涂装完毕后,在进入倾斜架时电泳底漆干燥固化。电泳底漆沥干如图6-7所示。

图6-7 电泳底漆沥干

图6-8 沥干后的冲洗

三、车身冲洗

用大量的水冲洗经过倾斜架的车身,冲洗掉附着不牢的电泳底漆。由于电泳底漆是靠涂料粒子的沉积实现电泳底漆的涂装,因此不必担心用水洗会将已经沉积的涂料冲洗掉。同时电泳底漆为水溶性,不会存在多余涂料、不能清洁干净的情况。沥干后的冲洗如图6-8

所示。

四、漆膜加温干燥

将水洗过的车身送入烘烤炉，加温至120℃以上，并保持25～40min，使沉积在金属表面的底漆干燥固化，此时涂层厚度为15～20μm。漆膜加温干燥如图6-9所示。

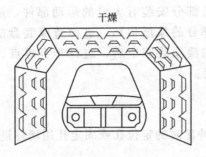

图6-9 漆膜加温干燥

五、阴极电泳工艺流程

阴极电泳工艺流程如图6-10所示。

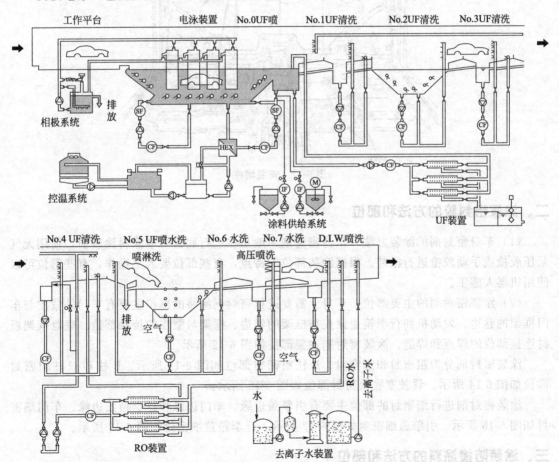

图6-10 阴极电泳工艺流程

第三节 密封和车底涂料的涂装

生产过程中车身的结构上有很多的焊点、接缝，如果不加以处理，在车辆使用过程中含有酸碱等有腐蚀作用的水或气体会侵入这些部位，使车身的防腐能力下降。此外在车辆行驶过程中汽车底盘部分安装有大量的运动部件，运行过程中振动较大，同时要经受砂石撞击造成底盘部分的涂层损坏，进而造成底盘防腐能力的丧失。为了防止这种情况的发生，在电泳底漆涂装完毕后，进行车身焊点、接缝部位密封剂和车身底盘部位防撞减振涂料的涂装。

一、堵件的安装

在涂密封胶之前先要将冲压时的定位孔或固定孔用堵件进行安装。安装堵件如图 6-11 所示。

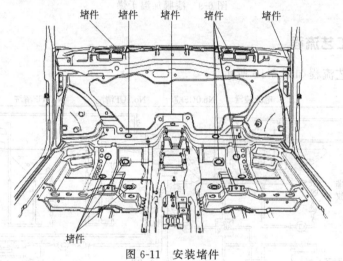

图 6-11 安装堵件

二、涂装密封胶的方法和部位

(1) 车身密封剂的涂装方法 车身密封剂一般是在进行底盘防撞涂料涂装前，使用无气泵压胶枪或手动胶枪进行涂装。根据涂装部位的特点，有些部位要人工操作，有些部位可以使用机器人施工。

(2) 涂装密封剂的主要部位 车身上需要进行密封剂涂装的部位主要有车门外蒙皮与车门框架的卷边、发动机和行李箱盖蒙皮与框架的卷边、框架与蒙皮的接触部位、底盘框架板材连接部位的焊点和焊缝。涂装密封剂主要部位如图 6-12 所示。

涂装密封剂分为粗密封和细密封。B柱粗密封部位如图 6-13 所示。B柱和C柱粗密封部位如图 6-14 所示。驾驶室底板密封部位如图 6-15 所示。

涂装密封剂进行细密封的部位主要有引擎盖边缘、车门边缘和行李箱盖边缘。车门细密封如图 6-16 所示。引擎盖细密封如图 6-17 所示。行李箱盖细密封如图 6-18 所示。

三、涂装防撞涂料的方法和部位

(1) 底盘防撞减振涂料的涂装方法 在进行完密封剂的涂装后，用遮盖材料将不需要涂

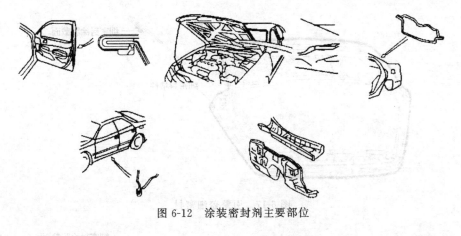

图 6-12 涂装密封剂主要部位

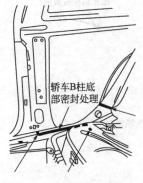

图 6-13 B柱粗密封部位

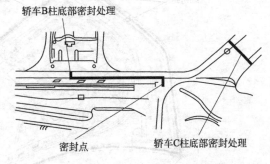

图 6-14 B柱和C柱粗密封部位

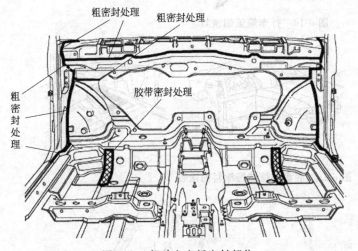

图 6-15 驾驶室底板密封部位

图 6-16 车门细密封

装防撞减振材料的部位遮盖、遮挡底盘上的通孔和安装定位孔。然后根据部位的不同用人工或机械喷涂防撞涂料。防撞减振涂料中主要含有沥青或极细小的胶体，起到防撞减振的作用。底盘防撞减振涂料的涂装方法如图 6-19 所示。

（2）涂装防撞减振涂料的部位 底盘需要涂装防撞减振涂料的部位主要是轮胎罩盖、乘员舱底面等部位。这些部位容易受到砂石的撞击。减振材料主要贴附在车门蒙皮件内表面和各易传音的内表面，使用的材料多为沥青质的抑振板。车门贴附减振部位如图 6-20 所示。

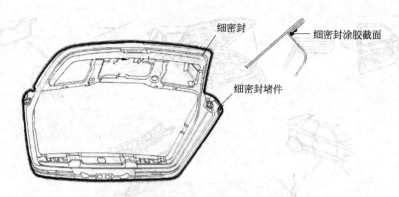

图 6-17 引擎盖细密封

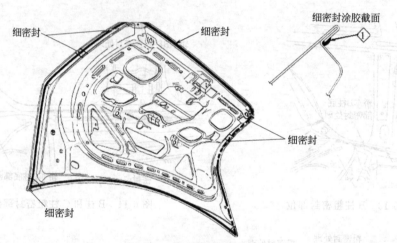

图 6-18 行李箱盖细密封

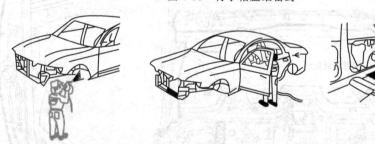

图 6-19 底盘防撞减振涂料的涂装

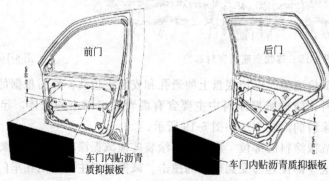

图 6-20 车门贴附减振部位

车底涂覆防撞减振材料涂覆部位如图 6-21 所示。

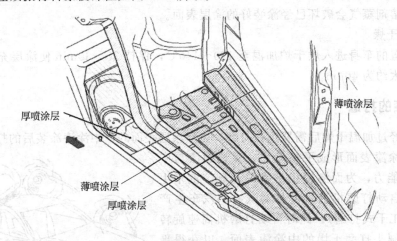

图 6-21　车底涂覆防撞减振材料涂覆部位

第四节　中涂漆涂装

中涂漆涂装是在进行完车身内外密封剂和车底保护涂料涂装完毕后进行的重要的涂装过程，其作用是增强底漆与面漆之间的附着力、提高面漆的机械强度、保证面漆表面的平整度。

一、中涂漆的静电喷涂

已经涂装完防撞涂料的车身随流水线进入中涂漆涂装工位，此时机器臂按设定程序进行涂装。车身内外全部由机械臂自动喷涂完成，为提高喷涂速度、减少涂料的浪费大多数汽车制造厂使用自动静电喷涂。涂装中涂漆如图 6-22 所示。自动静电喷涂设备如图 6-23 所示。

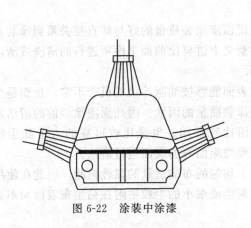

图 6-22　涂装中涂漆

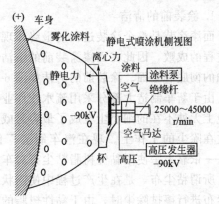

图 6-23　自动静电喷涂设备

二、涂后的静置和加温干燥

1. 涂装后静置

进行完中涂漆涂装后的车身需要静置一段时间，让车身表面涂料内的溶剂蒸发出一部分。由于汽车生产厂所使用的涂料为高温热固性涂料，干燥加温温度一般在 100℃ 以上，此时溶剂蒸发速度非常快。若在加温之前不让溶剂有缓慢的蒸发过程，就加以高温使涂层干燥，大量的溶剂蒸气会破坏已经涂装好的涂层表面。

2. 加温干燥

经过静置的车身进入烘干炉加温至 120～140℃，保持 20～30min 使涂层充分干燥。此时涂层厚度大约为 40μm。

三、中涂漆的打磨

中涂漆经过加温干燥后需要进行打磨，去除涂层表面的、中涂漆涂装后的打磨杂质和粗糙物。在中涂漆表面形成平整表面，保证面漆与中涂漆的附着能力，为面漆提供平整的基础。汽车生产厂多使用自动打磨机进行湿打磨（有些汽车生产厂也使用人工干式打磨）。此时自动打磨机高速旋转利用打磨机刷头打磨干燥的中涂漆表面，以获得平整的表面。打磨中涂漆如图 6-24 所示。

图 6-24 打磨中涂漆

打磨完毕后用水冲洗掉车身表面的打磨颗粒，然后用空气吹净车身表面多余的水分，最后进入烘干炉进一步加温，使车身内外的水分完全干燥。此时整个中涂漆涂装过程完毕，可以进入面漆涂装工序。

第五节 面漆涂装

面漆涂装决定车身表面涂层的最终效果，面漆涂装的好与坏对产品质量的好与坏有着重要的作用。

一、涂前的遮盖与清洁

1. 涂装前的清洁

面漆涂装是整个涂装过程的最终体现，可以说面漆涂装质量的好与坏直接关系到涂装全部过程的成败，因此在面漆涂装前的清洁在某种意义上讲要比前面工序所进行的清洗或清洁更加的彻底和全面。涂装前的清洁如图 6-25 所示。

由于新车制造大部分采用流水线作业，汽车表面能够被油脂污染的机会不多，反而是生产线上无处不在的细小尘粒成了最容易威胁面漆涂装质量的因素。因此面漆涂装前的清洁重点放在除尘的工作上。现在汽车制造厂仍然沿用比较常用、也是比较可靠的人工除尘操作——依靠人手使用黏性树脂粘尘布对车身上需要喷涂面漆的表面进行清洁。

所谓粘尘布，是在生产过程中使网状纤维布上均匀的布满适量的黏性树脂。因此在使用粘尘布进行擦拭除尘时，由于黏性树脂的黏性使灰尘或细小的尘粒粘附在粘尘布表面而不会脱落或再次被扬起，造成二次污染。

2. 涂装前的遮盖

现在新车制造过程中多采用人工方式在面漆喷涂前对不需喷涂面漆或一些有特殊要求的部位进行遮蔽，避免在喷涂面漆过程中被污染。新车制造过程中（尤其是面漆涂装）涂料的加温干燥温度相当高，一般情况下要求加温温度要在 100℃ 以上，这就要求遮盖所用的遮蔽材料要有很好的耐高温性能。涂装前的遮盖如图 6-26 所示。

图 6-25　涂装前的清洁

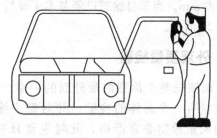
图 6-26　涂装前的遮盖

二、面漆的预涂装

汽车车身上有很多部位是机械喷涂不能达到的部位,这些部位主要是车身上的一些缝隙,比如:车门与车身连接接缝处、车门与车身框架的重叠处等。这些部位虽然平时处于遮盖状态,但是从车辆整体美观角度出发,要求这些部位与车身其他部位具有同样的颜色和涂装质量。由于机械喷涂只适合喷涂较大的表面和能够使用机械臂进行喷涂的部位,因此大多数汽车制造厂家在进行机械(或自动)喷涂面漆之前使用人工首先喷涂那些机械臂不能喷涂的部位。此时的人工面漆涂装可以称之为面漆的初次涂装或面漆预涂装。面漆初次涂装如图6-27 所示。

图 6-27　面漆初次涂装

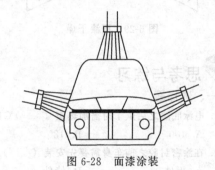
图 6-28　面漆涂装

三、面漆涂装

在进行完面漆初次涂装(面漆预涂装)之后大多数汽车制造厂使用自动喷涂设备进行高速、大面积的整体喷涂,此时自动喷涂设备多为程序控制的机械臂。为减少涂料的浪费和污染,喷涂方法多采用静电喷涂,所使用喷涂设备的雾化部分有压力雾化型、空气雾化型和旋杯雾化型。面漆涂装如图 6-28 所示。

面漆喷涂根据车辆所喷涂面漆种类的不同,适当调整喷涂工艺顺序。若喷涂素色面漆(单工序面漆),则在喷涂完面漆之后就可以进行下一道工序的操作。若喷涂金属效果或珠光效果的面漆(双工序或三工序面漆),则在喷涂完底色漆之后再喷涂清漆,方可进行下一道工序的操作。

四、面漆的干燥

在喷涂完面漆的车身在室温条件下静置 7~10min,以便于面漆中的溶剂有足够的挥发时间。防止由于突然加温使溶剂大量快速挥发,造成涂膜破裂。当涂膜中所含溶剂已经充分挥发后,就可以使涂装好的车身进入到高温烘烤炉中并逐渐提高温度到 120~150℃ 保持

20~30min。当车身涂膜已经基本干燥后，就可以进入最终质量检验工序了。面漆的干燥如图 6-29 所示。

五、外观质量检验

面漆是整个涂层的最外面的一层，当面漆喷涂完毕并干燥后，此时就需要对整个涂装质量有一个总体的检验，并对整个涂装过程进行总体评价。因为新车涂装生产过程中的质量控制非常严格，此时主要目视检查面漆表面有无划痕、灰尘颗粒、针孔、气泡。而对整个涂层的附着力、硬度等指标的检测只进行抽样检测。外观质量检验如图 6-30 所示。

此时整个新车制造过程中的车身涂装工序已经全部完成。经过检验合格的车辆进入总装。

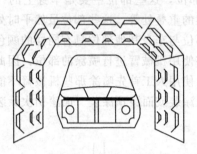
图 6-29　面漆干燥

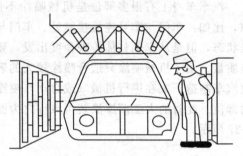
图 6-30　外观质量检验

思考与练习

一、选择题

1. 电泳底漆之后烘干时需加热至（　　）℃以上。
   A. 100　　　　B. 180　　　　C. 120　　　　D. 60
2. 在涂密封胶之前车身需要先安装（　　）。
   A. 附件　　　　B. 堵件　　　　C. 加固板　　　　D. 副车梁
3. 下列部位密封时需要细密封的是（　　）。
   A. 引擎盖内侧边缘　　B. 翼子板　　C. 保险杠　　D. B柱
4. 现代新车制造工艺中在涂装中涂漆时主要采用（　　）涂装工艺。
   A. 刷涂　　　　B. 喷涂　　　　C. 刮涂　　　　D. 静电喷涂
5. 新车（　　）在涂装时需要预喷涂。
   A. 底漆层　　　B. 中涂层　　　C. 面漆层　　　D. 清漆层

二、判断题（正确画√，错误画×）

1. 新车磷化处理是为了提高漆膜的装饰性。（　　）
2. 磷化处理前浸泡时不需要对水进行加热。（　　）
3. 表面调整主要是为了形成致密的磷化层。（　　）
4. 阴极电泳时涂料所加的电荷为正电荷。（　　）
5. 阳极电泳时车身所加的电荷为正电荷。（　　）
6. 车身减振主要依靠沥青质抑振板进行抑振。（　　）
7. 新车制造涂装和汽车修复涂装一样，中涂漆喷涂后也需要打磨。（　　）
8. 面漆的预喷涂主要是为了减少喷涂次数，降低工人劳动强度。（　　）
9. 所有的汽车在出厂时都要进行涂膜硬度、附着力和光泽度等检测。（　　）

三、简答题

1. 思考新车制造过程中的涂装过程是否符合前处理、涂装、干燥这三个基本步骤。
2. 简述磷化处理的程序。
3. 如何区分阴极电泳和阳极电泳?
4. 简述新车面漆涂装的程序。

第七章
汽车车身的涂装修理工艺

【学习目标】 1. 掌握原涂层及底材的判别方法和损伤评估方法。
2. 了解底材处理效果对涂装的重要性,掌握底材处理的基本方法。
3. 掌握底材羽状边的打磨和底材砂光的基本方法和注意事项。
4. 掌握原子灰的刮涂与打磨的方法。
5. 了解常见的遮蔽材料,掌握局部修复和整车涂装的遮蔽方法。
6. 了解底涂层、中涂层和面涂层作用,掌握底漆、中涂漆和面漆的涂装流程和基本手法。
7. 了解喷涂缺陷修复的常见方法。

【重点难点】 重点:底材处理方法、原子灰的刮涂与打磨、遮蔽方法和各涂层的涂装方法。
难点:羽状边的打磨、面漆层的特殊喷涂手法。

【考核标准】 应知:底材类型、原子灰类型、各涂层涂料的特性和遮蔽的原则与方法。
应会:能作简单羽状边,原子灰可简单刮涂和打磨,各涂层基本喷涂手法。

第一节 喷涂前处理

一台漆面受损的汽车,从接待到修复后交车,一般要经过系列工作,其基本顺序是:清洗、评估损坏程度、底材处理、底漆喷涂、中间涂料涂装、面漆喷涂、面漆层干燥、抛光和清洗、交车。但不同的漆面、板材和损坏形式,其涂膜修补程序和要求是不同的。

一、原涂层及底材的判别

在对汽车修复前,要对汽车进行清洁,视汽车受损程度和要求,可进行全车清洗,也可对受损部分进行局部清洗。

1. 清洗
(1) 全车清洗
① 冲洗部位。尽管涂装修复的可能是车身的某一块板件或板件的某一部分,但仍需要彻底清洗整车上的泥土、污垢和其他异物,尤其注意门边框、行李箱盖、发动机罩缝隙和轮罩处的污垢,如果不清除干净,新的漆膜上就可能会沾上很多污点。全车清洗的部位如图7-1所示。
② 全车清洗步骤。全车清洗步骤的基本步骤和内容见表7-1。

图 7-1 全车清洗的部位

表 7-1 全车清洗步骤的基本步骤和内容

序号	冲洗步骤
1	取出地毯清洗、晾干,清理烟灰盒、坐垫等物品
2	冲车,对车身容易藏污纳垢的部位要重点冲洗,不能残留泥砂等物
3	采用高压泡沫清洗机向车身上打泡沫,从上向下的顺序擦洗车身
4	将擦洗后的车身再冲洗一遍,其方法和顺序同前述冲车操作,进一步将车身冲洗得更清洁,也可进一步检查上道工序擦洗的效果
5	采用"一遍毛巾、两遍麂皮"擦拭方法擦拭汽车
6	吹干、检查验收

(2) 车身待涂装表面的清洗　车身待涂装表面的清洗主要采用除油剂清洗。它的作用是溶解和去除油脂、润滑油、污垢、石蜡、硅酮抛光剂以及手印等。

2. 原涂层及底材损伤评估方法

正确地评估损坏程度,是确定维修成本,保证涂装质量的关键因素之一。对损坏进行了正确的评估后,才能确定修补范围,从而确定各道处理工序的范围、确定过渡区域、需遮盖保护的部位、需拆卸的零件等,为后续工序的正确实施及保证满意的修补质量奠定基础。

(1) 原涂层涂料的判别

① 视觉判别法。即通过仔细观察,根据不同涂料的不同特征进行判断。这种方法往往需要很多的实际经验,有时还要配合适当的识别操作等才能比较准确地判断。

a. 若车辆特征线附近的表层结构粗糙,或经过摩擦后能够产生一种"抛光结构",则可初步判定原涂层是抛光型涂料,一般为硝基树脂型。

b. 若出现一种丙烯酸聚氨酯型涂料特有的光泽,可以断定原涂层是丙烯酸聚氨酯型涂料。

② 溶剂涂抹判别法。溶剂涂抹判别法是指用普通硝基稀释剂在原涂层上进行涂抹擦拭,通过观察有无溶解现象判别原涂层是否为溶剂挥发干燥型涂料。

检查时应使用白色的软布蘸上硝基稀释剂在破损涂层周围或在车身隐蔽部位轻轻擦拭:

a. 若原涂层溶解,并在布上留下痕迹,说明原涂层属于溶剂挥发干燥型。

b. 若原涂层不溶解,说明原涂层属于烘干型或双组分型。

c. 丙烯酸聚氨酯型漆层不易溶解,但稀释剂会减少漆面光泽。

d. 若原涂层为自然挥发干燥型涂料，则在修补喷涂时要充分考虑新涂层中的溶剂成分会溶解原涂层，造成咬底等涂膜故障。

③ 加热判别法。加热判别法用来判别原涂层是热固性还是热塑性。如果原涂层为热固性涂料，则在修补喷涂时应选用同类型的涂料，或将旧涂层完全打磨掉后再使用热固性涂料。

用红外线烤灯对测试板进行加热即可很容易地进行判别，如果漆面有软化现象则可证明为热塑性涂料。

④ 硬度判别法。由于各种面漆干燥后漆膜的硬度不同，大体上看双组分漆和烘干漆硬度较高，而自干漆硬度较低。

⑤ 厚度判别法。各种面漆由于性质不同，其涂层厚度是不一样的，所以可通过用厚度计测定漆膜厚度来判定面漆的大致类型。

⑥ 电脑检测判别法。利用电脑调色系统可直接获得原车面漆的有关资料，这是目前涂装行业中普遍使用的检测方法。此方法方便快捷，只需将原车车身加油口装饰盖拿来，利用仪器很快就能准确无误地判别面漆的类型。

旧涂层类型判别的方法见表 7-2。各种类型的旧涂层和新涂层的配套性见表 7-3。

表 7-2　旧涂层类型判别的方法

原有的漆层	分类的方法		
	视觉判别法	溶剂涂抹判别法	加热判别法
醇酸磁漆	表面被填实	不溶解	有一定程度的软化
聚丙烯漆	不宜使用此法	溶解	软化
聚丙烯磁漆	不宜使用此法	不宜使用此法	有一定程度的软化
聚氨酯磁漆	抛光的表面	不宜使用此法	不宜使用此法
聚丙烯聚氨酯漆	抛光的表面	难溶解	有一定程度的软化
聚丙烯聚氨酯磁漆	有光泽并伴有橘皮缺陷	不宜此法	不宜使用此法

表 7-3　各种类型的旧涂层和新涂层的配套性

新涂层	旧涂层					
	醇酸磁漆	聚丙烯漆	聚丙烯磁漆	聚氨酯磁漆	聚丙烯聚氨酯漆	聚丙烯聚氨酯磁漆
醇酸磁漆	□	△	□	□	△	□
聚丙烯漆	△	△	△	□	△	□
聚丙烯磁漆	□	△	□	□	△	□
聚氨酯磁漆	△	△	△	□	△	□
聚丙烯聚氨酯漆	△	△	△	□	△	□
聚丙烯聚氨酯磁漆	□	△	□	□	△	□

注：△—重新喷涂时必须使用特定的原子灰或封闭涂料；□—能够重新喷涂。

(2) 底材损伤评估方法

① 目测评估方法。根据光照射钣金件的反射情况，以评估损坏的程度及受影响面积的大小。稍微改变人的眼睛相对于钣金件的位置，即可看到微小的变形。

② 手触摸评估方法。戴上手套（最好为棉质薄手套），从各个方向触摸受损的区域，但不要用任何压力。如图 7-2 所示。

③ 直尺评估方法。将一把直尺放在车身另一边没有被损坏的区域上，检查车身和直尺

间的间隙；然后将直尺放在被损坏的车身钣金件上，评估被损坏的和未被损坏的车身板之间的间隙相差多少。如图 7-3 所示。

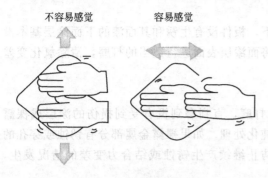

图 7-2 手触摸评估

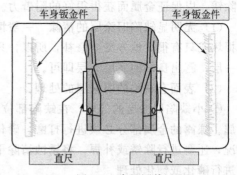

图 7-3 直尺评估

如果在用直尺评估时，损坏件有凸出部分，将影响评估操作，此时可用冲子或鸭嘴锤，将凸起的区域敲平或稍稍低于正常表面，如图 7-4 所示。

3. 底材的判别方法

随着汽车制造业的发展，制造汽车车身所用的材料种类日趋多样化，对不同的底材在进行修复处理和喷涂修复时需采用不同的操作，在施涂原子灰或侵蚀性底漆时更应对底材有准确地判断，正确地选用涂料和施工工艺。因此，准确地判定底材是何种材料、何种类型，对车身的修复具有重要的意义。目前车身制造常用的金属板材主要

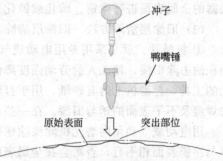

图 7-4 用冲子或鸭嘴锤修正表面

有：钢板、镀锌板、铝或铝合金板。根据金属的不同性质可以对相应的底材作出正确判断。

(1) 钢板的判断　钢板机械强度较高，表面比较粗糙，未经加工的表面一般呈现灰黑色，有些部位会有铁锈存在。钢板表面经过粗糙砂纸打磨后会显露出白亮的金属光泽，但从侧面观察，颜色有些变暗；钢板耐强碱侵蚀的能力较强，使用强碱对经过打磨后的表面进行浸润或涂抹一般不会有太大的反应。

(2) 镀锌钢板的判断　钢板表面经热浸涂或电镀的方法镀上一层锌，可以大大提高表面的防腐能力。未经加工的镀锌板表面常有银色的光芒，有些镀锌板表面有鱼鳞状花纹。使用中的镀锌板表面没有铁锈，裸露处常显现灰白色，经过砂纸打磨的地方比钢材表面更加白亮且侧光时变暗的程度也要轻一些；镀锌板不像钢板耐强碱的侵蚀，使用强碱浸润或涂抹时多会留下发黑的痕迹。

(3) 铝及铝合金板材的判断　铝的机械强度较低，汽车上一般使用铝合金板材。铝合金板材的机械强度较好但较轻，板材表面比钢板和镀锌板都要光滑，不耐强碱，经处理后表面形成氧化膜，打磨后可显露白亮的内层金属。通过打磨后涂抹强碱的方法，可以比较准确地加以区分。

二、底材的处理

1. 旧涂层的去除

汽车清洗后，要仔细检查车身漆面，寻找漆膜破损迹象，如气泡、龟裂、脱落、锈蚀以

及在整形、焊接等修理过程中引起的部分损坏。对于上述破损，务必将旧漆膜清除掉，清除程度可根据旧漆膜的损坏程度和重新涂装后的质量要求，进行全部和部分清除。生锈部位必须除锈，以保证金属面获得很好的附着力。

(1) 无明显缺陷旧涂层的清除　一般情况下，板件没有生锈和其面漆的下面涂层基本没有损坏或只有很少地方需要修补，所以，只要将面漆层表面进行适当的打磨，清除氧化变差的一层，露出良好的底层涂层即可。

(2) 表面有缺陷的旧涂层的处理

① 小缺陷旧涂层的处理。在缺陷部位进行打磨，直到磨到没有受到损伤的涂层或裸露金属。裸露的金属部分必须进行打磨、磷化或钝化处理。如果裸露金属部分有锈蚀或穿孔的情况，还要进行除锈或补焊，将锈蚀清除干净防止继续产生锈蚀或结合力变差的情况发生，并进行磷化或钝化处理。

② 较大面积缺陷旧涂层的处理。针对较大面积缺陷旧涂层进行处理时，可以用喷砂机进行喷砂除漆除锈，或用化学法及打磨的方法将旧涂层脱漆，然后进行必需的清洁处理。对裸露的金属表面进行除锈、磷化或钝化处理。

(3) 旧涂层清除方法　旧涂层清除方法很多，有机械法、喷砂法及化学法等。

① 机械法。就是采用专用电动或气动打磨机，除去旧漆的方法。这种方法一般用于小面积的去除旧漆，使工人的劳动强度降低，除漆效率提高。角向磨光机和打磨机是以动力驱动的工具，打磨机上附有砂纸，用于打磨涂料表层、原子灰或底漆。角向磨光机可快速地除去焊缝及不平表面的锈与旧漆。在一些小面积位置除锈除旧漆时，可用小型磨光机。

用电动或气动角向磨光机除漆除锈作业时，如果使用的是硬质打磨头，磨光机转轴要保持与涂膜表面相平行，否则会在金属表面留下较深的打磨痕迹；如果是柔性打磨头，磨光机转轴要保持与涂膜表面的接触夹角在10°~15°。磨光机转轴与涂膜表面的接触如图7-5所示。

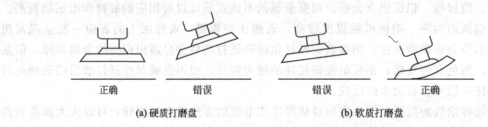

(a) 硬质打磨盘　　　　(b) 软质打磨盘

图7-5　磨光机转轴与涂膜表面的接触

打磨操作方法：

a. 穿戴好安全劳保用品。

b. 戴好手套，然后轻轻地触摸待打磨表面，这有助于操作工人决定如何进行打磨。

c. 握紧角向磨光机，打开开关并将其以大约10°~15°移向待加工表面。

d. 使角向磨光机向右移动，磨光机叶轮（砂轮片）左上方的1/4对准加工表面，如图7-6所示。

e. 当磨光机从右向左移动时，磨光机叶轮（砂轮片）右上方的1/4对准加工表面，如图7-7所示。

f. 打磨较为平整的表面时的移动方式如图7-8所示。

g. 对于较小的凹陷处，应采用如图7-9所示的方法。

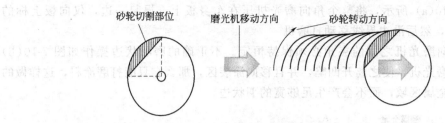

图 7-6 角向磨光机向右移动

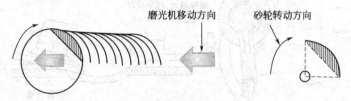

图 7-7 磨光机从右向左移动

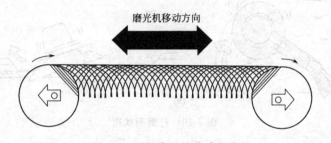

图 7-8 平整表面的移动方式

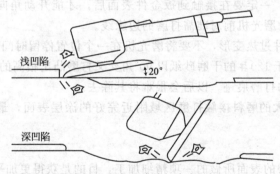

图 7-9 小凹陷的打磨方法

② 化学除漆法。化学除漆法主要用于大面积旧涂膜的清除,采用机械法既费时间,又会引起变形,改用化学除漆法既省时间又不会引起板件变形。化学除漆法主要使用脱漆剂对旧漆层进行脱漆,但是脱漆剂有强化学特性,使用脱漆剂时应注意以下事项:

a. 进行脱漆操作的工作间必须通风良好。

b. 必须佩戴呼吸保护器,避免呼吸脱漆剂的蒸气,不得和皮肤、眼睛直接接触。

c. 如皮肤偶然接触到脱漆剂,则迅速使用大量清水反复清洗。

d. 避免涂料剥离剂与热源接触,因为遇热涂料剥离剂就可能汽化产生有毒蒸气。

2. 羽状边的打磨

清除了涂膜的边缘呈很厚的凹凸状,为了产生一个宽的、平滑的边缘,使施涂的各涂层平和过渡,增加涂层之间的附着力,可以将涂膜的边缘打磨,也称为磨羽状边。正确的磨羽状边操作如图 7-10(a) 所示，将整个角向磨光机压在车身板上，提起一边，仅向板上标的"A"的区域施压，然后沿边界线移动打磨机。

边界线和角向磨光机之间的夹角必须保持恒定。不正确的磨羽状边操作如图 7-10(b) 所示，如果提起磨光机，使之离开凹陷，并且移向涂装区，那么它只能打磨涂料，这样做的结果是扩大裸露金属区域，而不会产生足够宽的羽状边。

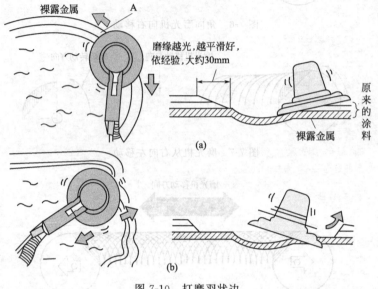

图 7-10　打磨羽状边

打磨羽状边的注意事项：

① 操作打磨机时，一定要在接触到钣金件表面后，才能开动角向磨光机。否则会出现较深的沟槽，且在开动磨光机前对准需打磨的边缘线。

② 为了防止钣金件过热变形，不要将磨光机在一个位置停留时间过长。

③ 不允许采用低于 120# 的干磨砂纸以 90°角交叉打磨凸出很高的表面，此时不要用力，这样做将会造成很深的打磨痕迹，以后会很难将其除去。

④ 千万不要让粗大的磨料接触打磨区域附近完好的涂层表面，最好用胶带把完好的涂层部位保护起来。

3. 砂光操作工艺

砂光是对经粗打磨的表面所做的一项精细加工，目的是获得更加平整的表面。

（1）将旋转着的砂轮前方对着表面，而后方稍稍离开表面一点。保持这个方位，上下移动打磨机进行打磨。每一道磨痕之间覆盖面积大约 50%～60%，如图 7-11 所示，这将有利

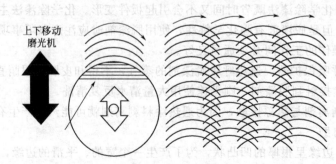

图 7-11　砂光操作

于砂平作用。

(2) 用戴着手套的手在打磨过的表面上来回摸一下,检查打磨效果。重复上述打磨过程,直到完成打磨工作的 3/4 左右。

(3) 更换细砂纸或砂轮片。

(4) 重复打磨操作,先用打磨的方法,然后用砂光的方法,直到表面达到所要求的平整度。

(5) 清洗车身。

4. 清洁除油

(1) 清洁除尘　使用压缩空气吹尘枪吹去表面的灰尘垃圾。

(2) 除油　汽车的主要部件为钢铁等材料制成,在加工、储运过程中常使用以矿物或动、植物油脂为基础成分,加有各种有机添加剂或无机物质的油品保护,这是汽车钢铁部件表面的主要油污来源。另外,经除旧漆处理后裸露的金属表面,也会因操作过程(如手触摸)而沾有油脂。油污的存在,会影响酸洗除锈和磷化质量,影响涂层的干燥性能和降低涂层的附着力。油污清除的难易程度与油污组成的物理化学性质有关。动植物油可以皂化,可用皂化、乳化和溶解作用除去。矿物油不能皂化,主要靠润湿、乳化、溶解、分散等作用除去。通常黏度越大、熔点越高的油污越难清洗。极性较强的油污,由于对金属表面的附着力强,也较难清洗。因长期存放或高温烘烤形成的氧化性干膜很难清洗。带有固体微粒的润滑剂、研磨、抛光膏的清洗也很困难。

在现在的汽车修补中,待涂装的板件表面除油主要使用除油剂,以清洁布沾些除油剂擦干涂装的板件表面并马上用另一清洁布抹平。除油剂分为快干型和慢干型,在环境温度低的情况下使用慢干型的除油剂(如夏季),环境温度高时使用快干型的除油剂(如冬季)。

第二节　底层涂料施工

汽车表面的漆膜一般是由三个涂层共同构成的,最接近金属板件的一层称为底漆涂层。由于所处的层次不同,各个涂层使用涂料的特点和功能也各不相同。

底涂层位于中涂层的里面,其覆盖的底材可能是裸露的钣金件或塑料件。作为底材表面由里向外的第一个涂层,它又有很多独特的作用,可以防止金属底材的锈蚀、增强外围漆膜的附着力等,但是它不具有填充性。底涂层的作用主要有以下几点。

(1) 隔离保护作用　汽车底漆涂料有别于其他涂料,将它们涂到金属表面,干燥后形成一层致密的漆膜,可以严实地封闭住金属表面,从而将空气中的氧气、水分、酸碱雾气等对金属有侵蚀作用的物质和金属底材隔离起来,进而形成对底材金属板件的保护。

(2) 阻隔渗透作用　底涂层可以防止中涂、面涂层油漆、溶剂向内渗透,引起底材的不良反应,减少外围漆膜起皱、龟裂等毛病。

(3) 提供附着基础　底涂层的施工及其本身的工艺特性,决定了车身所有涂层的基本力学特性,诸如附着力、涂膜硬度和厚度等。增加外围漆膜附着力双组分底漆的结构性较强,与金属表面的直接结合力较强,以增强中涂层和面涂层的附着力,避免油漆的脱落和开裂。

(4) 媒介作用　有些特殊底材是不可以直接喷涂面漆的,比如铝材、塑料等,否则会因材料之间的相互反应或不粘合而产生脱落。对于这些特殊底材,就是直接喷底漆也要选取合适的涂料,像喷涂铝材时一定要用合金底漆,塑料件时一定用塑料底漆等,只有这样,它们才可在底材和外围漆膜之间,起到良好的桥梁作用,也就是所谓的媒介作用。

一、底漆的一般知识

1. 底漆的类型

底漆是直接涂覆于施工物体表面的涂料，它是工件表面的基础用料，既是腻子层中间的用料，又是底层涂料与面漆连接用料。

底漆根据其使用目的不同可分：头道底漆、头二道合用底漆、二道底漆、表面封闭底漆等。

（1）头道底漆　头道底漆的颜料含量最低，填充性能较弱，具有较强的附着力，较难被砂纸打磨。

（2）头二道合用底漆　头二道合用底漆的颜料含量比头道底漆多，相对地说，胶粘剂含量较少，附着力不如头道底漆强，而具有较强的填充性能，往往被用作单独的底漆，也可充作头道底漆。

（3）二道底漆　二道底漆具有最高的颜料含量，它的功能是填塞针孔、细眼等，具有良好的打磨性。

（4）封闭底漆　封闭底漆含颜料成分较低，主要用于填平打磨痕迹，给面层涂料提供最大光滑度，使面层涂料丰满，并可防止产生失光、斑点等现象。一般用于面漆喷涂前最后一道的中层涂层，漆膜光亮。

2. 涂料的选配与调制

搞清楚所需要修补车辆原来的涂装系统以及每一道涂层所采用的漆种，是做好汽车修补涂装非常重要的一步，也是做底层涂层首先要掌握的信息。汽车制造总装厂通常所采用的涂装系统大体上可归纳为以下几类：

底漆-腻子-本色面漆；

底漆-腻子-中间涂料-本色面漆；

底漆-腻子-中间涂料-单层金属闪光漆；

底漆-腻子-中间涂料-金属闪光底色漆-罩光清漆；

底漆-腻子-中间涂料-本色底色漆-罩光清漆；

底漆-腻子-防石击中间涂料-中间涂料-金属闪光底色漆-罩光清漆；

底漆-腻子-中间涂料-金属闪光底色漆-底色漆-罩光清漆；

底漆-腻子-防石击中间涂料-中间涂料-金属闪光底色漆-底色漆-罩光清漆。

知道车辆的涂装系统只是选配修补底漆的重要一步，但如果只能得到涂装系统的有关信息，而无法了解到配套涂料的品种，就要根据各类涂料各自不同的特性和匹配要求进行选配。一般应根据被涂物面材料、使用环境、施工条件及经济效果等进行合理的选配，尤其要注意底漆、中涂漆、面漆三者的合理配套。通常涂层之间采用同类涂料配套是最简单而切合实际的办法，但有时候不同品种之间的合理搭配，反而可以使整个涂装系统显示出更为优异的性能。反之如果三者调配不当，就会严重影响施工质量。

① 根据被涂物面材料进行选配。由于各种物面材质的极性和吸附能力不同，因而需合理选用与物面材料性质相适应的涂料。涂料与被涂材质的适应性见表 7-4。

② 根据使用的环境条件进行选配。不同的地区不同的气候，对汽车的适应性有不同的要求。如南方湿热地区使用的汽车，要求涂料对湿热、盐雾、霉菌有良好的三防性能；在北方干寒地区使用的汽车，要求其涂料有一定的耐寒性能。另外在不同的环境下，对涂料的耐候、耐磨、耐冲击和耐汽油等性能都有不同的要求。涂料适应的环境条件见表 7-5。

表 7-4 涂料与被涂材质的适应性

基材\涂料	钢铁	轻金属	塑料	木材	皮革	玻璃	纺织纤维
油脂漆	5	4	3	4	3	2	3
醇酸树脂漆	5	4	4	5	5	4	5
氨基树脂漆	5	4	4	4	2	4	4
硝基漆	5	4	4	5	5	4	4
酚醛漆	5	5	4	5	2	4	4
环氧树脂漆	5	5	5	4	3	5	—
氧化橡胶漆	5	3	3	5	4	1	4
丙烯酸酯漆	4	5	5	4	4	1	4
有机硅漆	5	5	4	3	3	5	5
聚氨酯漆	5	5	5	5	5	5	5

注：5—适应性最好；1—适应性最差。

表 7-5 涂料适应的环境条件

条件\涂料	酚醛漆	沥青漆	醇酸漆	氨基漆	硝基漆	过氯乙烯漆	丙烯酸漆	环氧漆	聚氨酯漆	有机硅漆
一般条件下用,耐候性、装饰性好			●		●		●		●	
一般用,防潮性、耐水性好	●	●					●	●		
化工条件下用,耐腐蚀性好	●	●				●	●	●	●	
湿热条件下用,三防性好			●		●	●	●	●	●	
高温条件下用										●

③ 根据涂料施工条件进行选配。不同涂料的性能差异，要求的施工方法就不同，因此选用涂料要根据现有的涂装设备和涂料所适应的涂装方法进行选择。施工方法和适用涂料见表 7-6。

表 7-6 施工方法和适用涂料

涂装方式\油漆	酚醛漆	沥青漆	醇酸漆	氨基漆	硝基漆	过氯乙烯漆	丙烯酸漆	环氧漆	聚氨酯漆
刷涂	●	●							
浸涂	●		●			●	●	●	●
电泳									
高压空气喷涂	●		●		●		●	●	●
高压无气喷涂				●					
静电喷涂	●		●				●		●

④ 根据涂料的配套性进行选配。在汽车涂装中，各种底漆、腻子、面漆，由于其性能不相同，并不是都能搭配。如果配套不当，会产生涂膜间附着力差，起层脱落，咬底泛色等现象，严重影响施工质量。涂料的合理配套性见表 7-7。

表 7-7 涂料的合理配套性

面漆类型＼底材材料	钢铁材料	铝镁及铝镁合金	锌及锌合金	铜及铜合金
酚醛漆	酚醛底漆 醇酸底漆	锌黄纯酚醛底漆 磷化底漆	锌黄环氧底漆 锌黄环氧醇酸底漆	酚醛底漆 磷化底漆
沥青漆	沥青底漆 酚醛底漆	沥青底漆	沥青底漆	沥青底漆
醇酸漆	醇酸底漆 环氧底漆	锌黄酚醛底漆 锌黄醇酸底漆	醇酸底漆 磷化底漆	酚醛底漆
氨基漆	醇酸底漆 氨基底漆 环氧底漆	锌黄环氧底漆	酚醛底漆 磷化底漆	环氧底漆
硝基漆	醇酸底漆 硝基底漆 环氧底漆 氨基底漆	锌黄酚醛底漆 锌黄醇酸底漆 锌黄环氧底漆	酚醛底漆 醇酸底漆 环氧底漆	酚醛底漆 环氧底漆
过氯乙烯漆	酚醛底漆 醇酸底漆 过氯乙烯底漆 丙烯酸底漆 磷化底漆	锌黄酚醛底漆 锌黄醇酸底漆 锶、锌黄丙烯酸底漆 磷化底漆	酚醛底漆 醇酸底漆 环氧底漆 磷化底漆	酚醛底漆 过氯乙烯底漆 丙烯酸底漆 磷化底漆
丙烯酸漆	酚醛底漆 醇酸底漆 环氧底漆 丙烯酸底漆 磷化底漆	锌黄酚醛底漆 锶、锌黄丙烯酸底漆 磷化底漆	酚醛底漆 环氧底漆	酚醛底漆 环氧醇酸底漆
环氧漆	环氧底漆	锌黄环氧底漆	环氧底漆	环氧底漆
聚氨酯漆	聚氨酯底漆 硝基二道底漆	锌黄聚氨酯底漆	聚氨酯底漆	聚氨酯底漆

⑤ 根据涂层的厚度进行选配。涂膜的保护力一般是随涂膜厚度的增加而提高的，在不同使用条件下，涂层的厚度应控制在一定的范围内。若涂层低于厚度的下限，就不能有满意的保护作用，还会出现露底，或肉眼看不见的针孔，外界的水分、化学腐蚀介质等容易侵蚀到涂层内部，降低涂层的寿命。但涂层过厚就会增加成本，还会引起回黏、起泡、皱纹等质量问题。通常涂层控制厚度见表 7-8。

表 7-8 涂层厚度的控制范围

序号	使用环境	通常涂层控制厚度/μm	序号	使用环境	通常涂层控制厚度/μm
1	一般性涂层	80～100	5	有侵蚀液体冲击的涂层	250～350
2	装饰性涂层	100～150	6	耐磨损涂层	250～350
3	保护性涂层	150～200	7	厚浆涂层	350～1000
4	有盐雾的海洋环境用涂层	200～250			

二、喷涂前的贴护

全涂装和局部修补涂装，对不需喷涂的部位都应遮盖起来。对于这种遮盖作业，所用的纸和粘贴带，都有定型产品，可以根据不同的场合灵活选用。常用不同型号的遮盖纸如图 7-12 所示。多功能遮盖纸裁纸架如图 7-13 所示。

图 7-12 遮盖纸

图 7-13 多功能遮盖纸裁纸架

1. 遮盖材料

在进行遮盖作业时，应根据不同的场合使用不同宽度的带状牛皮纸。这种遮盖专用纸的宽度分别有 10cm、20cm、30cm、45cm、50cm 等种类。粘贴带宽度也有 9.5mm、12.7mm、25.4mm 等几种。可视情况灵活选用。

很多小型维修企业使用报纸进行遮盖也很方便，但是由于报纸在粘贴时，其接口的密封性和厚度不够，所以有时候需要注意是否有透漆的可能性。还有比较厚的纸带也可以利用。能盖住轮胎和车身侧面的专用遮盖罩，用起来最为方便。

在准备喷涂过程中，遮盖是很重要的一步。由于使用的环境复杂，有的适用于炎热干燥的沙漠地区，有的则适用于寒冷潮湿的区域。

粘贴带的选择要从使用角度来考虑，最重要的是粘贴力要强，而且是不论任何季节和气候，都具有稳定的粘贴力，加热时粘贴力也不发生变化。加热就脱落或者要揭掉时粘附在被涂装面上脱不下来的粘贴带，应避免使用。除此之外，要便于揭脱，揭掉后粘贴剂不残留。另外粘贴带的纸质要好，同时要便于用手指切断。一方面粘贴带强度不要太小，以免产生破损或产生斜向切断。另一方面又不能强度太高，以致无法用手指切断，使用起来又不方便，两者要兼顾。

2. 遮盖的方法

(1) 粘贴带的基本贴法 粘贴带应选用质量好的，若质量差，使用后会出现粘贴剂残留或其他问题，造成不必要的麻烦。聚氨酯涂料需加热干燥，应使用耐热胶带纸。粘贴带的基本贴法如图 7-14 所示。

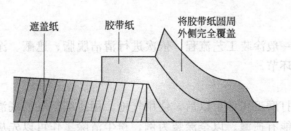

图 7-14 粘贴带的基本贴法

(2) 装饰条和嵌条的遮盖　当用胶带粘贴装饰条、嵌条等表面时，用一只手的手指塞入胶带卷中间的孔中，把大拇指放在胶带的外面，控制胶带的方向。拉伸胶带时，胶带的粘贴面背向操作者。装饰条和嵌条的遮盖如图7-15所示。

(3) 风窗玻璃的遮盖　覆盖窗玻璃时，主要使用50cm宽的纸，不够的部分再用10~20cm宽的纸粘贴上。四周用12~15mm宽的粘贴带粘住。风窗玻璃的遮盖如图7-16所示。

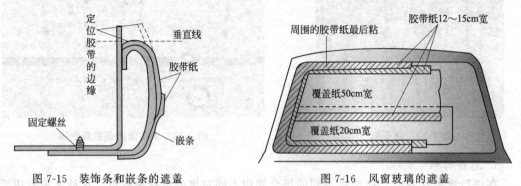

图7-15　装饰条和嵌条的遮盖　　　　图7-16　风窗玻璃的遮盖

(4) 喷涂两种颜色时的遮盖　当汽车被喷涂成两种不同的颜色时，应首先喷涂一种颜色（底色漆）。油漆干燥后，用19mm的胶带把这种颜色的周边遮盖。有些车身喷漆工喜欢选用细胶带，因为细胶带薄，可以精确地把两种颜色的漆面分开，留下的条纹少。然后，把该颜色的漆层用合适尺寸形状的遮盖纸遮盖好。

(5) 反向遮盖法　反向遮盖和流线边缘遮盖法常用在局部板件需要喷漆的情况下。如果必须沿一个曲面流线型边缘进行遮盖时，必须使用遮盖胶带。反向遮盖法如图7-17所示。

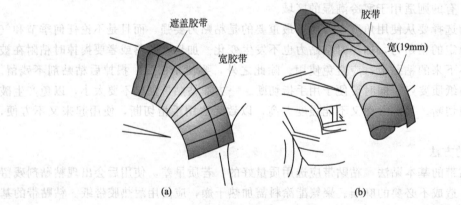

图7-17　反向遮盖法

三、底漆层的喷涂

底漆的涂装遵照一般涂装工艺流程，依次进行清洁脱脂、遮蔽、涂装和干燥，关键工作在于遮蔽和涂装两个环节。

1. 清洁工作

(1) 清洁除尘　打磨工作结束以后，使用气枪，用压缩空气彻底清除打磨粉尘。清除工作应按顺序进行，不能有遗漏。以全涂装为例，粉尘清除工作可以先从车顶开始，然后发动机罩、行李箱盖等，接下来是车门和翼子板的间隙、行李箱盖和发动机罩的边缘等。

(2) 脱脂去油　使用除油剂对于喷涂部位进行擦拭，整车改色喷涂或大面修补喷涂时，先划分好喷涂顺序，喷一部分面积用除油剂擦拭一部分面积。

2. 底漆喷涂的涂料准备

(1) 喷涂前的检查作业　在开始喷涂作业之前，下列工作一定要做：检查全车车身外表有无覆盖遗漏之处；检查有无打磨作业和清扫作业没有进行完毕之处；检查喷枪和干燥设备有无异常。

(2) 涂料的准备　将调好色的涂料按所需要的量取出，视需要是否需要加入固化剂，调整好黏度。通常的做法是将主剂和固化剂调配好之后，再加入稀释剂调整黏度。

(3) 涂料的过滤　调好色的涂料，难免混有灰尘和杂质，必须过滤之后才能使用。

(4) 黏度的调整　涂料黏度并非常量，随温度而发生变化。即使同一种涂料，冬季比夏季显得稠。黏度越高的涂料，随温度而变化的特征越明显。

3. 底漆喷涂

首先挑选一把合适口径的底漆喷枪，将调好并已过滤的油漆转移到喷枪漆壶；然后接上洁净、干燥、足量的压缩空气，准备进行试喷。正式整区域喷涂前，先在旧涂层与底材交界处薄薄地喷涂一层，然后再按正常的走枪顺序，依次喷遍整个区域。

底漆一般只需一道，如果需要喷涂两遍，则第一遍喷完要间隔一段时间，让它稍稍干燥再喷第二层，以免流挂。

4. 底漆干燥

根据涂料特性和实际需要，选择合适的干燥方法。常用的油漆干燥方法有风干法和烘烤法两种，烘烤法可以是在烤漆房里烘烤，也可以用烤灯烘烤。现代的汽车修理厂，油漆采用红外线烤灯干燥的越来越多，其干燥速度快，操作简便，节能又环保。

第三节　中间涂料的涂装

一、中涂层涂料的一般知识

中涂层是汽车涂层中介于底涂层和面涂层之中的一个中间涂层，使用的涂料叫中涂层涂料，包括原子灰和中涂底漆两部分。与底漆涂层和面漆涂层不同，中涂层涂料无论是原子灰还是中涂底漆，施涂干燥完毕后都要进行打磨，以保证面涂前基底的平整，使最终的涂层表面平滑光艳。另外，中涂层涂料的施涂工艺也与底涂和面涂稍有区别，中涂工艺分原子灰的施涂和中涂底漆的喷涂两部分，原子灰的施涂方法是刮涂，施工过程不需要进行遮蔽。在汽车修补涂装行业，中涂是非常重要的一个工艺，尤其以中涂层涂料的打磨最为关键。

中涂层的主要功用是提高被涂物表面的平整和光滑度，以提高面漆涂层的鲜映性和丰满度，提高装饰性，增加涂膜厚度，提高耐水性。对于表面平整度好、装饰性要求不太高的载重汽车和轻型车，几乎不喷中涂层，以降低涂装成本。对于装饰性要求高的中、高级轿车，则需采用中涂层。国内汽车修补漆则根据涂料的功能可分原子灰、中涂底漆（二道漆）和封闭漆。

汽车在进行涂装的过程中，并非所有汽车中涂都要刮涂原子灰，汽车总装厂在对底材平整、无太多缺陷的白车身进行涂装时，一般就不用或很少使用原子灰。

1. 中涂漆的作用

在汽车修补涂装中，中涂层分原子灰涂层和中涂漆层，总的来说都是用来填平底材板件、增加涂层厚度、隔绝底漆和面漆以免咬色、增强面漆的附着力等，但二者还是因为成分不同，作用也各有侧重，具体表现主要有以下几个特点：

(1) 填平修整作用　中涂层涂料比底漆和面漆黏稠，含有大量的固体成分（多为体质颜料，少数含着色颜料），用来填平底材表面的微小凹陷和因打磨留下的砂纸痕迹、砂眼等，起到填平修整的作用。这对修复性涂装来说显得很重要，一般受损的底材表面很难修复到新车那样平整，多数凹陷只能通过刮涂原子灰来填平。

(2) 隔绝作用　中涂层是三层漆膜中最厚的一层，原子灰和中涂漆一起可以很好地防止面漆的溶剂向内渗透，避免与底漆的不良反应，减少外围漆膜起皱、龟裂、咬色等漆病。另外，中涂层也进一步隔绝了外围环境与底材的接触，增强底漆的防锈功能。

(3) 提高附着力　在整个汽车涂层中，中涂层是无机底材向有机面漆涂层过渡的一个夹层，内侧的双组分原子灰与底漆有较强的直接结合力，原子灰的多孔表面又为中涂漆提供了很好的附着力，而中涂漆与面漆就很容易附着在一起了。

(4) 提高装饰性　中涂漆具有很好的流平性，所以中涂层的另一个重要作用是提高被涂物表面的平整和光滑度，以提高面漆涂层的鲜映性和丰满度，进而提高整个涂层的装饰性。因此，为了得到平滑的中涂层界面，刮涂完原子灰和喷完中涂漆后一定要进行打磨。

2. 中涂涂层涂料

中涂层涂料包括原子灰和中涂漆两大类，二者都有单、双两种组分类型。单组分型的涂料常被称为1K涂料，而双组分型涂料常被称为2K涂料。

中涂漆在成分上与底漆和面漆并无太大差异，只是在填充料的质量分数上要大很多，尤其是原子灰中，填充料占到总质量的70%～80%。随着现代涂装产业的快速发展，中涂漆也已经衍生出了很多品种。

(1) 原子灰　原子灰又称腻子或钣金土，所以施涂原子灰又叫着"刮灰"、"刮腻子"或者"补土"。施涂方法主要是刮涂，也有少数采用喷涂和刷涂的特殊原子灰。原子灰主要是由大量的填充颜料、树脂和溶剂组成的一种黏稠的浆状涂料，用来填嵌工件表面的凹陷、气孔、裂纹、擦伤等缺陷，干燥打磨后可以获得均匀平整的表面。传统原子灰中颜料用的是滑石粉，容易吸水，如果原子灰不能与水有效隔绝，极易吸水使金属底材板件生锈。现在已经有用玻璃纤维或金属微粒代替滑石粉的防水原子灰。在汽车修补涂装中，原子灰应该刮涂在底漆上，但也有直接刮涂在裸露的金属底材板件、塑料件上或旧涂层上的，以刮在底漆上的涂层寿命最久。常见的原子灰主要有以下几种。

① 钣金原子灰。钣金原子灰属于双组分型涂料，主要用于填平钣金维修无法消除的较深凹陷。使用时先要按照比例说明将主剂与固化剂进行混合，二者混合后会有放热反应并迅速干固，所以一次不能调配太多，每次刮涂的厚度也不宜太厚，凹陷较大时可分多次刮涂，总的厚度不应大于3mm，最大允许5mm。

② 塑料原子灰。塑料原子灰属于单组分型涂料，主要用于填平塑料件表面的凹陷。与钣金原子灰不同，塑料原子灰添加了更多的纤维，具有更好的延展性，而且与塑料件附着力比钣金原子灰强。塑料原子灰的刮涂厚度可以更厚些，但一次性刮涂厚度不应超过10mm。

③ 幼滑原子灰。幼滑原子灰又叫红灰、填眼原子灰或快干原子灰，是单一组分自然干燥型涂料，分硝基型和树脂型两类，干燥速度最快，也最易打磨，主要用于填补打磨后的中涂漆上的小砂眼和砂纸磨痕，所以不宜刮涂太厚，以免造成浪费。一次刮涂最大允许厚度0.15mm。

(2) 中涂漆　中涂漆常被称为中涂底漆、二道底漆或二道浆，具有很好的流平性、刮痕填平性，既可以填平原子灰层表面细微的凹陷砂痕，又可成膜隔绝面漆溶剂对原子灰层的侵蚀。中涂底漆调配前要长时间充分地搅拌，因为其中的填料很多容易沉淀，不搅匀就取料调配容易导致漆膜过薄，填充力变差。现在的中涂漆多为双组分涂料，调配时要严格按照说明混合固化剂和稀释剂，调配完毕尽快在规定的时间内使用。一般采用喷枪喷涂，运用湿碰湿喷涂法喷两遍。干燥后要进行打磨，必要时需重新刮涂原子灰和喷涂中涂漆，直到获得非常平整的表面，否则任何细小的缺陷都会在面漆上显露出来。

中涂漆分为无光中涂漆和半光中涂漆。常见的中涂漆主要有以下几种。

① 无光中涂漆。无光中涂漆主要有酯胶、酚醛、醇酸、环氧、过氯乙烯和硝基二道底漆，简称二道浆。

a. 酯胶二道浆。特点是填密性好，附着力强，易打磨，价格低廉，但干燥较慢，常温下表干需 1～2h，实干需 16～20h。主要用于普通货车、客车等底漆或腻子表面上缺陷填平。配套面漆为醇酸磁漆。

b. 酚醛二道浆。品种主要有各色酚醛二道底漆，是由酚醛树脂漆料与锌钡白（立德粉）、炭黑、填充料混合磨细后，加催干剂与 200# 汽油调制而成。性能比酯胶二道浆好，主要用于普通货车、客车等底漆或腻子表面上缺陷填平。

c. 醇酸二道浆。醇酸二道浆的干燥性能较酯胶和酚醛二道浆好，常温下表干需 30～40min，100～110℃ 烘烤需 20～30min，目前已广泛用于普通中档客车、货车或普通轿车涂装的中间层漆。其特点是填平性好，附着力强，易打磨，价廉，漆膜经烘干后可耐硝基漆、丙烯酸漆、聚氨酯漆，不咬底起皱，所以可与多种面漆配套使用。

d. 环氧二道浆。环氧二道浆不仅附着力强，而且耐化学性能好，可自干，也可烘干，主要用作湿热带地区汽车涂装的中间层漆。

e. 硝基二道浆。硝基二道浆干燥较快，易打磨，附着力良好，漆膜坚韧，有一定的机械强度；但漆膜干后较薄，每次需连续喷涂 2～3 道或 4～5 道才易填平漆膜或腻子表面上的砂痕、针孔等缺陷。它主要用作硝基磁漆涂装的中间层漆，如军用汽车、轿车等的中间层漆。配套面漆为硝基面漆、丙烯酸面漆或过氯乙烯面漆。

② 半光中涂漆。半光中涂漆主要有氨酯、氨基醇酸、氨基聚酯、氨基丙烯酸和丙烯酸聚氨酯中涂漆等。

a. 氨酯中涂漆。这类中涂漆的树脂含量高，填充料用量少，所以涂后的漆膜光泽较好。漆膜覆盖底层能力好，附着力强，多用作中高档汽车的中间层漆。

b. 氨基醇酸中涂漆。氨基醇酸中涂漆的特点是可厚涂，填孔性好，遮盖力强，主要与氨基烘干面漆配套使用。调稀可用氨基稀料或丁醇与二甲苯混合溶剂，喷涂采用湿碰湿方法，即先喷一道，趁漆膜未干时再喷一道，而后用 100℃ 的温度烘烤 30min。

c. 氨基聚酯中涂漆。氨基聚酯中涂漆由氨基树脂、聚酯树脂、颜料、填充料与混合有机溶剂组合而成。其特点是烘烤温度低，漆膜坚韧，附着力强，平整光滑，光泽比氨基醇酸中涂漆好。既可用于中涂漆，也可代替颜色相同的面漆作为头道面漆。颜色有白、乳白、浅灰、中灰等多种，主要与氨基烘干面漆配套使用。

d. 氨基丙烯酸中涂漆。这类中涂漆具有细度好，遮盖力强，附着力、冲击强度、柔韧性优良，同时漆膜经烘干后平整光滑，耐盐水、耐盐雾、耐油性与户外耐久性好等特点，是目前汽车涂装使用效果较理想的一类中涂漆。与其配套面漆有氨基醇酸烘干漆、氨基聚酯烘干漆、氨基丙烯酸烘干漆、氨基丙烯酸聚氨酯烘干漆等均有较好的配套性能。而且在施工方面，不论采用喷涂、刷涂、滚涂、浸涂都较适宜。

喷涂时可采用湿碰湿方法连续喷涂，可一次性获得较厚的漆膜，且不易出现流淌、流挂现象，可充分盖严和填平底层表面的细小缺陷。对施工黏度的调整，应采用与该漆配套的稀料，以免涂层产生针孔或气泡。

e. 丙烯酸聚氨酯中涂漆。丙烯酸聚氨酯中涂漆是一种常温干燥或低温 60~70℃ 烘烤干燥的双组分涂料，其中改性羟基丙烯酸树脂、颜料、流平剂等为乙组分，固化剂（HDI 缩二脲）为甲组分使用时，按产品规定的比例将甲、乙两组分进行混合调配均匀，混合后的漆料应在规定的时间内用完，以防胶化而造成浪费。该漆具有优良的力学性能和耐湿热、耐盐雾与户外耐久性。

常温下表干需 30~40min，实干需 18~24h，烘烤干燥在 60~70℃ 时为 40~50min。干燥后的漆膜丰满度好，平整光滑，光泽度较好，附着力强，硬度高，耐水、耐油性优良。它适于各种中高档轿车、豪华客车等中间层漆的涂装。

3. 中涂层涂料的选择

中涂层涂料的选用一样要考虑与底涂层和面涂层的匹配性。掌握好了中涂层的作用，选择中涂层涂料时就会容易很多。

（1）原子灰的选择 原子灰在选择时，主要从类型和施工质量两个方面进行选择。

① 根据基材的种类和需要选对原子灰类型，如塑料件最好选用专门的塑料原子灰，除了有很好的附着力还有对应的柔韧性，一般的钢板、镀锌板等选用钣金原子灰即可，但对于有些敏感的底材像铝合金等就要选择合金原子灰，再如刮涂特殊部位的原子灰也要求有相应性能，像刮涂发动机室盖部位的原子灰要能耐高温，还有的要求原子灰能防水等。

② 选用的原子灰一定要保证施工质量，一些大型厂家和进口品牌的原子灰质量较有保证。好的原子灰附着力强、延展性好，刮涂时表面细腻、不粘刀、无砂眼，打磨后平整、无气孔。

（2）中涂漆的选择 中涂漆在选用时要与底漆、原子灰或旧涂膜的类型匹配。中涂漆的合理选用是避免涂装出现质量问题的关键，否则会出现咬底、起皮等不良现象。

① 硝基漆。当旧漆膜是高温烤漆或丙烯酸聚氨酯涂料时一般选用硝基类中涂漆，它干燥快、易打磨，但涂层间的附着力和耐水性一定要合乎要求。

② 聚氨酯漆。当旧漆膜是改性丙烯酸或合成纤维素丙烯酸硝基漆时，中涂漆选择聚氨酯漆为宜。聚氨酯类中涂漆成膜性能好，覆盖能力强，不易出现质量问题。但需注意，这类中涂漆不宜在局部修补中使用，因为在补涂的原子灰与旧漆膜结合部位容易起皱，因此只适合对整块原子灰或旧漆膜的喷涂。另外，如果在需要整块喷涂的原子灰或旧漆膜表面喷漆时，最好选用聚氨酯中涂漆。

③ 厚涂树脂漆。厚涂型合成树脂漆也是一种常用的中涂漆，它的漆膜虽比不上聚氨酯漆，但因为其溶剂溶解能力较弱所以不会侵蚀原子灰和底漆，而且干燥速度也比较快。除此之外，从作业方面考虑厚涂型合成树脂漆也很方便。但使用厚涂型合成树脂漆前，需要检查其在涂层间的附着力和耐起泡性。

二、原子灰和幼滑原子灰的刮涂与打磨

1. 原子灰刮涂基础知识

对裸露的金属底材板件，经底材处理和喷涂底漆后，即可进行刮涂原子灰的操作。对于损坏漆面的修补，一般经过底材处理后，即可直接刮原子灰。对于非常平整的板件，喷完底漆后，即可进行面漆的涂装。但是，对于不够平整的表面，特别是经过钣金处理后的表面，由于凸凹较大，底漆很难将其填平。此时就应用刮原子灰的方法来处理。经过钣金处理后的工件表面如图 7-18 所示。

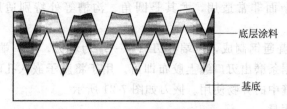

图 7-18　经过钣金处理后的工件表面

原子灰是一种加有添加剂的底层涂料，填充在表面缺陷部位，提高表面质量。所谓填充就是把足够的填充材料堆积到一个表面上，填完后，可以对多余的填充物进行打磨，从而减小整个表面的不平度，便于施涂面涂层。原子灰填充效果图如图 7-19 所示。

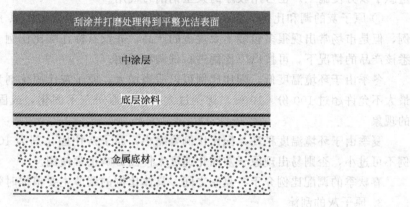

图 7-19　原子灰填充效果图

2. 原子灰刮涂的工具

刮涂原子灰是手工作业。常用工具有调拌腻子盒、托腻子板、腻子铲刀、腻子刮刀（又分牛角刮刀、橡胶刮刀、钢片刮刀）等，原子灰刮涂常用工具如图 7-20 所示。

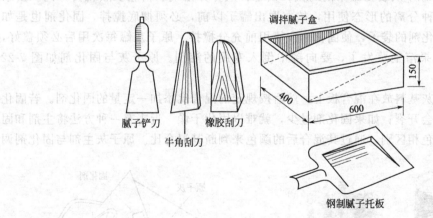

图 7-20　原子灰刮涂常用工具

（1）原子灰刮涂用具

① 钢质刮刀。钢质刮刀由木柄和刀板构成。木柄可用松木、桦木等制作，刀板用弹性较好的钢板制作。要求刃口应平直。

② 橡胶刮刀。橡胶刮刀采用耐油、耐溶剂的橡胶板制成，外形尺寸和形状根据需要确定。新制的橡胶刮刀用约 100# 砂纸将刃口磨齐磨薄，不得有凸凹。橡胶刮刀有很好的弹

性，对于刮涂形状复杂面非常适用，尤其是圆角、沟槽等处特别适用，用后擦净保管。

③ 嵌刀。嵌刀用普通钢制成，两端有刃口，一端为斜刃，另一端为平刃。也有用钳工手锯条磨出刃口缠上胶布即可。用于将腻子嵌入孔眼、缝隙或剔除转角、夹缝中的异物使用。嵌刀如图 7-21 所示。

(2) 原子灰调和用具

① 原子灰调和盒。原子灰调和盒采用 1.0~1.5mm 低碳钢板制成，用于调配腻子或盛装腻子用。

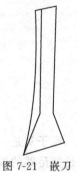

图 7-21 嵌刀

② 原子灰托板。原子灰托板用钢板或木板等制成，在刮腻子时放少量腻子以方便施工。也可用较厚的大型钢刮刀代用。

③ 原子灰的调和比例。大品牌的原子灰在包装上通常会印刷原子灰和固化剂的配比比例，但是市场常出现很多包装不太规范的产品，并没有标注配比比例。通常情况下，在不熟悉该产品的情况下，可按以下比例进行试调和试用。

冬季由于环境温度低，配比比例可以适当增大，原子灰比固化剂为 100 份：(6~8) 份，最大不允许超过 100 份：10 份，比例过大会出现原子灰不固化，或固化速度过快出现崩裂的现象。

夏季由于环境温度稍高，配比比例要缩小，原子灰比固化剂为 100 份：(2~3) 份，比例不可过小，否则易出现原子灰固化速度太慢而影响正常使用。

春秋季的调配比例介于冬夏季之间。具体比例的调节主要根据时效性进行选择。

3. 原子灰的刮涂

(1) 检查原子灰的覆盖面积　为了确定需要准备多少原子灰，需再次估计损坏的程度。但是，此时不能触及有关的区域，以防止在有关部位沾上油迹。

(2) 原子灰的调和

① 取原子灰。原子灰装在罐中的时候，其各种成分如溶剂、树脂及颜料会分离。由于原子灰不可以在这种分离的形态使用，故在取出罐子以前，必须彻底搅拌。固化剂也是如此，充分挤压装固化剂的袋子，使固化剂在使用前充分搅拌。原子灰罐每次用后必须盖好，以防溶剂蒸发。如果溶剂蒸发了，要向罐中倒入专用的溶剂。原子灰与固化剂如图 7-22 所示。

将适量的原子灰基料放在混合板上。然后按规定的混合比添加一定量的固化剂。若固化剂过多，干燥后就会开裂；如果固化剂过少，就难以固化干燥。近来有一种方法将主剂和固化剂采用不同的颜色相区别，通过其混合后的颜色来判断其混合比。原子灰主剂与固化剂调

原子灰

固化剂

图 7-22　原子灰与固化剂

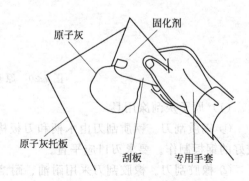

图 7-23　添加固化剂

和时，固化剂的容许量有一定范围，可以随气温的变化以适当调整，具体数值应以产品说明书为准。添加固化剂如图7-23所示。

② 用刮刀的尖端盛起固化剂，将其均匀散布在原子灰基料的整个表面上。

③ 抓住刮刀，轻轻提起其端头，再将它滑入原子灰下面，然后将它向混合板的左侧提起。

④ 在刮刀盛起大约1/3原子灰以后，利用刮刀右边为支点，将刮刀翻转。

⑤ 将刮刀基本上与混合板持平，并将它向下压。一定要将刮刀在混合板上刮削，不要让原子灰留在刮刀上。

⑥ 拿住刮刀，稍稍提起其端头，并且将上述中的在混合板上混合的原子灰全部舀起。

⑦ 将原子灰翻身，翻的方向与④中的相反。

⑧ 与⑤相同，将刮刀基本上与混合板持平，并将它向下压，从③重复。

⑨ 在进行③到⑧时，原子灰往往向上朝混合板的顶部移动。在原子灰延展至混合板的边缘时，盛起全部原子灰，并且将它向混合板的底部翻转。重复步骤③到步骤⑧，直到原子灰充分混合。原子灰的调和手法如图7-24所示。

图7-24 原子灰的调和手法

原子灰有可用时间的限制。所谓可用时间是指主剂和固化剂混合后，保持不硬化、能进行刮涂的时间。通常在20℃条件下，可以保持5min左右。因此应根据调和所需时间和刮涂所需时间，决定一次调和的量。如果调和效果不好，反复长时间调和，超过可用时间或留给刮涂的时间过短，原子灰就会迅速固化而不能使用，因此原子灰在调和时，关键是速度要快，动作要熟练。

(3) 原子灰刮涂的手法　原子灰刮涂时不可一次厚补，刮涂时可分为2~3次进行。依据不同的部位或形状进行对应刮涂。

① 小角度刮原子灰。一般左手拿刮灰板右手拿刮刀，首先取一些调好的原子灰，在欲修补部位横向薄刮一层，刮涂时将刮刀竖起沿着修补部位薄薄压挤，原子灰和修补部位之间不允许有气泡，否则会降低其附着力。

② 竖拉刮法。将刮刀倾斜35°~45°使原子灰沿着从左向右的顺序从上到下上下的方向刮一遍，每次重叠上一次刮涂面积的1/3，压力不能太大，这次刮涂主要为了将原子灰留在欲修补部位。

③ 横拉刮法。将刮刀和与修补部位夹角呈15°~25°角使原子灰沿从右至左的顺序再从上到下的方向刮一遍，每次同样重叠上次刮涂面积的1/3，压力可以适当增大。

④ 收原子灰。最后绕同一方向沿四周收边并清除多余的原子灰，压力要足够大才可以将修补部位边缘的原子灰收净，但要小心不要破坏已刮涂平整的修补部位。

基本刮涂手法如图7-25所示。

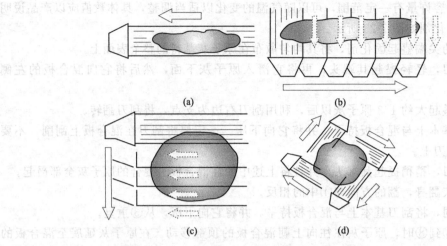

图 7-25 基本刮涂手法

刮涂原子灰常见的手法有 8 种方法，在第五章已作讲解，在此不作赘述。

（4）平面刮涂原子灰的注意事项

① 如果刮灰刀在刮涂原子灰中仅向某一个方向移动，原子灰高点的中心就有所移动。这种情况很难打磨，所以刮刀在最后一道中必须反向移动以便将原子灰高点移回中央。

② 新刮的灰层必须比原来的表面高，但最好只略微高一点，太高就增加了打磨工作量。

③ 新原子灰的刮涂范围必须以打磨时的划痕为限，如果没有打磨划痕原子灰就粘不牢。

④ 刮灰动作要快，时间太长原子灰容易提前固化，影响刮涂。

4. 原子灰的干燥

新刮涂的原子灰由于其自身的反应放热固化速度较快，一般在施涂 20～30min 后就可打磨，但是如果环境温度太低或者空气湿度太大，原子灰干燥固化速度就会减慢。为了缩短原子灰的干燥时间，可以使用红外线烤灯加热原子灰进行干燥。

红外线烤灯使用简便、高效节能，是自里向外干燥，大大减少了里干外不干或存在气泡的现象。人为加热干燥时，一定要保证原子灰表面温度在 80℃ 以下，以防原子灰分离或龟裂。

涂层薄的地方往往比厚的地方温度低，因此薄涂层的固化干燥速度一般比厚的地方慢，所以在确定开始打磨原子灰时要先用指甲在薄涂层表面划一下，如果出现坚硬的白色痕迹就表示可以打磨了。

5. 原子灰的打磨

原子灰干燥之后，即可进行打磨。常见的打磨方式主要有两种形式：干式打磨和湿式打磨。

湿磨工艺处理后，工艺性好，表面整洁，原子灰粉末不会飘逸在操作间，对环境污染小，但原子灰极易吸收大量的水分难以彻底干燥，对后续涂装工序造成很多麻烦。所以不建议对原子灰进行湿式打磨。

干式打磨效率高，由于打磨时无水参与，所以原子灰层不会吸收水分。由于干式打磨时，有大量的原子灰粉末飘逸在操作间，给操作者的身体带来危害，为解决这个问题，所以对设备和工具的要求比较高，需要无尘干磨系统或专用的吸尘装置。同时由于干式打磨的速度快，部分维修企业缺乏相应的打磨知识和专业指导，故使用湿磨工艺的较多，但湿式打磨终究要被干式打磨所代替。

(1) 使用原子灰锉刀粗锉削　原子灰的粗锉削，要用专用的腻子锉刀进行。腻子层刮涂厚度一般都超过实际需要，所以应该先用锉刀初步锉削打磨后，再使用打磨机进一步打磨，以提高作业效率。原子灰锉刀如图 7-26 所示。

① 要先用半圆锉锉削。锉削中要注意不能施力过大，否则会在表面留下深深的锉痕。另外锉削方向始终要保持平行，既可全部沿前后方向，也可倾斜或沿上下方向，总之要锉削出平整的表面。

② 为消除半圆锉锉痕，使用平锉进行第二次锉削。如果最初腻子表面比较平整，可以开始就用平锉。

(2) 打磨机打磨平面　腻子表面锉削完毕后，再用"直行式"或"往复式"气动打磨机进一步打磨，所用砂纸粒度一般为 60#。打磨时应注意，打磨头的工作面应保持与腻子表面平行，如图 7-27 所示。

图 7-26　原子灰锉刀

图 7-27　打磨机打磨平面

打磨时不能施力过大，应将打磨机轻轻压住，靠旋转力进行打磨。若施力过大，就不能形成平整表面。先沿 a 所示方向左右运动；随后沿 a 和 b 斜向方向运动；然后沿 d 所示方向上下运动，这样可以基本消除变形，如果最后再沿 a 所示左右移动一次，消除变形效果会更好。打磨机的移动方向如图 7-28 所示。

(3) 手工打磨修整　使用打磨机大致形成平整表面之后，必须进行手工打磨修整。手工打磨修整使用手工打磨板较为方便，其大小应与打磨作业面积相适宜。手工打磨板的移动方法和使用打磨机相同。另外，若能巧妙地使用木制靠模块和橡胶靠模块，可以很快修正变形。

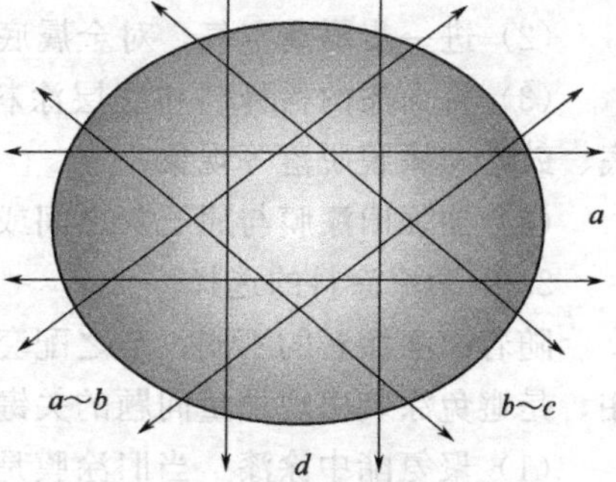

(4) 原子灰打磨的修整　腻子打磨完成后，要检查腻子表面，若发现有气孔和小的伤痕，应马上修补。如果都等到喷二道浆之后再修整往往更麻烦。因

图 7-28　打磨机的移动方向

此尽可能在该工序使表面平整，消除引起缺陷的原因。但是，如果腻子的施工非常标准，特别是在刮涂完普通腻子后，又刮涂了一薄层细腻子，则打磨后表面将非常平整，几乎不会存在气孔及深度的划痕，则无须施涂填眼灰。

① 搅拌填眼灰。填眼灰的盛装有两种形式：一种是盛装于软体金属或胶管内；另一种是盛装于金属罐内。对于盛装于软体金属或胶管内的填眼灰，搅拌时，用手反复捏揉管体即可；对于盛装于金属罐内的填眼灰，可用专用工具打开盖后，用搅拌棒充分搅拌。

用腻子刮刀取少量填眼灰置于腻子托板上，也可以置于另一个刮刀刀片上。由于填眼灰一般不需要添加固化剂，取出后即可使用。

施涂时，用小的腻子刮刀，以刀尖部取很少量的填眼灰，对准气孔及划痕部位，用力将填眼灰压入气孔或划痕内，必要时可填补多次。

② 填眼灰的干燥。一般填眼灰施涂后，在自然条件下 5～10min 即可完全干燥，无须烘烤。

③ 填眼灰的打磨。填眼灰施涂后，会破坏原来打磨平整的腻子表面，另外，填眼灰的性能不如腻子，所以必须将多余的填眼灰完全打磨掉。干打磨采用粒度为 150♯～180♯砂纸，湿打磨采用 240♯～320♯砂纸。打磨时要配合磨块，直到孔和划痕外的填眼灰完全被打磨掉为止。原子灰打磨的修整如图 7-29 所示。

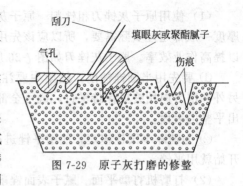

图 7-29 原子灰打磨的修整

三、中涂漆的喷涂与打磨

1. 中涂漆的功用

汽车修补涂装的中涂，刮完原子灰一定要喷中涂漆，因为刮涂过原子灰的区域不能直接喷面漆，原子灰对面漆有吸收作用，会在面漆层上留下明显的修补痕迹。喷中涂漆前还需要遮蔽，这和底涂一样，而且中涂漆干燥后一定要进行打磨，以保证面漆表面的平整和光艳。

伴随着汽车涂装技术的发展，合成纤维素丙烯酸硝基漆涂料和丙烯酸聚氨酯、聚酯-聚氨酯等各种面漆涂料的应用，涂料成膜后的质量要求更高。为此，要求使用打磨性、耐水性优良的原子灰，和与之相匹配的厚涂性好、不吸水的中涂底漆。中涂漆层被夹在耐水性能较好的复合油灰层和水难以透过的面漆涂膜之间，因此水分将会聚集在耐水性差的中涂底漆层。随着对漆膜质量要求的提高，中涂底漆层的耐水性和附着性显得更为重要。

中涂漆的功用主要有以下几点：

（1）填补平整表面，缩小原子灰打磨后留下的缺陷；

（2）进一步隔离空气，对金属底材防锈保护；

（3）将面漆的稀释剂和底层涂料隔离，防止出现底层涂料由于面漆的稀释剂而产生咬底、鼓起和漆膜脱落等现象；

（4）加强旧漆膜与原子灰之间或钢板面与面漆之间的附着力。

2. 中涂漆涂料的选择

随着面漆涂料的不同，与之配套使用的中涂底漆涂料也应不同。中涂底漆涂料的合理选用，是避免涂装出现质量问题的关键。

（1）聚氨酯中涂漆 当旧涂膜是改性丙烯酸或合成纤维素丙烯酸硝基漆时，宜采用聚氨酯类中涂底漆。聚氨酯中涂漆涂膜性能好，覆盖效果好，即使旧涂膜有点问题，也能防止不出质量问题。需要注意的是，聚氨酯中涂漆不适宜局部修补，在补修原子灰与旧涂膜的边缘交接处，易起皮，故这种中涂底漆只适宜对旧涂膜或油灰进行整块处理。

（2）厚涂型合成树脂中涂漆 厚涂型合成树脂中涂底漆涂膜性能比不上聚氨酯中涂底漆，但由于其所使用的溶剂溶解力较弱，不会侵蚀底漆，干燥速度也比较快，因而常常被采用。使用厚涂型合成树脂中涂底漆时，应检查其层间附着力和耐起泡性。

（3）硝基类和丙烯酸类中涂漆 通常若耐起泡性和层间粘着力好，则覆盖效果差；反之若覆盖效果好，则耐起泡性和层间粘着性能就差。因此，有必要检查其溶剂挥发性能、覆盖效果、耐水性、丰满度、施工性能等。

3. 中涂漆的干燥与打磨

(1) 喷涂前的准备　先用压缩空气清除表面粉尘。若进行过湿打磨，应做去湿处理，使被喷涂表面干燥。粉尘清除干净后，再用脱脂剂作脱脂处理，经遮蔽后方可喷涂中涂底漆。一般情况下，对于不需喷涂的部位需要遮蔽。中涂漆的程序如图7-30所示。

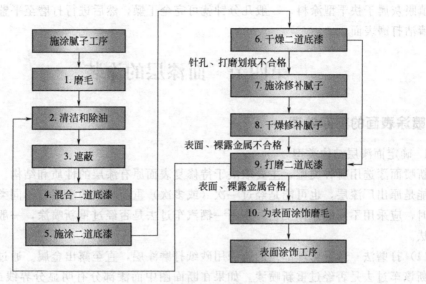

图 7-30　中涂漆的程序

(2) 中涂漆的喷涂方法　中涂漆的喷涂方法可参照底漆的喷涂，例如对于喷枪的调整、涂料黏度的控制等，一般与底漆区别不大，特殊情况应参阅所用中涂底漆的使用说明。

(3) 中涂漆的干燥与打磨

① 中涂漆的干燥。中涂漆涂层在打磨前一定要充分干燥，如果干燥不充分，不仅打磨时涂料会填满砂纸使作业难以进行，而且喷涂面漆之后往往出现涂膜缺陷。中涂漆的平均干燥时间见表7-9。

表 7-9　中涂漆的平均干燥时间

干燥条件 油漆种类	自然干燥(20℃)	强制干燥(60℃)
硝基系中涂漆	30min 以上	10～20min
聚氨酯系中涂漆	6h 以上	20～30min

② 中涂漆的打磨。中涂层要打磨得非常光滑，表面不得有砂痕或小坑凹陷，否则会严重影响面漆装饰性能，所以中涂漆的打磨要格外小心。

a. 中涂漆的干磨。中涂漆的干打磨，大多使用320#～500#砂纸配合双作用打磨头进行打磨。当面漆为素色漆时采用320#～400#砂纸，为底色漆时采用400#～500#砂纸。打磨机的使用方法和要领与磨灰时相同，不要用太大的力压在涂膜上，否则砂纸磨痕会很深。打磨不能只打磨喷了中涂漆的部位，旧涂膜与中涂漆的交界处也应进行打磨。干磨结束后用吹尘枪或粘尘布清洁打磨表面。

b. 中涂漆的水磨。中涂漆水磨时，一般采用800#～1000#耐水砂纸，面漆为底色漆时用1000#砂纸，为素色时用800#砂纸。水磨打磨门窗四周时比较麻烦，产生的污水容易污染汽车内饰。在现代的打磨系统中，干磨系统已逐渐替代湿磨。

4. 中涂层的修整

中途漆打磨结束后,应仔细检查涂装表面有无砂纸打磨痕、气孔及其他缺陷。若有凹陷、气孔等情况,必须刮涂填眼灰进行填补。刮涂工作用钢片刮刀或塑料刮刀薄薄地刮涂,切忌一次填得过厚。若一次填不满,间隔5min左右再填。

填眼灰属于快干型涂料,一般几分钟就可完全干燥,然后进行打磨至平整光滑,最后再整体清洁打磨表面。

第四节 面漆层的涂装

一、喷涂表面的前期处理

1. 确定面漆层结构类型

新喷面漆选用哪种类型,主要取决于待修复表面原有漆层的性质和结构。待修复表面漆面可能是原出厂漆层,也可能是经过一次(或多次)重新喷漆的漆层。不同类型的表面重新喷涂时,应采用不同的操作工艺。判断一辆汽车过去是否经过重新喷涂,一般采用打磨法或测量法。

(1)打磨法 选择修理部位的边缘用砂纸打磨漆层,直至露出金属。通过漆层的结构可以判断该车过去是否经过重新喷漆。如果在断面图中面漆部分有明显分界线或颜色有差异,说明该车是经过重新喷漆的。打磨法如图7-31所示。

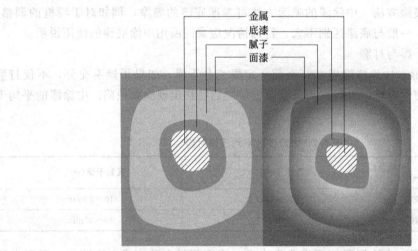

(a) 面漆单一均衡,为未曾喷涂过　(b) 面漆明显分层,或因曾喷涂过与原车不一样,油漆呈现不同颜色的两层面漆层,由此可以判断为过去曾重新喷涂过

图 7-31 打磨法

(2)测量法 利用电磁式厚度量规测量漆层的厚度。如测得的厚度大于新车漆层的标准厚度,说明曾经重新喷过漆。如果能确定修理车辆的修理记录,则从修理记录中可以准确地查到该车是否曾经重新喷漆。

2. 喷涂前准备

(1)除尘处理 打磨工作结束以后,使用气枪,用压缩空气彻底清除打磨粉尘。清除工作应按顺序进行，不能有遗漏。以全涂装为例，粉尘清除工作可以先从车顶开始，然后发动机罩、行李箱盖等，接下来是车门和翼子板的间隙、行李箱盖和发动机罩的边缘等。

(2) 涂装前进行脱脂处理　在进行遮盖作业时，不管怎样注意，也难免有粘贴带纸、手上的污物等粘附到被涂装表面，用研磨膏打磨后也会留下粉屑和油，这些都必须清除干净。

先用干净布浸透脱脂剂或用蓝孔除油布，仔细无遗漏地擦拭被涂装表面。可以一块一块板地擦，擦拭完后一定要用干净布再擦拭一遍。门把手和滑槽附近、门的内侧和行李箱盖、发动机罩四周内侧应仔细清洁。挡风条和挡泥板的安装螺钉附近也要仔细清洁。

操作时，一只手拿蘸了脱脂剂的布，另一只手拿干布，交替进行，以提高速度。用除油布直接擦拭，使用比较方便，对手也没有影响。局部修补涂装时的晕色部位，要采用研磨膏或1000♯～2000♯砂纸湿打磨。对于打磨的残留物，要用脱脂剂清除干净。脱脂剂不但能清洁表面，还具有提高附着力的作用。打了蜡的旧涂膜，在进行提高附着力的打磨时，往往打滑而难以进行，此时也可以用脱脂剂先去掉蜡，再进行打磨。

(3) 用粘尘布进行最后除尘　脱脂结束以后，再一次用压缩空气吹去残留的粉尘，最后用粘尘布擦去粘在涂层面上的线头和灰尘。最后一次用压缩空气吹拂时，对发动机机罩的内侧、门的内侧、滑槽的角落应特别仔细清除。如果清除不彻底，喷涂面漆时，喷沫的气压会将粉尘等带到涂层面上，非常容易出现沾污等缺陷。

二、面漆的准备

参见底漆喷涂的准备情况。

三、喷涂温度

与喷涂有关的温度包括喷涂室的环境温度、车辆表面的温度和喷涂涂料的温度等。

1. 喷涂室的环境温度

喷涂室的环境温度一般以20～25℃最为合适。在寒冷的冬季，打开循环风后进入喷漆间内的多为寒冷的空气，此时需要加热喷漆间的温度，按动开关，烤漆房均具备自动调整房内气温的功能。夏季温房内温度与外界基本相同。此时一般通过选用较慢干的稀释剂、固化剂适当调整涂料的干燥速度来适应。

2. 车辆表面的温度

需要喷涂的车辆如果在喷涂之前放置在寒冷的室外，车身表面需要喷涂的地方温度会很低，直接喷涂会造成溶剂的挥发速度减慢，引起颜色的协调和硬化等方面的问题，所以在喷涂时应首先将其放置在喷涂室内加温烘烤一段时间以使喷涂表面达到适合的温度。

3. 喷涂涂料的温度

由于喷涂涂料的黏度在温度较低时，其黏度也会增大。所以，在温度比较低的冬季施工时，涂料的温度也是非常重要的，需要对调配好的涂料进行保温或用涂料加热器通过热水加热的方法使涂料达到适合的喷涂温度。

四、面漆喷涂手法

面漆的喷涂操作与底漆和中途底漆的操作基本相同，只是喷涂的手法要求更加细腻一些，以获得良好的色彩光泽效果。常见的喷涂手法和底漆与中涂漆手法相同。在这里只介绍一些面漆喷涂常见的特殊手法。常见的喷涂手法有干喷、湿喷、湿碰湿、虚枪喷涂、雾化喷涂和带状涂装。

(1) 干喷　指喷涂时选择的溶剂要快干，气压较大，漆量较小，温度较高等，喷涂后漆面较干。

(2) 湿喷　指喷涂时选择的溶剂要慢干，气压较小，漆量较大，温度较低等，喷涂后漆面较湿。

(3) 湿碰湿　一般讲湿碰湿同上面讲的湿喷有相似一面，都是不等上道漆中溶剂挥发继续喷涂下一道漆。

(4) 虚枪喷涂　在喷涂色漆后，将大量溶剂或固体分调整得极低的涂料喷涂在面漆上。

(5) 雾化喷涂　俗称飞雾法喷涂，又叫飞漆，一般用于金属漆的施工。

(6) 带状涂装　当喷涂某个基材表面的边缘时采用此法。此时应将喷枪扇辐调得相对窄一些，一般调整到大约10cm宽。

(7) 挑枪　当进行金属漆修补时，喷涂修复区和原车身接口区域使用。手法为临近接口区域喷枪的扳机逐渐松开，走枪速度逐渐增加，两次搭接区域一般为5~10cm。目的为消除金属漆重新修复时的色差。

五、面漆的喷涂

面漆修补涂装主要有以下几个类型，有全车修补涂装、整板修补涂装、局部修补涂装，下面介绍全车和局部修补涂装。

(1) 面漆喷涂的一般注意事项　首先是涂料不同其性质有差异，必须弄清楚涂料的特性，在此基础上，决定黏度、喷涂气压力、喷枪运行速度；其次要根据气温决定黏度，选稀释剂。

(2) 单色涂膜的喷涂　单色涂膜的喷涂工艺见表7-10。

表7-10　单色涂膜的喷涂工艺

内容	次数	第一次喷涂	第二次喷涂	第三次喷涂
目的		预喷涂	形成涂膜层	表面色调和平整度的调整
涂料黏度(20℃)		16~20s	16~20s	14~18s
空气压力		343kPa	343kPa	294~343kPa
雾束直径开度		全开	全开	全开
油漆流量		1/2~2/3开度	2/3~3/4开度	全开
喷枪距被涂面距离		25~30cm	20~25cm	20~25cm
喷枪运行速度		快	适当	适当
技术要求		薄喷一层，目的是提高涂料与旧漆层的亲和力，同时确认有无排斥涂料的部位。如有就在该部位大气压进行喷涂，覆盖住涂料排斥部位	涂膜要达到一定厚度。喷涂时尽可能喷厚点，为获得最终良好表面打下基础	调整涂膜色调，同时形成光泽，此时要加入透明颜色，有时为调整色调要加入少量干燥速度慢的稀释剂

(3) 金属闪光色的喷涂　金属闪光色的喷涂工艺见表7-11。

(4) 清漆的喷涂　在消除斑纹喷涂结束之后，要设置10~15min的中间间隔时间，使涂膜中的溶剂挥发。若用指尖轻轻触摸涂面，沾不上颜色，就可以进入透明层喷涂。设置中间间隔时间，是使金属闪光磁漆涂料的溶剂尽可能挥发。清漆的喷涂工艺见表7-12。

表 7-11 金属闪光色的喷涂工艺

内容 \ 次数	第四次喷涂	第五次喷涂
目的	透明涂料的预喷涂	精加工喷涂
涂料黏度(20℃)	12~14s	11~13s
空气压力	294~343kPa	294~343kPa
雾束直径开度	全开	全开
油漆流量	2/3 开度	全开或 2/3 开度
喷枪距被涂面距离	20~25cm	20~25cm
喷枪运行速度	稍快	普通或稍慢
技术要求	涂层不能太厚,一次喷涂太厚会引起金属颗粒排列被打乱,所以要喷得薄些	边观察平整度边喷涂,采用快速移动喷枪,往返两次覆盖,能得到很理想的表面光泽

表 7-12 清漆的喷涂工艺

内容 \ 次数	第一次喷涂	第二次喷涂	第三次喷涂
目的	预喷涂	决定色调	消除斑纹
涂料黏度(20℃)	14~16s	14~16s	11~13s
空气压力	393~490kPa	393~490kPa	393~490kPa
雾束直径开度	全开	全开	全开
油漆流量	1/2~2/3 开度	2/3~3/4 开度	1/2~2/3 开度
喷枪距被涂面距离	25~30cm	20~25cm	20~25cm
喷枪运行速度	快	稍快	快
技术要求	薄喷一层,目的是提高涂料与旧漆层的亲和力,同时确认有无排斥涂料的部位。如有就在该部位大气压进行喷涂,覆盖住涂料排斥部位	单层喷涂,喷枪移动速度稍快一些为好,丙烯酸聚氨酯涂料遮盖力强,一般喷涂两次即可。但有的色调需按第二次喷涂方法再喷涂一次	取金属闪光磁漆50%,透明漆50%相混合。第三次喷涂是修正第二次喷涂形成的喷涂斑纹和金属斑纹,目的是形成金属感

(5) 双层金属闪光漆的喷涂　双层金属闪光漆的喷涂工艺见表 7-13。

表 7-13 双层金属闪光漆的喷涂工艺

内容 \ 次数	第一次喷涂	第二次喷涂	第三次喷涂	第四次喷涂
目的	预喷涂	决定色调	消除斑纹	清漆层喷涂
涂料黏度(20℃)	14~18s	14~18s	14~18s	11~13s
空气压力	400~500kPa	400~500kPa	400~500kPa	300~350kPa
雾束直径开度	全开	全开	全开	全开
油漆流量	1/2~2/3 开度	全开~3/4 开度	1/2~2/3 开度	2/3~3/4 开度
喷枪距被涂面距离	25~30cm	20~25cm	20~25cm	20~25cm
喷枪运行速度	快	稍快	快	稍快
技术要求	薄喷一层,目的是提高涂料与旧漆层的亲和力,同时确认有无排斥涂料的部位。如有就在该部位大气压进行喷涂,覆盖住涂料排斥部位	单层喷涂,喷枪移动速度稍快一些为好,丙烯酸聚氨酯涂料遮盖力强,一般喷涂两次即可。但有的色调需按第二次喷涂方法喷涂一次	取金属闪光磁漆50%,透明漆50%相混合。第三次喷涂是修正第二次喷涂形成的喷涂斑纹和金属斑纹,目的是形成金属感	单层或双层喷涂,喷枪在第一层喷涂时速度稍快些,压力不可过高,已形成较薄的清漆层为佳

第五节 车身的涂装修补

一、单色调的局部修补涂装

丙烯酸聚氨酯涂料的局部修补涂装技术被认为很难掌握，但实际上只要掌握了作业方法和要点，也就不难，而且作业速度快，效率高。其基本修补涂装如图 7-32 所示。

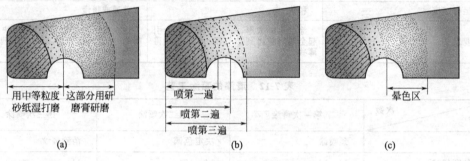

图 7-32 单色调的局部修补涂装

二、金属漆的修补

（1）二道浆涂层的附近用 400# ~ 600# 的水砂纸进行水磨。晕色部位用研磨膏打磨，然后用脱脂剂清洁，用带黏性的布擦拭，最后用压缩空气吹拂。如图 7-33 所示。

（2）先在二道浆层四周喷一层透明涂料，以使所喷涂的金属闪光磁漆更光滑，第二次喷涂确定涂层的颜色，一般喷 2~3 遍，如果着色效果不好，则需要喷 3~4 次。第二道不要喷涂太厚，要均匀地薄喷一遍。如图 7-34 所示。

（3）将 50% 的金属闪光磁漆与 50% 的透明涂料相混合，黏度调至 11~12s，喷涂时比图 7-34 中所示宽些，喷涂时应使涂料呈雾状，薄薄地喷涂，以消除色斑，调整金属感，还可兼并起到防止驳口晕色层的产生。如图 7-35 所示。

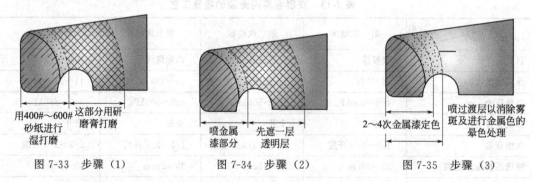

图 7-33 步骤（1）　　图 7-34 步骤（2）　　图 7-35 步骤（3）

（4）清漆喷涂面积可扩大一些，第一次薄喷，间隔大约 5min 再喷第二次。喷涂时要边观察色调边喷，以形成光泽。如图 7-36 所示。

（5）驳口晕色处理一般是以 20% 的透明涂料与 80% 的稀释剂相混合，采用挑枪手法喷在透明层区区域周围，以掩盖其由于喷涂雾滴带来的影响。如图 7-37 所示。

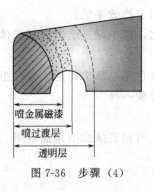
图 7-36　步骤（4）

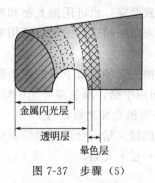
图 7-37　步骤（5）

三、面漆层的干燥

在面漆喷涂完毕后，间隔 10～20min，使涂膜中的溶剂挥发，以免产生涂膜的缺陷，再用烤漆房或用红外线进行面漆的干燥。

强制干燥结束后，要趁汽车车身还未冷却就应揭去粘贴遮盖纸的胶带纸，这样比较省力，因为冷却后胶带纸会变硬，难以揭掉。若采用的是自然干燥方式，应在喷涂结束后 10～15min，再揭去胶带纸。如果是硝基类涂料，待涂膜干燥到能用手指触摸的程度，就可以揭去胶带纸，若待完全干燥后再揭，容易弄坏涂膜。

第六节　涂膜的修整

一、面漆的修理

补救是除去附着在涂膜表面的灰尘和小麻点，对表面有垂流粗糙处和起皱皮处等平整度不良进行修整。其作业是涂装后一道工序，是对涂膜的精加工，必须仔细进行。常见的涂装缺陷及其具体补救措施见第八章，在此只作一般性介绍。

1. 面漆修理常见的工具

常用的工具主要有刮板、打磨块、砂纸和鸡蛋挑骨针等。

2. 补救措施

补救时，主要采用以上工具，最常见的是采用砂纸砂磨的方法。

（1）用微型磨灰机配以 1500♯～2000♯ 砂纸磨平。

（2）用微型抛光机配特粗蜡抛平。

（3）用 1500♯～2000♯ 的砂纸配合橡胶磨头或双面软磨块湿磨除去漆膜表面的尘点、小流挂，并湿磨修整表面粗糙、橘皮等，注意要用手不断拭摸湿磨表面，以免磨穿涂膜。

（4）用刮刀刮除流挂、滴点后，再用 2000♯ 砂纸打磨，可省时省力。

二、面漆的研磨、抛光

1. 漆面研磨

（1）将灰尘等附着物彻底清洗干净。

（2）将适量的粗蜡涂于打磨后的表面，用抛光机配合抛光球（白色羊毛球）贴住抛光表面后再由低转数到高转数抛光，去除砂纸痕和轻微橘皮，来回移动抛光机，否则会令漆膜发热变软导致磨穿,也可用抛光布和粗蜡进行手工抛光,但工作效率低。

(3) 再用中蜡进行抛光。可用喷水瓶向抛光表面喷水,以免抛光蜡结成抛光球,产生不良效果。

(4) 抛去上步骤留下来的更小砂痕,再用细蜡配合黄色羊毛球进行抛光去除粗、中蜡痕(浅色漆面用中蜡,深色漆面用中蜡),操作方法跟上一步骤一样。

2. 漆面抛光和上蜡处理

最后用镜面蜡配合适于抛镜面蜡的海绵球进行抛光,可得到漆面的镜面效果。在漆膜表面涂覆上一层上光蜡。

思考与练习

一、选择题

1. 通过在原涂层表面涂覆稀释剂进行判断其类型的方法是( )。
   A. 视觉判别法   B. 加热判别法   C. 溶剂涂抹判别法   D. 电脑检测判别法
2. 旧涂层清除时主要使用快速清除、但噪声较大的设备是( )。
   A. 角向磨光机   B. 打磨机   C. 打磨机   D. 喷砂机
3. 羽状边的打磨是为了( )。
   A. 增加涂层之间的附着力   B. 增加美观性和装饰性
   C. 消除原子灰打磨平滑之后的印记   D. 可使初从业者便于施工
4. 对表面进行砂光处理的目的是( )。
   A. 获得更加平整的表面   B. 提高附着力
   C. 可以更好地去除锈斑   D. 消除原子灰打磨平滑之后的印记
5. 颜料含量最低,填充性能较弱,具有较强附着力的底漆类型是( )。
   A. 头道底漆   B. 头二道合用底漆   C. 二道底漆   D. 封闭底漆
6. 常用在局部板件需要喷漆的情况的遮盖方法是( )。
   A. 方向遮盖法   B. 正向遮盖法   C. 遮蔽膜遮盖法   D. 部分遮盖法
7. 钣金原子灰一次刮涂最大不允许超过( )mm 厚。
   A. 3   B. 5   C. 7   D. 10
8. 下列原子灰中干燥速度最快的是( )。
   A. 钣金原子灰   B. 幼滑原子灰   C. 塑料原子灰   D. 油性原子灰
9. 原子灰和固化剂在包装上没有说明时夏季的配比比例一般为( )。
   A. 100∶(2～3)   B. 100∶1   C. 100∶10   D. 100∶15
10. 进行金属漆修补时,喷涂修复区和原车身接口区域使用的喷涂手法是( )。
    A. 虚枪喷涂   B. 挑枪喷涂   C. 干喷喷涂   D. 飞漆喷涂

二、判断题(正确画√,错误画×)

1. 车身待涂装表面的清洗主要采用除油剂清洗,其他部位可以用水洗或不洗。( )
2. 加热判别法用来判别原涂层是氧化交联型还是热塑型的。( )
3. 手触摸评估底材损伤程度时必须要戴上手套。( )
4. 经过粗打磨露出白亮金属光泽,从侧面观察,颜色有些变暗的底材是铝合金。( )
5. 化学除漆法的速度没有机械除漆法的快。( )
6. 打磨羽状边和砂光的作用相同都是为了获得更加平整的表面。( )
7. 待涂装的板件表面除油主要使用除油剂。( )
8. 涂料选配根据涂料的适应环境选择时酚醛漆适合在高温条件下用。( )
9. 红外线烤灯适用于局部加热。( )
10. 面漆喷涂要注意涂料黏度、环境温度、手法,不需要关注涂料的黏度。( )

三、简答题
1. 判断原车旧漆层有什么意义。如何进行判别？
2. 对裸金属和良好的旧漆层在处理时有什么不同？
3. 贴护时需要注意哪些问题？
4. 简述原子灰施工的要领。
5. 中涂层有什么作用？
6. 银粉漆如何施工？
7. 修补驳口的大小和位置如何确定？
8. 如何修补面漆上的小颗粒？
9. 进行整车喷涂时喷涂路线是如何要求的？

第八章 常见涂膜缺陷分析及处理方法

【学习目标】 1. 了解常见涂膜缺陷的类型。
2. 掌握储存过程涂料形成缺陷的主要原因及处理办法。
3. 掌握喷涂过程和涂装后形成缺陷的主要原因及处理办法。

【重点难点】 重点：漆膜缺陷形成的主要原因和处理办法。
难点：缺陷形成主要原因的分析。

【考核标准】 应知：涂料储存、喷涂过程中和涂装后形成缺陷的主要原因和处理办法。
应会：能处理喷涂过程中和涂装后形成的缺陷。

汽车涂料在储存过程中，不可避免会出现一些缺陷，给生产带来一定的损失。同时，在涂装过程中或在使用过程中，涂膜出现划痕、斑点等缺陷，对车身表面的美观有很大的影响。

第一节 涂料储存过程形成的缺陷及其处理方法

汽车修补用涂料往往由于储运期过长，运输距离过远，在储运过程中受热（高于30℃）和受冻后产生变质缺陷。如未经补救就投入使用，可能会影响涂装工效，产生涂膜缺陷，直接影响生产，造成经济损失。涂料在储存过程中常见的缺陷主要有沉淀、浑浊、变稠、结皮和胀气。

一、沉淀

涂料在储运过程中产生沉淀，在使用前能搅拌分散开，细度也合格，这属于正常现象。如果沉淀结块搅拌不起来，不能再分散的现象，就属于沉积或结块缺陷。

1. 原因

（1）涂料中所含的颜料或体积颜料磨得不细，分散不良，所占比重大等因素所导致。

（2）颜料与漆基发生或相互粘附，生成固态沉淀物。

（3）储存时间过长，尤其是长期静放的场合。

（4）颜料粒子处于不稳定状态结块。

2. 预防措施和处理方法

（1）在设计选择配方时，就应注意颜料与漆基的适应性；注意和强化颜料的研磨分散工艺；提高黏度或制成触变型涂料，防止沉淀加防沉淀剂或润湿悬浮剂。
(2) 减少库存，缩短储存时间，存货先用。
(3) 存放在阴凉场所。
(4) 要定期倒转漆罐。
(5) 不要储存稀释过的漆料，稀释过的漆料因黏度较低，故比原漆更易沉淀。

二、浑浊

浑浊主要指清漆、清油等在储存过程中出现不透明的乳浊状、透明度较差的缺陷。
1. 原因
(1) 在运输和存放时，由于保存不佳，从桶口渗进水分，或储存温度过低，油中含有的蜡质析出。
(2) 稀释剂溶解力不足，或里边含有水分也易造成清漆浑浊。
2. 预防措施和处理方法
(1) 库房存放温度应该在20℃左右。
(2) 发现浑浊时应加入溶解性强的溶剂。
(3) 采取安全的加热方法解决。

三、变稠

罐内涂料在储运过程中变浓厚，黏度增高，超过技术条件规定的原漆许可年度的上限的现象称为增稠。增稠有时有触变性，一经强烈振动即能恢复原来的黏度。增稠严重时，涂料呈豆腐脑状或块状的现象称为肝化，结块或干涸。含颜料量少的涂料，不是因溶剂挥发失去流动性，而是成为胶质状称为胶化。
1. 原因
(1) 涂料容器密闭不完全或其未装满桶，造成溶剂挥发，使涂料的黏度上升、变稠。
(2) 空气中的氧气，促进漆基氧化和聚合，使涂料胶化。
(3) 色漆的黏稠化的主要原因是所用颜料与漆基产生反应，使色漆增稠和凝聚产生颗粒。如特黑汽车面漆在储运中易变稠，是由于带酸性的炭黑能促进酸固化的合成树脂涂料变稠，甚至硬化。
(4) 在运输过程中遇到高温或储存场所的温度过高，热固性合成树脂涂料的漆基受热时会使分子聚合，黏度上升，甚至胶化。
(5) 储存期过长，漆基的活性基团发生反应，引起黏度上升。
2. 预防措施和处理方法
(1) 保持罐盖紧，确保密封，隔绝空气，容器中的涂料应装满。
(2) 存放在阴凉的场所。存储场所的温度最好在25℃以下，切勿储存在日光下、暖气和炉旁。
(3) 尽可能缩短储运期，尤其是活性基团多的高档合成树脂涂料，更不能长期储存，使用涂料时应遵守先进先用的原则。
(4) 涂料厂改进配方，克服在涂料储运过程中的颜料和基料之间的化学反应。
注：变浓的喷漆（热塑性涂料）再加入良好的稀释剂后通常可再度使用。而对胶化、肝化或干涸的热固性涂料，因是不可逆的，只能报废。

四、结皮

自干转化型涂料在储运过程中与空气接触，涂料表面易氧化固化的现象称为结皮。自干型的沥青漆、油性漆、油性原子灰和干性油改性醇酸树脂涂料等，在储运中易产生结皮。

1. 原因

(1) 表面干料添加过多或用桐油制的涂料易结皮。
(2) 容器不密闭或桶内未装满，使涂料面与空气接触。
(3) 储存场所温度过高或有阳光照射。
(4) 储存期过长。

2. 预防措施和处理方法

(1) 涂料中不预先加入促进表面干燥的干燥剂，在使用时按比例调入。
(2) 容器内应尽量装满涂料，并要密封好；如果能在装桶时通入二氧化碳或氮气，则待置换出容器上层的空气后，再加盖封存，那就更好。
(3) 加入抗结皮剂。常用的抗结皮剂有苯酚、邻苯二甲酚、松木油、丁醇等。
(4) 缩短涂料的储存期。开桶后的涂料应尽可能地用掉，未用完的可在涂料上倒些溶剂，则可保持几天不结皮。若已经结了皮的涂料，则应除掉，搅拌和过滤后方可使用。

五、胀气

胀气主要是由于涂料在运输或储存过程中，部分可挥发性助剂或溶剂从涂料中逸出，这部分产生的气体在漆罐内形成压力的现象。

1. 原因

(1) 涂料过于陈旧，库存期太长。
(2) 分子间的化学反应。
(3) 储藏处所温度过高。

2. 预防措施和处理方法

(1) 涂料存放在阴凉处。
(2) 不要储存过多的涂料。
(3) 以正确的轮换方式使用。

第二节 喷涂过程产生的涂膜缺陷及其处理方法

涂装过程中产生的涂膜缺陷，一般与涂料质量、涂装工艺、干燥固化、施工操作方法、被涂物表面状态、涂装设备、涂装环境等因素有关。

一、刷痕

1. 现象

在刷涂和滚涂时，残留有凹凸不平的刷和滚的痕迹。如图 8-1 所示。

2. 主要原因

(1) 涂料的流平能力差，涂料中固体含量过高。
(2) 涂料施工黏度高。
(3) 刷涂技术不佳，操作不当，漆刷质量差。

(4) 涂装环境气温低。

3. 处理方法

(1) 选用流平性好的涂料。
(2) 使用合适工具,正确地进行施工。
(3) 添加少量高沸点溶剂。
(4) 如果出现刷痕现象,应打磨后重新涂装。

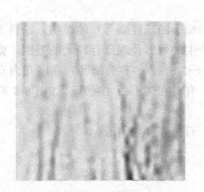

图 8-1　刷痕

图 8-2　流挂

二、流挂

1. 现象

喷涂在施喷件垂直面上的涂料向下流动,使漆膜产生不均匀的条纹和流痕的现象,根据流痕的形状可分为下沉、流挂、流淌。流挂如图 8-2 所示。

下沉是指涂装完毕到干燥期间涂层局部垂流,产生厚度不均匀的半圆状、冰瘤状、波状等的现象;流挂是指在采用浸、淋、喷、刷等涂装方法的场合,涂料在被涂物的垂直面和边缘附近积留后,照原样固化并牢固附着的现象;流淌是指被涂物垂直表面漆膜大面积的流挂现象。

2. 主要原因

(1) 涂料中使用重质颜料或研磨不均。
(2) 涂料黏度过低。
(3) 溶剂挥发太慢或溶剂选用不配套。
(4) 喷枪选用喷嘴直径过大或者气压过小。
(5) 喷涂操作不当,喷涂距离和角度不正确,喷枪移动速度过慢,造成一次喷涂重叠。
(6) 漆膜过厚。
(7) 喷涂时环境温度过低或周围空气中的溶解含量过高。
(8) 在光滑的被涂物或漆膜上喷涂新漆时,也容易发生垂流。
(9) 各涂层之间的相隔时间太短。

3. 处理方法

(1) 调整涂料配方或者添加阻流剂。
(2) 正确选择溶剂,注意溶剂的溶解能力和挥发速度。
(3) 严格控制涂料的施工黏度和温度。
(4) 提高操作者的操作水平和技术规范程度,喷涂均匀,注意喷枪与喷涂表面的距离和角度，一次不宜喷涂太厚。

(5) 如果出现流挂，一般待其干燥后可用水砂纸打磨平整。

(6) 加强换气，喷漆间的环境温度应保持在 20℃ 以上。

(7) 喷枪的喷嘴直径应适当。

三、收缩、鱼眼、抽缩

1. 现象

受施喷件表面存在的（或混入涂料中）异物（如蜡、油或硅酮等）的影响，涂料不能均匀附着，产生收缩而露出施喷件表面的现象。由于产生的原因及现象有较大的差别，露底面积大的且不规则的称为抽缩；呈圆形（直径多为 0.1~2mm）的称为缩孔；在圆孔内有颗粒的称为鱼眼。这种缺陷产生在刚涂装完的湿漆膜上，有时在烘干后才发现。如图 8-3 所示。

2. 主要原因

(1) 被涂表面不干净，有水、油、灰尘、肥皂、石蜡等异物附着。

(2) 溶剂选用和烘烤温度不适应。

(3) 粘有不同涂料的喷雾。

(4) 残存的遮蔽材料或修补过程中旧漆层吸漆。

(5) 底漆过于平滑。

(6) 涂装环境不够清洁。

(7) 涂装工具、工作服、手套等防护用具不清洁。

3. 处理方法

(1) 确保被涂物面洁净，严禁裸手、脏手套和脏擦布接触。

(2) 用除油剂彻底清洁底材表面。

(3) 在旧漆层上涂装时，应用砂纸充分打磨，并用除油剂清洁干净。

(4) 确保压缩空气无油、水，并处于干净环境。

(5) 确保涂装环境清洁干净。

(6) 如果出现收缩现象，先用溶剂将缺陷部位擦干净，进行局部重喷。

图 8-3 收缩

图 8-4 橘皮

四、橘皮

1. 现象

在喷涂过程中，湿漆膜不能充分流动，未形成平滑的干漆膜面，出现类似于橘皮凹凸不平的痕迹，凹凸度为 3mm 左右。如图 8-4 所示。

2. 主要原因

(1) 喷涂施工过程中，涂料黏度过大。
(2) 喷枪口径大小不适，压缩空气压力低，出漆量过大，导致雾化不良。
(3) 喷枪离被涂表面过大。
(4) 空气和被涂表面温度偏高，喷涂室内过度通风，溶剂挥发过快。
(5) 喷涂厚度不足。
(6) 晾干时间过短。

3. 处理方法

(1) 调整涂料黏度。
(2) 选择出漆量和雾化良好的喷涂工具，压缩空气压力调整适宜。
(3) 调整喷涂距离。
(4) 控制漆膜厚度，一次喷涂到规定厚度。
(5) 保持被喷涂表面温度在 50℃ 以下，喷涂室内温度应在 20℃ 左右。
(6) 适当延长晾干时间。
(7) 出现橘皮现象后，彻底晾干用砂纸打磨，重新补涂。

五、凹坑、麻点

1. 现象

漆膜表面上产生像火山口那样，直径为 0.5～3mm 的凹坑现象。凹坑、凹陷、麻点与缩孔、抽缩、鱼眼的差别是不露出被涂物表面。产生原因和防治方法与缩孔、抽缩、鱼眼相似。

2. 主要原因

(1) 被涂表面不干净，有水、油、灰尘、肥皂、石蜡等异物附着。
(2) 溶剂选用和烘烤温度不适应。
(3) 粘有不同涂料的喷雾。
(4) 残存的遮蔽材料或修补过程中旧漆层吸漆。
(5) 底漆过于平滑。
(6) 涂装环境不够清洁。
(7) 涂装工具、工作服、手套等防护用具不清洁。

3. 处理方法

(1) 确保被涂物面洁净，严禁裸手、脏手套和脏擦布接触。
(2) 用除油剂彻底清洁底材表面。
(3) 在旧漆层上涂装时，应用砂纸充分打磨，并用除油剂清洁干净。
(4) 确保压缩空气无油、水，并处于干净环境。
(5) 确保涂装环境清洁干净。
(6) 如果出现收缩现象，先用溶剂将缺陷部位擦干净，进行局部重喷。

六、缩边

1. 现象

在喷涂和干燥过程中漆膜收缩，使被涂物的边缘、拐角等部位的漆膜变薄。如图 8-5

所示。

2. 主要原因

(1) 涂料黏度偏低。
(2) 漆基的内聚力过大。
(3) 所用溶剂挥发速度慢。

3. 处理方法

(1) 调整涂料黏度。
(2) 添加阻流剂，降低内聚力。
(3) 选择适当的溶剂。

图 8-5　缩边

图 8-6　颗粒

七、颗粒

1. 现象

漆膜中的凸起物呈颗粒状分布在整个或局部表面上的现象。由混入涂料中的异物、涂料变质或过喷涂而引起的称为涂料颗粒；金属闪光涂料中铝粉在涂面造成的凸起异物称为金属颗粒；在涂装时或刚完成的湿漆膜上附着的灰尘或异物称为尘埃。如图 8-6 所示。

2. 主要原因

(1) 涂装环境的空气清洁度差。调漆室、喷漆间内有灰尘。
(2) 施喷件表面不清洁。如打磨后施喷件内外没有彻底清洁；选用质量较差的棉布做清洁，而棉布的纤维物留在施喷件上。
(3) 涂料变质，如漆基析出或反粗，颜料分散不佳或产生凝聚，有机颜料析出，闪光色漆的漆基中铝粉分散不良等。
(4) 易沉淀的涂料未充分搅拌或过滤。
(5) 喷漆间内温度过高或溶剂挥发太快。
(6) 漆雾过多（干喷涂），涂料的黏度过高。
(7) 输漆系统中用的泵不合适，喷漆间压力不平衡，压缩空气没有过滤或过滤不充分。

3. 处理方法

(1) 涂料充分过滤。
(2) 涂装环境应充分洁净。
(3) 操作人员的个人防护用具应该使用不脱纤维的。
(4) 喷漆室温度、风速调整适当。
(5) 油漆黏度、输漆压力调整适当。

(6) 注意喷涂顺序。
(7) 出现严重起粒现象后，用砂纸打磨掉重新喷涂。

八、针孔

1. 现象

漆膜干燥后，在漆膜表面形成针状小孔，严重时针孔大小似牛皮的毛孔。如图 8-7 所示。

2. 主要原因

(1) 被喷涂表面其底层上已经有针孔。
(2) 溶剂挥发速度过快。
(3) 涂料流动性不良，流平性差，起泡性差。
(4) 涂料变质或黏度过高。
(5) 晾干不够充分或者烘干时升温过快造成表面干燥过快。
(6) 被涂物表面温度过高。
(7) 喷涂压缩空气中存在水分、油。

3. 处理方法

(1) 选用较慢挥发速度的稀释剂。
(2) 施工时严格防止水分及其他杂物混入。
(3) 选择适宜的涂料黏度。
(4) 用清洁的空气喷涂。
(5) 出现严重针孔现象，填补原子灰后重新磨光补喷。

图 8-7　针孔

图 8-8　起皱

九、起皱

1. 现象

在干燥时，形成局部或全部的皱纹状涂膜。如图 8-8 所示。

2. 主要原因

(1) 面漆的溶剂把底漆漆膜溶解。
(2) 漆膜过厚。
(3) 氨基漆晾干过度。
(4) 烘干升温过急，表面干燥过快。

3. 处理方法

(1) 用溶解力小的面漆涂料。
(2) 按规定采用漆膜厚度涂覆。
(3) 氨基漆在按规定时间晾干后就进行烘干。
(4) 严格执行晾干和烘干的工艺规范。
(5) 对已经起皱的涂层，待涂层干燥后用砂纸打磨平滑重新喷涂。

十、气泡

1. 现象

搅拌引起的气泡或由溶剂蒸发产生的气泡，在涂装成膜过程中未消失而残留在漆膜中，统称为气泡。由底材或漆面所吸收含有水分、溶剂或气体，使漆面在干燥（尤其是烘干）过程中呈泡状鼓起的缺陷，分别称为水气泡、溶剂气泡或空气泡。如图 8-9 所示。

2. 主要原因

(1) 溶剂挥发速度太快，涂料的黏度偏高。
(2) 烘干时加热过急，晾干时间过短。
(3) 底材、底涂层或被涂覆面含有溶剂、水分或气体。
(4) 搅拌混入涂料中的气体未释放尽就喷涂。
(5) 当喷涂面漆后，工件长时间存放在潮湿环境中，而形成潮湿效应。
(6) 施喷件的温度过高从而加速了正常干燥相隔时间。

3. 处理方法

(1) 使用指定溶剂，黏度应按涂装方法选择，不宜偏高。
(2) 漆面烘干时升温不宜过急。
(3) 施喷件表面应干燥清洁，上面不能残留有水分和溶剂。
(4) 添加醇类溶剂或消泡剂。
(5) 喷涂面漆后，工件应放置在干燥的环境中。
(6) 降低施喷件的温度，使其温度略高于喷涂环境温度。

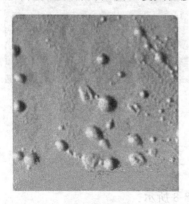

图 8-9 气泡

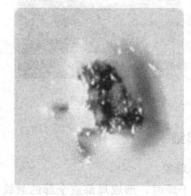

图 8-10 沾污

十一、沾污

1. 现象

由于铁粉、水泥粉、干漆雾、树脂或化学品等异物的附着，漆面变粗糙、脏污或带有色素物质的沾污,产生异色斑点等现象,使漆面腐蚀和脱色。严重的情况下,这些物质会破坏漆面的光洁度。如图 8-10 所示。

2. 主要原因

(1) 在漆面干燥过程中,周围环境中的铁粉、水泥产生异物沾污,砂尘、干漆雾等异物的侵入和附着。

(2) 漆面接触沥青、焦油、酸性物质、树脂、昆虫鸟粪、化学物质和有色素的物质等。如焦油粘到油漆表面,脱色的情况就会产生,由于部分焦油分子迁移到油漆表面,留下污染的棕黑色斑点,而造成腐蚀。

(3) 涂层接触化学或有色素的物质。

(4) 涂层在使用过程中发霉。

3. 处理方法

(1) 确保涂层干燥、场所清洁,清除污染物。

(2) 包装被涂物时涂层应完全干透。

(3) 防止涂层与污染介质接触,选用耐沾污性好的涂料。

(4) 选用防霉性好的涂料或在涂料中添加防霉剂。

十二、咬起

1. 现象

喷涂面漆后底漆(或旧漆层)被咬起脱离,产生皱纹、胀起、起泡等现象称为咬起。喷涂含强溶剂涂料(如硝基漆)时,易产生这种现象。咬起一般还容易发生在新喷的面漆层与旧漆层的驳口处或经填补原子灰的中间漆上。如图 8-11 所示。

2. 主要原因

(1) 色漆中含有强力溶剂,穿透底漆涂膜。

(2) 涂料不配套、底涂层的耐溶剂性差。

(3) 涂层未干透就涂下一道漆。

(4) 涂料涂覆过厚。

3. 处理方法

(1) 改变涂料体系,另选用合适的底漆。

(2) 底漆层干透后再涂面漆。

图 8-11 咬起

图 8-12 发白

十三、发白

1. 现象

涂装过程中和刚涂装完毕的涂层表面呈乳白色,产生似云那样的变白失光现象,多发生在涂装挥发性涂料的场合,严重时完全失光。如图 8-12 所示。

2. 主要原因

(1) 空气湿度过高。
(2) 溶剂挥发速度太快。
(3) 被涂物表面温度过低。
(4) 稀释剂或压缩空气中有水分。

3. 处理方法

(1) 涂装场地的空气湿度不要高于 68%,环境温度最好在 15~25℃。
(2) 选用挥发速度较低的稀释剂,或者添加防白剂、防潮剂。
(3) 涂装前先将涂料进行加热,使其比环境温度稍高。
(4) 防止通过溶剂和压缩空气带入水分。
(5) 对已经发白的漆膜可在稀料中加入 10%~20% 的防潮剂,加入少许涂料再喷 1~2 遍。

十四、色发花、条纹、色相杂乱

1. 现象

漆膜的颜色不均匀,出现斑印、条纹和色相杂乱的现象。一般是由涂料的涂装不当及涂料组分变化等引起的。由喷幅搭接不匀引起的为条纹;由某一部位、点过度涂装引起的为斑印;由喷涂手法杂乱、无序引起的为色相杂乱。如图 8-13 所示。

2. 主要原因

(1) 涂料中的颜料分散不良或两种以上的色漆相互混合时混合不充分。
(2) 所用溶剂的溶解能力不足或施工黏度不适当。
(3) 面漆层过厚,使漆膜中的颜料产生表里"对流"现象。
(4) 在涂装车间附近有能与漆膜发生作用的气体(如氨、二氧化硫等)。
(5) 喷涂时喷涂压力过高或过低。
(6) 涂装不当,操作方法不正确。

3. 处理方法

(1) 选用分散性和互溶性良好的颜料。
(2) 选择适当的溶剂,采用符合工艺要求的涂装黏度及漆膜厚度。
(3) 调配复色漆时应使用同一类型的颜料,最好用同一厂家生产的同一类型的颜料。
(4) 喷涂时喷枪走枪要均匀,喷涂压力要适当。

十五、色差

1. 现象

修补部位的漆膜的色调、纯度、明度与原漆色有差异。如图 8-14 所示。

2. 主要原因

(1) 不同批次的涂料有较大的色差(一般较少出现)。
(2) 在换色喷涂中,输漆管路清洗不干净。

图 8-13 条纹

图 8-14 色差

(3) 烘干时间及温度控制不规范,局部过烘。

3. 处理方法

(1) 不同批次的涂料应加强检验。

(2) 在换色喷涂中,输漆管路一定要清洗干净。

(3) 烘干时间、温度控制应严格在工艺规定范围内。

十六、色分离

1. 现象

色分离又叫浮色。涂料中各种颜料的粒度大小、形状、密度、分散性、内聚性等的不同,使漆膜表面和下层的颜料分布不均,各断面的色调有差异的现象。与色不均的差别在于浮色漆膜外观色调一致,但湿漆膜和干漆膜的色差大。

2. 主要原因

(1) 在涂装含有两种以上颜料的复色涂料时,由于溶剂在涂层的表里挥发不一,易出现对流而产生浮色现象。

(2) 涂料中颜料的密度相差悬殊。

(3) 喷涂时喷涂压力过高或过低。

3. 改进方法

(1) 改进涂料配方(如选用不易浮色的、易分散的颜料)。

(2) 添加防浮色剂,如硅油对防止浮色有明显的效果。

(3) 喷涂时喷枪走枪要均匀,喷涂压力要适当。

十七、银粉不匀

1. 现象

银粉不匀也叫云斑、走丝。在喷涂金属银粉漆面时,因喷涂的厚度不均匀,施工方法不当和所用溶剂与涂料不配套而引起的银粉分布不匀,定向不匀,银粉颗粒沿同一方向排列,呈现明暗相间的条纹。如果在垂直表面上出现走丝现象,导致漆膜外观颜色不均匀的现象。这种缺陷常常发生在喷涂大面积的金属银粉漆面时,银粉不匀如图 8-15 所示。

2. 主要原因

(1) 涂料配方不当(如银粉含量偏低、溶剂的密度大、树脂的分子量低等)。

(2) 喷涂时涂料黏度过低或过高。

(3) 涂层过厚或膜厚不均匀,雾化差,喷涂操作不熟练。

(4) 喷涂银粉漆与清漆采用"湿碰湿"工艺时，中间相隔时间过短。
(5) 喷涂环境温度低。
(6) 涂层受湿空气或潮湿天气影响。

3. 改进方法
(1) 改进涂料配方，使用油漆厂指定的溶剂。
(2) 选用合适的喷涂黏度。
(3) 提高喷涂操作者的熟练程度，采用专业喷涂工具。
(4) 采用"湿碰湿"工艺时，中间相隔时间要足够。
(5) 将喷涂时的环境温度调节到合适的范围内。

图 8-15　银粉不匀

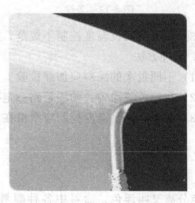

图 8-16　砂纸纹

十八、砂纸纹

1. 现象

喷涂面漆和干燥后仍能清楚地看到大量呈凹槽状印迹的现象。这是由于在喷涂面漆之前的砂纸打磨痕迹，且影响涂层外观（光泽、平滑度、丰满度和鲜映性）。如图 8-16 所示。

2. 主要原因
(1) 砂纸选用不当，打磨砂纸太粗，质量差。
(2) 打磨时机不当，涂层未干透就打磨。
(3) 被涂物表面状态不良，有极深的锉刀纹或打磨纹。
(4) 涂膜厚度不足。

3. 处理方法
(1) 正确选用打磨砂纸。
(2) 打磨工序应在图层干透和冷却后进行。
(3) 对装饰性要求较高的部位，以湿打磨取代干打磨。
(4) 被涂物表面状态不良，应刮原子灰填平。
(5) 提高喷涂厚度。

十九、遮盖力差

1. 现象

透过面漆可以看见旧的油漆、少许底漆或部分底材颜色，漆膜有斑点且颜色不均匀，这种缺陷称为涂料遮盖力差，如图 8-17 所示。

2. 主要原因

(1) 所用涂料的遮盖力差或涂料在喷涂前未搅拌均匀。
(2) 涂料的施工黏度或固体分偏低,喷涂过薄。
(3) 选用容积不正确。
(4) 喷涂不仔细或被涂物外形复杂,发生漏涂现象。
(5) 底漆和面漆之间的色差太大,如在深色漆上喷涂亮度高的浅色漆。

3. 处理方法

(1) 选用遮盖力强的涂料,增加涂料的厚度或增加喷涂道数,涂料在使用前和涂装过程中应充分搅拌。
(2) 适当提高涂料的施工黏度或选用施工固体分高的涂料,每道漆应达到规定喷涂厚度。单工序颜色漆涂抹厚度一般为 50～70nm,双工序金属漆的最佳漆膜厚度为 15～30nm。
(3) 提高喷涂操作熟练程度,走枪速度要均匀。
(4) 底漆的颜色尽量与面漆的颜色相似。

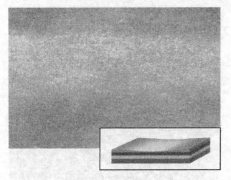

图 8-17　遮盖力差

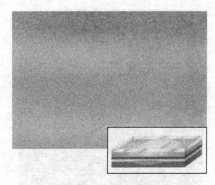

图 8-18　渗色

二十、渗色

1. 现象

在一种颜色的漆膜上喷涂另外一种颜色的漆,底漆层的颜色渗入到上漆层的漆膜中,使上漆层漆膜的颜色发生变色的现象称为渗色。渗色如图 8-18 所示。

2. 主要原因

(1) 底漆中含有的有机颜料或溶剂能溶解的色素渗入面漆层中。
(2) 施喷件表面上含有色物质或底材上有附着物。
(3) 面漆中含有溶解力强的溶剂或底层漆膜未完全干透就喷涂面漆。
(4) 聚酯涂料中的过量氧化物被涂料中的溶剂溶解,会发生穿透性渗色。

3. 处理方法

(1) 在含有有机颜料的涂层上不宜喷涂异种颜料的涂料。
(2) 在喷涂面漆前,应先喷一层隔绝底漆。
(3) 面漆选用挥发快、对底漆溶解力差的溶剂调配。
(4) 清洗除去底层上的着色物质后,再喷涂面漆。

二十一、干燥不良

1. 现象

涂料涂覆后,漆膜正常干燥后,出现涂膜表干或实干时间延长,或涂膜表干里不干,涂膜硬度低。如图 8-19 所示。

2. 主要原因

(1) 涂料中催干剂或固化剂配比不当。
(2) 涂料中含有抗干的颜料。
(3) 一次涂装太厚。
(4) 被涂物表面残存有石蜡、硅油、水等。

3. 处理方法

(1) 在实验室标准条件下严格检查涂料。
(2) 严格执行晾干和烘干规程。
(3) 氧化固化涂料一次不宜涂得太厚。
(4) 添加干燥剂和调整表干型干燥剂的用量。
(5) 严防被涂物和压缩空气中的油污、蜡、水等带入涂层中。

图 8-19 干燥不良

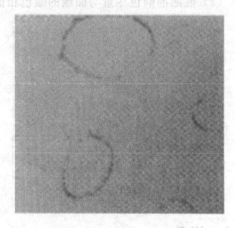

图 8-20 腻子残痕

二十二、腻子残痕

1. 现象

在刮腻子的部位喷涂后，涂膜表面出现腻子痕迹。如图 8-20 所示。

2. 主要原因

(1) 腻子刮涂后，打磨不充分。
(2) 对刮腻子的部位未封涂底漆。
(3) 所用腻子的收缩性大，固化后变形。

3. 处理方法

(1) 对刮腻子部位充分打磨。
(2) 在刮腻子部位涂封底漆。
(3) 选用收缩性小的腻子。

二十三、打磨痕迹

1. 现象

基底打磨痕迹较重，上层面漆膜遮盖不住出现的涂膜缺陷。如图 8-21 所示。

2. 主要原因
(1) 打磨操作不规范。
(2) 打磨工具选用不当或者打磨工具技术状况不良。
(3) 砂纸质量差,有掉砂现象。
(4) 在打磨平面时未用打磨块垫持,局部用力过大。
3. 处理方法
(1) 按操作规范认真打磨。
(2) 确保打磨工具技术状况良好。
(3) 选用优质砂纸,在用新砂纸之前,应将砂纸互相对磨一下看是否有磨粒脱落。
(4) 在打磨平面时应采用打磨块。

图 8-21 打磨痕迹

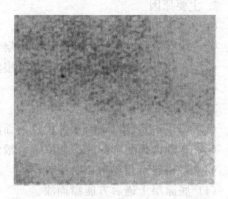

图 8-22 修补斑印

二十四、修补斑印

1. 现象
修补涂装的部位与原涂面的光泽、色调有差别。如图 8-22 所示。
2. 主要原因
(1) 修补涂料与原涂料差异较大。
(2) 修补操作不规范。
3. 处理方法
(1) 正确选用修补涂料,尽可能使修补的颜色、光泽和耐老化性与原涂料接近。
(2) 被修补部位应仔细打磨。
(3) 修补面应扩大到明显的几何分界线。

第三节 涂装后涂膜出现的缺陷及其处理方法

一、裂缝、开裂

1. 现象
涂料施涂后经干燥成膜,在户外使用后,涂膜上出现裂缝。根据裂缝的形态如大小、深度、宽度等,可分为发状裂纹、浅裂纹、龟裂、鳄皮裂纹和玻璃裂纹等。发状裂纹如图 8-23 所示。龟裂如图 8-24 所示。

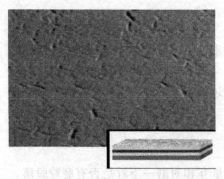 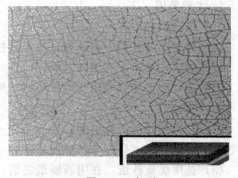

图 8-23　发状裂纹　　　　　　　　图 8-24　龟裂

2. 主要原因

(1) 面漆层的耐候性和耐温变性差。
(2) 涂料的底面涂层配套不佳，底层漆膜和面漆涂膜的伸缩性和软硬程度差距大。
(3) 底涂层未干透就涂面漆或面漆层涂得过厚。
(4) 涂层老化。

3. 处理方法

(1) 选用耐候性、耐温变性优良的面漆。
(2) 合理选择配套的底、面漆，一般使底层漆膜和面层漆膜的硬度、伸缩性接近。
(3) 严格按工艺要求控制漆膜厚度，对耐寒性差的漆膜不应涂得过厚。
(4) 底涂层干透后方能涂面漆。

二、变脆

1. 现象

涂料经施涂干燥成膜后，漆膜失去弹性或弹性变差。

2. 主要原因

(1) 涂膜的柔韧性及附着力差。
(2) 涂膜涂得过厚。
(3) 涂膜过度烘烤或烘烤温度过高、烘烤时间过长。
(4) 使用环境温度过低。

3. 处理方法

(1) 严格按要求进行漆前表面处理，提高漆膜的附着力。
(2) 选择配套性良好的涂层。
(3) 选择合适的漆膜厚度。
(4) 选择合适的烘干规范。

三、风化

1. 现象

涂层在使用过程中受环境因素的影响，漆膜厚度降低直至露出底材。

2. 主要原因

(1) 被涂物使用环境极差。
(2) 选用的涂料耐候性差。

(3) 被涂物使用年久。
3. 处理方法
(1) 选用耐候性优良的涂料。
(2) 根据漆面破坏程度，及时进行重新涂漆。

四、剥落

1. 现象

当涂料干燥成膜后，涂膜受外力作用从底材上脱落下来。

2. 主要原因
(1) 底材金属表面过分光滑，结合力不够。
(2) 被涂表面受到蜡、油脂、硅酮、油、水、铁锈或肥皂水等的污染。
(3) 被涂表面未使用金属表面处理剂，或者所使用的处理剂型号不对。
(4) 喷涂底漆的方法不当，底漆未充分干燥。
(5) 喷涂时，基底表面温度太高或太低，压缩空气的压力太高。
(6) 油漆所用稀释剂型号不对或质量太差。
(7) 漆膜太厚。

3. 处理方法
(1) 被涂表面太光滑时应打磨或经化学处理，提高涂层的附着力。
(2) 认真清洗被涂表面并用干净布将表面揩干。
(3) 被涂表面要正确使用金属表面处理剂，处理后 30min 内应开始喷漆，以防被涂表面生锈。
(4) 喷涂和干燥过程中要保证表面处于所推荐的温度范围内。
(5) 使用正确的工艺喷涂底漆，要保证底漆充分固化后才可继续涂面漆。
(6) 用推荐型号的稀释剂将油漆稀释到正确的范围。
(7) 在保证油漆能够充分雾化的前提下，将压缩空气的压力尽可能调低。
(8) 每次喷涂的漆层要薄而且湿。

五、斑污

1. 现象

漆膜表面出现色斑、腐蚀点或粘附着污垢。

2. 主要原因
(1) 漆膜粘附有灰尘、水泥灰、焦油、煤烟、酸性物质、昆虫或鸟类的粪便等污染物。
(2) 所用颜料不耐酸、碱。
(3) 涂层长霉。

3. 处理方法
(1) 选用耐腐蚀和耐油污性好的涂料。
(2) 汽车不要在室外停放，尤其不要停放在污染源附近。
(3) 汽车应涂面漆防护蜡。

六、起泡

1. 现象

漆膜的一部分似泡状从底面离开，甚至浮在表面。气泡如图 8-25 所示。

2. 主要原因

(1) 涂膜的水汽渗透性、耐水性或耐潮湿性差。

(2) 被涂面残存有油污、汗液、盐碱、打磨灰等物质。

(3) 清洗被涂面的最后一道用水的纯度差，含有杂质离子。

(4) 在涂装表面残存水汽。

(5) 漆膜干燥不充分。

(6) 在高湿度下长期放置。

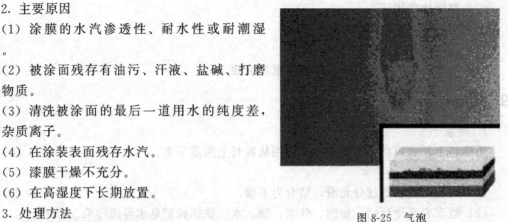

图 8-25 气泡

3. 处理方法

(1) 在涂料中添加化白水防止由于空气湿度过高而造成水分在漆膜中凝结。

(2) 在涂装前将车身表面清洁干净。

(3) 用风枪吹干车身或自然晾干 24 小时以上。

七、粉化

1. 现象

漆膜在使用过程中受紫外线、氧气及水分的作用，老化呈粉状脱离。

2. 主要原因

(1) 高分子成膜材料发生老化，导致不能更好地润湿颜料而在漆膜表面析出颜料粒子。

(2) 涂料中所用漆基和颜料的质量差。

(3) 涂料的耐候性差。

3. 处理方法

(1) 选用质量好的漆基材料和抗粉化性好的颜料。

(2) 选用耐候性优良的涂料。

(3) 在涂料中加入适量的紫外线吸收剂。

(4) 加强漆膜的维护保养。

八、发霉

1. 现象

漆膜在使用过程中，霉菌侵蚀干燥的涂膜，形成黑暗的淤积，即带有黄、黑、绿等颜色的绒絮状菌体斑点分布于涂膜表面。

2. 主要原因

(1) 涂料配方中有易产生霉变的材料。

(2) 被涂物经常在环境潮湿的条件下使用。

(3) 涂层表面在使用过程中不经常清洗维护。

3. 处理方法

(1) 在涂料配方中选用不易霉变的高分子聚合物作为成膜材料。

(2) 通过试验在所用涂料中加入适量的防霉助剂。

(3) 对易发霉的底材在涂漆前应进行防霉处理。
(4) 涂层表面应经常清洗和维护。

九、雨斑

1. 现象

受雨淋或雨露的浸渍，使涂膜表面形成不透明的点状乳白色痕迹。雨斑如图8-26所示。

2. 主要原因

(1) 所用涂料的抗水性能差。
(2) 涂膜表面未涂防水防护剂。

3. 处理方法

(1) 选用抗水性能优良的涂料。
(2) 必要时可试验加入硅烷类助剂，提高涂膜的防水性。

图8-26 雨斑

十、褪色

1. 现象

在使用过程中，漆膜的颜色变浅。

2. 主要原因

(1) 所用涂料的耐候性和耐光性差。
(2) 受阳光、大气污染等的作用。
(3) 受热、紫外线的作用使树脂变质。

3. 处理方法

(1) 根据使用环境选用耐候性和耐光性优良的涂料。
(2) 选用不褪色的涂料。

十一、变色

1. 现象

在使用过程中漆膜的颜色发生变化，其色相、纯度、明度明显地偏离标准色板。

2. 主要原因

(1) 所用涂料的耐候性差。
(2) 受酸雨及其他工业污染的影响。
(3) 受阳光照射、潮湿、高温等环境因素影响。
(4) 在漆膜老化、增塑剂析出等过程中有机颜料通过漆膜迁移。

3. 处理方法

(1) 根据被涂物的使用条件选用合适的涂料。
(2) 选用耐候性优良的涂料。
(3) 在酸碱度超标的大气环境停车时要将车用车罩罩起来或停放在车库中。

十二、失光

1. 现象

漆膜表面最初有光泽，在使用过程中逐渐失去光泽。

2. 主要原因

(1) 涂料的耐候性差。

(2) 漆膜耐擦伤性能不好，擦洗车过程中漆面擦伤失光。

(3) 阳光照射、水汽（高温高湿）作用和腐蚀气体沾污。

3. 处理方法

(1) 选用耐候性、抗擦伤性能优良的涂料。

(2) 如所用涂料可以进行抛光处理，则先进行抛光，后根据车身颜色用相配套增艳蜡进行抛光。

十三、潮湿起泡

1. 现象

均匀分布麻点状的小泡，大小各异，在非常湿热的条件下容易出现。这些气泡在空气湿度降低后会消失，漆膜变得平整。潮湿起泡如图 8-27 所示。

2. 主要原因

(1) 面漆、中涂、底漆以及底材之间相互的附着力不够，可能导致起泡。

(2) 油漆都会相对地透水。在非常湿热的条件下，水会以液态形式渗入漆膜，然后又以蒸汽的形式穿出漆膜，从而形成潮湿气泡。

3. 处理方法

(1) 在潮湿天气只能使用干磨，保持压缩空气干燥，确保喷涂表面在喷涂前完全干燥。

(2) 喷漆件在完全干燥前不要放置于湿热的环境中。

(3) 当气泡未破裂时可以静置等待水分挥发使漆膜恢复原状，情况严重时必须彻底打磨后重喷，脱漆至裸露金属重喷是最佳选择。

图 8-27 潮湿起泡

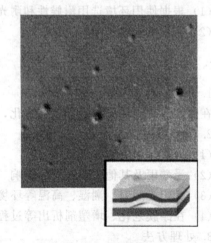

图 8-28 污染起泡

十四、污染起泡

1. 现象

污染起泡也称为气泡或"痱子"，即漆层表面出现不规则的起泡情况。污染起泡如图 8-28 所示。

2. 主要原因

(1) 主要原因是底材污染，喷漆前没有进行恰当的清洁和准备工作。

(2) 来自供气管道或喷涂工具的污染。

3. 处理方法

(1) 清洁喷涂表面，彻底清除蜡、油脂以及抛光剂等物质。

(2) 确保压缩空气、供气管道以及喷枪等工具的清洁。

(3) 如果痱子已经产生，轻轻打磨表面，注意不要磨穿漆膜，重新喷涂。如果情况严重，应打磨至裸金属后重新喷涂。

思考与练习

一、选择题

1. 沉淀结块搅拌不起来，不能再分散的现象，就属于（　　）。
   A. 沉淀　　　　　B. 沉积　　　　　C. 结块　　　　　D. 变稠

2. 受施喷件表面存在异物的影响，露出施喷件表面，露底面积大的且不规则的现象是（　　）。
   A. 缩孔　　　　　B. 鱼眼　　　　　C. 抽缩　　　　　D. 凹坑

3. 漆膜表面上产生像火山口那样，直径为0.5～3mm的凹坑现象的是（　　）。
   A. 缩孔　　　　　B. 鱼眼　　　　　C. 凹坑　　　　　D. 抽缩

4. 在喷涂和干燥过程中漆膜收缩，使被涂物的边缘、拐角等部位的漆膜变薄的现象是（　　）。
   A. 缩孔　　　　　B. 鱼眼　　　　　C. 凹坑　　　　　D. 缩边

5. 漆膜干燥后，在漆膜表面形成针状小孔，严重时针孔大小似牛皮的毛孔的现象是（　　）。
   A. 缩孔　　　　　B. 鱼眼　　　　　C. 凹坑　　　　　D. 针孔

6. 在干燥时，形成局部或全部的皱纹状涂膜的现象是（　　）。
   A. 起皱　　　　　B. 咬起　　　　　C. 流挂　　　　　D. 橘皮

7. 在喷涂过程中，湿漆膜不能充分流动，未形成平滑的干漆膜面，出现类似橘皮凹凸不平的痕迹的现象是（　　）。
   A. 起皱　　　　　B. 咬起　　　　　C. 流挂　　　　　D. 橘皮

8. 喷涂面漆后底漆（或旧漆层）被咬起脱离，产生皱纹、胀起、起泡等的现象是（　　）。
   A. 起皱　　　　　B. 咬起　　　　　C. 流挂　　　　　D. 橘皮

9. 喷涂在施喷件垂直面上的涂料向下流动，使漆膜产生不均匀的条纹和流痕的现象是（　　）。
   A. 起皱　　　　　B. 咬起　　　　　C. 流挂　　　　　D. 橘皮

10. 涂装过程中和刚涂装完毕的涂层表面呈乳白色，产生似云那样的变白失光的现象是（　　）。
    A. 发白　　　　　B. 色发花　　　　C. 色差　　　　　D. 色分离

11. 漆膜的颜色不均匀，出现斑印、条纹和色相杂乱的现象是（　　）。
    A. 发白　　　　　B. 色发花　　　　C. 色差　　　　　D. 色分离

12. 修补部位的漆膜的色调、纯度、明度与原漆色有差异的现象是（　　）。
    A. 发白　　　　　B. 色发花　　　　C. 色差　　　　　D. 色分离

13. 涂料中各种颜料的粒度大小、形状、密度、分散性、内聚性等的不同，使漆膜表面和下层的颜料分布不均，各断面的色调有差异的现象是（　　）。
    A. 发白　　　　　B. 色发花　　　　C. 色差　　　　　D. 色分离

14. 透过面漆可以看见旧的油漆、少许底漆或部分底材颜色。漆膜有斑点且颜色不均匀的现象是（　　）。
    A. 遮盖力差　　　B. 渗色　　　　　C. 腻子残痕　　　D. 修补斑印

15. 在一种颜色的漆膜上喷涂另外一种颜色的漆，底漆层的颜色渗入到上漆层的漆膜中，使上漆层漆膜的颜色发生变色的现象是（　　）。
    A. 遮盖力差　　　B. 渗色　　　　　C. 腻子残痕　　　D. 修补斑印

16. 在刮腻子的部位喷涂后，涂膜表面出现腻子痕迹的现象是（　　）。
    A. 遮盖力差　　　　B. 渗色　　　　　　C. 腻子残痕　　　　D. 修补斑印
17. 修补涂装的部位与原涂面的光泽、色调有差别的现象是（　　）。
    A. 遮盖力差　　　　B. 渗色　　　　　　C. 腻子残痕　　　　D. 修补斑印
18. 涂料施涂后经干燥成膜，在户外使用后，涂膜上出现裂缝的现象是（　　）。
    A. 裂缝　　　　　　B. 变脆　　　　　　C. 腻子残痕　　　　D. 修补斑印

二、判断题（正确画√，错误画×）

1. 涂层在使用过程中受环境因素的影响，漆膜厚度降低直至露出底材的现象是粉化。（　　）
2. 漆膜表面出现色斑、腐蚀点或粘附着污垢的现象是发霉。（　　）
3. 在使用过程中，漆膜的颜色变浅现象是风化。（　　）
4. 漆膜在使用过程中受紫外线、氧气及水分的作用，老化呈粉状脱离现象是粉化。（　　）
5. 喷枪的口径并不因所喷涂涂料的类型而改变。（　　）
6. 使用过程中漆膜的颜色发生变化，其色相、纯度、明度明显地偏离标准色板现象是变色。（　　）
7. 漆膜表面最初有光泽，在使用过程中逐渐失去光泽现象是失光。（　　）

三、简答题

1. 简述涂料储存过程形成的缺陷及其处理方法。
2. 简述喷涂过程产生的涂膜缺陷及其处理方法。
3. 简述涂装后涂膜出现的缺陷及其处理方法。

第九章 涂料与涂层质量检测

【学习目标】 1. 了解汽车涂装常参照的国家标准。
2. 掌握汽车涂料和涂层质量常见项目的检测方法。

【重点难点】 重点：汽车涂料和涂层质量常见项目的检测方法。
难点：涂层鲜映性、附着力和涂层柔韧性检测方法。

【考核标准】 应知：汽车涂料和涂层质量常见项目的检测方法。
应会：能使用相关工具和设备测定出正确的结果。

第一节 汽车涂装质量检测参照国家标准

目前在我国的国家技术标准中，对于汽车用涂料和涂装涂层质量尚未制定单独的检验标准，只能选用国家现有的有关标准为依据，制定相关行业的检测标准，便于在检测过程中进行对照和检测。汽车涂装质量部分检测项目参照国家标准见表 9-1。

表 9-1 汽车涂装质量部分检测项目参照的国家相关标准

类别	参照标准名称	参照标准号
涂料性能、涂膜性能检测标准	①清漆、清油及稀释剂颜色测定方法	GB/T 1722—1992
	②涂料黏度测定法	GB/T 1723—1993
	③稀释剂、防潮剂水分测定法	GB/T 3858—2006
	④稀释剂、防潮剂胶凝数测定	HG/T 3861—2006
	⑤稀释剂、防潮剂白化性测定法	HG/T 3859—2006
	⑥稀释剂、防潮剂挥发性测定法	HG/T 3860—2006
	⑦涂料试样状态调节和试验的温湿度	GB/T 9278—2008
	⑧漆膜硬度（摆杆仪）测定法	GB/T 1730—1993
	⑨漆膜柔韧性测定法	GB/T 1731—1993
	⑩漆膜耐冲击测定法	GB/T 1732—1993
	⑪漆膜耐汽油性测定法	GB/T 1734—1993
涂膜性能检测标准	①漆膜耐湿热测定法	GB/T 1740—2007
	②色漆和清漆人工气候老化和人工辐射暴露	GB/T 1865—1997
	③色漆和清漆涂层老化的评级方法	GB/T 1766—1995
	④涂膜硬度铅笔测定法	GB/T 6739—1996
	⑤色漆和清漆漆膜的划格试验	GB/T 9286—1998

注：表中相关标准会根据发展和涂膜质量的提高不断进行修订，所以在参照标准时，应尽量采用最新版本的国家标准或行业标准。

第二节　汽车涂料质量的检测方法

涂料虽是化工产品，但它的质量检查同一般的化工产品不同。其检测重点是判定其是否符合所要求的性能。检查采用物理方法的较多，用化学分析方法的较少，如颜色、黏度、细度、固体含量、柔韧、冲击等。因涂料的性能是靠施工完的漆膜来表现的，通过对漆膜质量的检查，就能判定涂料的性能及其使用价值。涂料的施工性能，如遮盖力、涂刷性、流平性、干燥性、打磨性等方面将直接影响用户的施工应用，故要重视。

一、外观透明度的测定法

它主要指清漆、清油及稀释剂的外观透明度测定法，指测定漆料和稀料中是否含有机械杂质和呈现的浑浊程度，测定步骤按照国家最新标准《清漆、清油及稀释剂外观和透明度测定法》（GB/T 1721—2008）进行。

1. 外观测定

将试样装入干燥清洁的比色管中，调整到温度（25±1）℃，于暗箱的透射光下观察是否含有机械杂质。

2. 透明度测定

先将试样装入干燥洁净的比色管中，然后把温度调整到（25±1）℃，于暗箱的透射光下，在观察是否含机械杂质，同时进行与一系列不同浑浊程度的标准液（无色的用无色标准液，有色的用有色标准液）比较，选出与试样最接近的一级标准液。

试样的透明度等级直接用标准液的等级表示。在测试过程中如发现标准液有棉絮状悬浮物或沉淀时，可摇匀后再与试样对比；在测定外观和透明度时，如试样因温度低而引起浑浊，可在水浴上加热到50～55℃，保持5min，而后冷却到（25±1）℃再保持5min后进行测定。

二、颜色测定法

它主要指清漆、清油及稀释剂颜色的测定法，测定时应参照《清漆、清油及稀释剂颜色测定法》最新检测标准和有关规定。

测定步骤：

将试样装入干燥的试管中，并在（25±1）℃于暗箱的透射光下与铁钴比色计进行比较，选出两个与试样颜色最接近的，或一个与试样颜色相同的标准色阶溶液。试样颜色的等级，直接以标准色阶的号来表示。

如色相不同时，可比较其颜色的深浅来确定。如果在测试过程中由于低温而引起浑浊，可在水浴上加热到50～55℃，保持5min，而后冷却到（25±1）℃再保持5min后进行测定。

三、涂料黏度的测定

涂料黏度的测定按照《涂料黏度测定法》最新检测标准中规定的乙法用台式涂-4黏度计进行测定。测定步骤：

首先将台式涂-4黏度计，将其置于化验台上校正平稳，使黏度计处于水平位置，在黏度计嘴下面放置250mL的玻璃烧杯来做测试时接漆用。

待这些工作做好后，将试样倒满黏度计后，用玻璃棒将气泡和多余的试样刮入凹槽中，而后松开左手手指，使试样流出，同时立即开动秒表，待试样流失中断时停止秒表，试样从黏度计流出的全部时间（秒）即为试样的条件黏度。两次测定值之差不应大于平均值的3%。测定时试样的温度为（25±1）℃。

对涂-4黏度计的校正，应用蒸馏水在（25±1）℃条件下进行，蒸馏水的测定黏度为11.5(±0.5)s，如不在此范围，则应更换黏度计，确保测定数据准确。

四、涂料细度测定法

它主要指色漆，如调合漆、磁漆、防锈漆、中涂漆等漆中颜料颗粒大小的测定，常以微米（μm）表示。其该漆的细度越小，涂后的漆膜就越平整光滑。通常来说，各种色漆的细度为20~30μm，防锈漆和底漆的细度为40~50μm。测定时用100μm的刮板细度计，测定前先用软布或软纸将刮板细度计洗净并擦干，而后将试样充分搅均匀，用玻璃棒或小刀挑试样数滴滴在刮板计的沟槽最深部位，用双手持刮刀将试样由深向浅的部位垂直并用力均匀地刮一次，立即在3~5s内使视线与沟槽平面呈15°~30°的角度，观察沟槽中颗粒的显露数量，如显露的颗粒不超过3个，记下相邻分度线的数值，即为该试样的细度（μm）。一般应刮三次，最后结果取两次相邻读数的平均值。试样细度在30μm以下的用50μm刮板细度计，30μm以上用100μm刮板细度计，60μm以上用150μm刮板细度计。刮板细度计测定示意如图9-1所示。

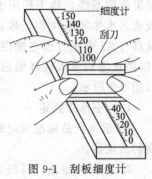

图9-1 刮板细度计测定示意

五、涂料的施工性测定

涂料的施工性即指涂料品种的施工难易程度。液态涂料可用刷涂、喷涂、刮涂及浸涂等方法施工，且施工性良好，不易出现涂装质量问题。

对涂料施工性的测试方法按我国国家标准《涂料产品的大面积刷涂试验》执行。

六、涂料的流平性测定法

涂料的流平性是涂料在施工后其涂膜由不规则、不平整的表面流展成平坦光滑表面的能力，也是涂料施工性能中的重要项目之一。流平性能与涂料的组成、性能及施工方式等有关。施工前在涂料中加入适量的助剂，如稀释剂等就能直接改进涂料的流平性。

涂料流平性的检测方法按照国家标准《涂料流平性测定法》最新检测标准规定执行。通常流平性好的涂料在10min之内就能流平。

七、涂料的流挂性能测定法

涂料的流挂性能是指用涂料在垂直物面上施工后，因受重力的影响在湿涂膜未干燥之前，一部分湿涂膜的表面会向下流坠形成上薄下厚或严重的球形、波纹等现象的能力。涂料的流挂性能直接影响涂膜的外观质量及涂层的防护性能，通常，这个项目是必须要进行检测。

检测时要按国家最新标准《色漆流挂性的测定》中的检验方法，使用流挂性能试验仪进行测定。

八、涂料遮盖力的测定法

它是指把色漆均匀地涂刷在物体表面上,使其底色不再呈现的最小用漆量,以 g/m 表示。涂料遮盖力的测定可按照《涂料遮盖力测定法》中的甲法或按照《涂料遮盖力测定法》中的乙法进行测定。

1.《涂料遮盖力测定法》甲法测定

测定步骤如下:

(1) 制黑白格玻璃板 将长 250mm、宽 100mm、厚 1~2mm 的玻璃板的一端遮住 100mm×50mm(留做试验时手执之用),而后在余下的 100mm×200mm 的面积上喷一层黑色硝基漆,待干后用小刀或刀片仔细地间隔划去 25mm×25mm 的正方形,再将玻璃板放入水中浸泡片刻,取出晾干,间隔剥去正方形漆膜处,再喷上一层白色硝基漆,即成具有 32 个正方形之黑白间隔的玻璃板,而后再贴上一张光滑牛皮纸,刮涂一层环氧胶(以防止溶剂渗入破坏黑白格漆膜),即制成牢固的黑白格板。32 个黑白间隔的玻璃试板如图 9-2 所示。

(2) 刷涂法测定

① 根据产品标准规定的黏度,在精确度为 0.001g 的电子秤上称出盛有油漆的杯子和漆刷的总重量。

② 测试用暗箱,其规格为 600mm×500mm×400mm,木制。在测定之前应作以下布置:首先,内用 3mm 厚磨砂玻璃将箱分成上下两部分,磨砂面向下,使光源均匀;然后箱上部均匀、平行地装置 2 支 15W 日光灯,前面放置一挡光板,下部正面敞开用于检验,内壁涂上无光黑漆。

③ 用漆刷将试样均匀地刷涂于黑白格玻璃板上,放在暗箱内,距离磨砂玻璃片 15~20cm。有黑白格的一端与平面倾斜成 30°~45°夹角,在日光灯下进行观察,以黑白格恰好被颜料色浆遮盖为终点。

④ 将盛有余漆的杯子和漆刷具称重,求出黑白格板上色漆用量。刷涂时应均匀快速,且不要刷脏边沿。

⑤ 涂料黏度大无法刷涂时,可将试样调稀至刷涂黏度,但稀料的用量在计算遮盖力时应扣除。

木制测试用暗箱示意图如图 9-3 所示。

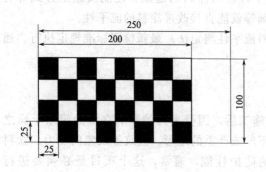

图 9-2 黑白间隔的玻璃试板

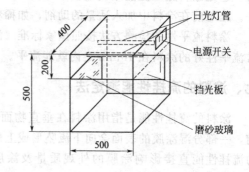

图 9-3 木制测试用暗箱示意图

(3) 测算方法和精确度 遮盖力 $X(g/m^2)$ 可以按下式计算:

$$X=(W_1-W_2)/S\times 10000=50\times(W_1-W_2)$$

式中　W_1——未涂刷前盛有色漆的杯子和漆刷的总重量，g；
　　　W_2——涂刷后盛有余漆的杯子和漆刷的总重量，g；
　　　S——黑白格板涂漆的面积，cm^2。

注：以上遮盖力测算方法以湿漆膜进行计算。

检验时要平行测定两次，结果之差不大于平均值的 5%，取其平均值，否则必须重新试验。

2.《涂料遮盖力测定法》乙法测定

《涂料遮盖力测定法》乙法即是喷涂测定法，可喷涂黑白格木板。

测定步骤如下：

（1）制作测定木板　在 100mm×100mm 的木板上先喷一层黑硝基漆，待干后漆面贴一张同面积大小的白色厚光滑纸，而后用刀片仔细地间隔划去 25mm×25mm 的正方形，再喷一层白色硝基漆，干后细心揭去存留的间隔正方形纸，使其成为具有 16 个正方形之黑白格间隔板。16 格正方形之黑白格间隔板如图 9-4 所示。

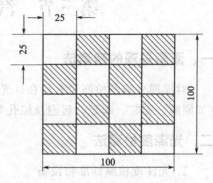

图 9-4　16 格正方形之黑白格间隔板

（2）喷涂法测定

① 测定时先在精确度 0.001g 天平上分别称两块规格为 100mm×100mm 的玻璃板，用上壶式喷枪薄薄地分层喷涂。

② 每次喷涂后放在黑白格木板上，置于暗箱内距离磨砂玻璃片 15～20cm，有黑白格的一端与平面倾斜成 35°～45°交角，在日光灯下进行观察，以黑白格刚好被颜料色浆遮盖为终点。

③ 把玻璃板背面和边沿的漆擦净，各种喷漆类按其固体含量中规定的焙烘温度烘至恒重。

（3）测算方法和精确度　遮盖力 $X(g/m^2)$ 可以按下式计算：

$$X=(W_2-W_1)/S\times 10000=50\times(W_2-W_1)$$

式中　W_1——未喷漆前玻璃板的质量，g；
　　　W_2——喷涂漆膜恒重后的玻璃板质量，g；
　　　S——玻璃板喷漆的面积，cm^2。

注：以上遮盖力测算方法以干漆膜进行计算。

检验时要平行测定两次，结果之差不大于平均值的 5%，取其平均值，否则必须重新试验。

九、涂料固体含量的测定

涂料的固体含量，即涂料在一定的温度下加热焙烘后剩余物质量与试样质量的比值，常以百分数表示。

1. 涂料固体含量的测定方法

（1）先把干燥洁净的培养皿放入（105±2）℃的烘箱内焙烘 30min，然后取出并放入干燥器中冷却到室温，再称重，拿磨口滴瓶取样，以减量法称取试样 1.5～2g 放入培养皿中，让试样均匀地流入容器的底部。

（2）放入调节到规定的恒温烘箱中烘一定时间后取出称重，然后再放入烘箱内烘 30min，取出并放入干燥器中冷却至室温后，取出称重，直到两次称重之差小于或等于 0.01g 为止。

（3）试验平行测定两试样，取两次平行试验的平均值，但两次相差不大于平均值 3%。

2. 涂料固体含量的计算公式和精确度

固体含量的计算公式为：

$$X = (W_2 - W_1)/G \times 100\%$$

式中　W_1——容器的质量，g；
　　　W_2——烘干后试样和容器的质量，g；
　　　G——试样的质量，g。

第三节　汽车涂层质量的检测方法

一、漆膜外观的检测法

对漆膜外观的检测通常是在日光下，用眼睛对漆膜外观进行观察，来检查漆膜有无缺陷（如刷痕、颗粒、起皱、起泡及缩孔等），并与标准样板进行比较，无差别的为合格。

二、光泽度检测法

1. 光泽度检测标准和设备

可按《色漆和清漆不含金属颜料的色漆漆膜之 20°、60°和 85°镜面光泽的测定》最新检测标准规定中的检测标准，用如 BYK-微型携带式光泽仪在现场进行测量。也可采用固定角度的 GZ-2 型光电光泽计。测定时，来自漆面的入射光分别可以通过 20°、60°、85°三个角度进入光泽仪，然后传到光泽仪感应器上，由感应器接收光的多少确定光泽的大小。GZ-2 型光电光泽计如图 9-5 所示，光泽仪感应器测定原理如图 9-6 所示。

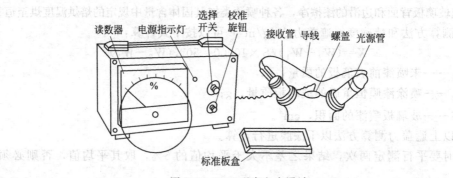

图 9-5　GZ-2 型光电光泽计

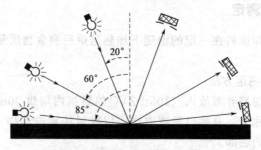

图 9-6　光泽仪感应器测定原理

2. 光泽仪检测角度的选择

为了提高检测的灵敏度，对于不同的光泽度要求，选用不同角度的光泽仪进行测定。角度的检测适用如下：

(1) 60°光泽仪适用检测 10%~70%的中光泽涂层；

(2) 20°光泽仪适用检测超过 70%的高光泽涂层；

(3) 对于光泽度小于 10%的低光泽涂层，则应采用 85°光泽仪测定；

(4) 在用 60°光泽仪测量小于 30%的涂层光泽时，为有更好的灵敏度，一般也可以用 85°光泽仪测定。

测定时将光泽仪在车身面漆表面选择 3 个测试点，取算术平均值。

3. 光泽度检测方法

(1) 阅读多角度光泽仪的使用说明。

(2) 用擦净纸或软擦净纸将保护盒内的光泽度校对板擦拭干净。

(3) 将仪器放入光泽度保护盒内，进行仪器校正。

(4) 将涂装样品擦净。

(5) 确定漆面光泽度，若用 60°挡测试光泽高于 70%，则采用 20°挡进行光泽测试；若用 60°挡测试光泽低于 30%，则用 85°挡测试漆面光泽。用不同角度进行测定的方法如图 9-7 所示。

(6) 根据漆面光泽要求的测试角度进行光泽测试。

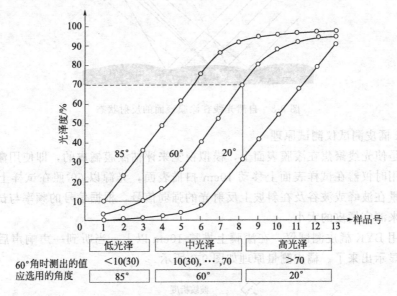

图 9-7 用不同角度进行测定的方法

三、鲜映性测定法

1. 涂膜鲜映性的定义

涂膜鲜映性是指漆膜表面显映物体的清晰程度。它包括漆膜的平滑度、丰满度及光泽度等性能，是漆膜装饰性能的综合指标，所以称为鲜映性。对于现场测定车身漆膜鲜映性的方法，汽车制造厂多采用便携式鲜映性测定仪（PGD）测定。

2. 便携式鲜映性测定仪的测试原理

(1) 有光源照射标准数字板，被标准数字板反射的光通过两块反射镜反射到漆膜上，然后由漆膜的反射光又被另外两块反射镜反射到目视镜。

(2) 测试者可通过目视镜来观察标准数字板上数所列影像的清晰度，记录能清晰地读出的数列所对应的 DOI 值。

(3) 在每次测定之前,应先调整电压至所规定的范围,并在用标准反射镜片校准仪器时,要求观察者的视力必须能清晰地读出 DOI 值为 1.0 所对应的数据,方可使用该仪器进行测定。

(4) 测定时,要使平整的漆膜面完全挡住仪器的测量窗口。

四、漆膜橘皮测定法

1. 漆膜橘皮的定义

在高光泽漆膜表面上,若出现 0.1~10mm 大小的波纹现象,就会产生亮/暗的图纹,这种现象称为橘皮或微小波纹,会影响漆膜外观的装饰性能。当光线聚焦在该平面上时,可以看到光亮区和非光亮区的反差。在约 3m 的距离时,可以观察到的是长波纹。在约 0.5m 的距离时,可以观察到的是短波纹。橘皮仪就是使光线聚焦在表面上,模拟视觉来评估涂膜橘皮的仪器。自然光线在涂膜表面的反射状态如图 9-8 所示。

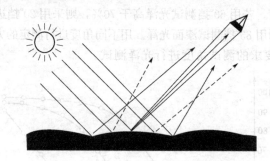

图 9-8 自然光线在涂膜表面的反射状态

2. BYK 橘皮测试仪测试原理

该仪器是使光线聚焦在漆膜表面上,模拟视觉来评估漆膜橘皮的,即使用激光点照射原来样品。使用时仪器在试样表面上移动 10cm 扫描表面,光源以 60°照在试样上,在对面用同样角度测量在波峰或波谷及在斜坡上反射光的强弱信号,根据信号的频率与试样上的波纹频率的关系来测定橘皮的大小。

测试时用 BYK 橘皮测试仪,在漆膜上推移 10cm 以上,当听到一声响声后,测量结果就在显示窗显示出来了。橘皮测量原理如图 9-9 所示。

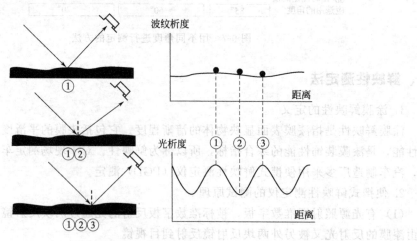

图 9-9 橘皮测量原理

五、漆膜铅笔硬度测定法

1. 漆膜硬度的定义

漆膜的硬度,就是漆膜抗击外力而不致使本身遭到破坏的能力,它是漆膜力学性能中最重要的性能之一。在对漆膜现场测试中,经常要对漆膜的硬度作检测,以判断漆膜的硬度。

2. 漆膜硬度检测标准和设备

在检测时最常用的方法是铅笔硬度法。检测时按《涂膜硬度铅笔测定法》最新检测标准进行具体检测。采用铅笔硬度测试仪进行测试。铅笔硬度测试仪如图 9-10 所示。

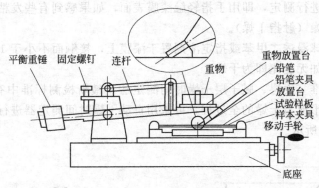

图 9-10　铅笔硬度测试仪

3. 铅笔硬度测试仪测定方法

(1) 用高级绘图铅笔,削至露出柱形笔芯 5～6mm 长,在 500♯ 砂纸面成 90°划圈摩擦至铅笔端面平整、边缘锐利的笔端为止(边缘不得有破碎或缺口)。铅笔笔头形状如图 9-11 所示。

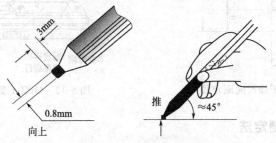

图 9-11　铅笔笔头形状

(2) 测定时从最硬铅笔开始,手握铅笔与被测漆膜表面保持 45°,推进速度约 2mm/s,推进距离为 3mm,推力保持均匀,不得折断铅笔芯,每级铅笔划 5 道,直至找出都不划伤漆膜的铅笔为止。

(3) 其不划伤漆膜的最高的铅笔硬度即为所测漆膜的铅笔硬度。

铅笔硬度规格一般分为 B、HB、H 三种。其中 B 系列硬度最低,有 B、2B、3B、4B、5B、6B,硬度依其序号变化,数字越大硬度越小;H 系列硬度最高,有 H、2H、3H、4H、5H、6H,硬度依其序号变化,数字越大硬度越大;HB 硬度居于 B 系列和 H 系列之间。

六、漆膜干燥检验法

1. 漆膜干燥的过程

液体涂料被涂布于物体表面上,从流体层变成固体漆膜,这一过程通常被称为涂料的干燥过程。其过程一般分为三个阶段：

(1) 表面干燥；

(2) 实际干燥；

(3) 完全干燥。

因为涂料的完全干燥时间较长，所以一般常测定表面干燥和实际干燥两项内容。从实际出发常希望漆膜快干为佳，但并非干燥得越快越好，涂膜的干燥还得保证成膜后涂层的质量，故要进行综合考虑。

2. 漆膜干燥检验常用的测试方法

(1) 按指触法进行测定，即用手指轻触漆膜表面，如果感到有些发粘，但无漆粘在手指上，即为表面已干燥（触指干燥）。

(2) 用脱脂棉球浸透二甲苯或指定溶剂置于漆膜上，接触面不小于 $1cm^2$，5min 后移走棉球，观察漆膜，如无变化即为干燥。

(3) 按国家标准《漆层、腻子层干燥时间测定法》最新检测标准中有关规定进行测定。如需要记录漆膜的形成与干燥的全过程，可采用自动干燥时间测定器进行测定。自动干燥时间测定器如图 9-12 所示。

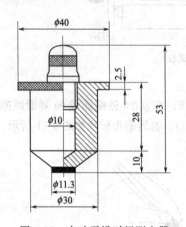

图 9-12 自动干燥时间测定器

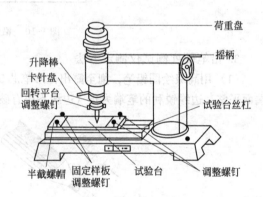

图 9-13 QFZ-1 型漆膜附着力测定仪

七、涂膜附着力的测定法

所谓涂膜附着力即漆膜对基材粘合的牢固度。目前，检测涂膜的附着力常采用两种方法，即综合测定法和剥落测定法。综合测定法包括栅格法，交叉划痕法和画圆法；剥落测定法包括扭开法和拉开法。其测定应按《漆膜附着力测定法》最新检测标准执行。

1. 画圆法涂膜附着力的测定

根据国标规定，广大企业普遍使用综合测定法中的画圆法来测定涂膜的附着力，所得的结果也被广泛认同，用 QFZ-1 型漆膜附着力测定仪进行测定。画圆法即用附着力测定仪在喷涂样板上按圆滚线划出一圈一圈的划痕，然后查看划痕范围的涂膜完整程度来进行评定，QFZ-1 型漆膜附着力测定仪如图 9-13 所示。

(1) 材料和设备

① 三块喷涂样板。50mm×100mm 马口铁材质的标准测试样板，若测试特殊底材时应使用处理妥当的该种底材。

② 观测工具。观测工具一般使用四倍放大镜即可。
③ 毛刷。
④ 漆膜附着力测定仪的规格。
a. 实验台丝杆，螺距 1.5mm，其转动与转针同步。
b. 转针采用"三五"牌唱针，空载压力为 200g。
c. 荷重盘上可放置砝码，其规格有 100g、200g、500g、1000g 四种质量。
d. 转针回转半径可调，标准回转半径为 5.25mm。

(2) 漆膜附着力测定方法　测定的方法按国标规定，待喷涂样板彻底干燥后，在恒温、恒湿条件下测定。具体步骤如下：
① 调整划针的回转半径直至与标准回转半径 5.25mm 的圆滚线相同为止；
② 将样板放在实验台上并固定，在荷重盘上酌加砝码，使转针的尖接触到涂膜并能划至金属层；
③ 按顺时针方向均匀摇转摇柄，转速以 80～100r/min 为宜，固滚线划痕标准周长为 7.5cm±0.5cm；
④ 取出样板，用毛刷清除漆屑，以四倍放大镜观察划痕并做出评定。

(3) 漆膜附着力评定的方法　以样板上划痕的上侧为检查的目标，按圆滚线划痕范围内的漆膜完整程度评定，依次标出 7 个部位，以级表示，共分为七个级，七级的附着力最差，按顺序检查涂膜的完好程度。按圆滚线划痕范围内的漆膜完整程度评定。如图 9-14 所示。

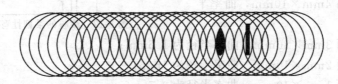

图 9-14　漆膜附着力评定

测试的结果以至少两块测试样板的结果一致为准。这种方法用来做不同涂料或不同底材的附着力比较测试较为常用。

2. 交叉划痕法涂膜附着力的测定

(1) 材料和设备　交叉划痕法主要使用划格刀和胶带。划格刀也被称为百格刀，划格刀及划格示意图如图 9-15 所示。测试用胶带如图 9-16 所示。

图 9-15　划格刀和划格示意

图 9-16　测试用胶带

(2) 漆膜附着力测定方法
① 将带有底漆的样板置于工作台上，压紧；
② 用划格刀在底漆样板上用力划至钢板底材；
③ 清除划漆的碎屑，用胶带纸粘贴在划痕处，粘平后，再将胶带纸撕开；
④ 检查漆面是否被胶带纸带起；
⑤ 根据漆面脱落程度，判定漆膜附着力大小。

八、漆膜柔韧性的测定法

1. 漆膜的柔韧性的定义和测定标准

漆膜的柔韧性就是漆膜随基材的变形而不发生损坏的能力。漆膜柔韧性的测定，应按《漆膜柔韧性测定法》最新检测标准进行测定。用事先准备好的样板，在不同直径的轴棒上弯曲（图 9-17），用弯曲面引起漆膜破坏的直径最小的轴棒的直径表示。

各轴棒长度和直径：
各轴棒长都为 35mm。
轴棒 1：直径 10mm，套管外径 15mm；
轴棒 2：截面 5mm×10mm，曲率半径 2.5mm；
轴棒 3：截面 4mm×10mm，曲率半径为 2mm；

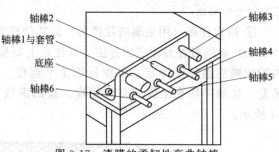

图 9-17 漆膜的柔韧性弯曲轴棒

轴棒 4：截面 3mm×10mm，曲率半径为 1.5mm；
轴棒 5：截面 2mm×10mm，曲率半径为 1mm；
轴棒 6：截面 1mm×10mm，曲率半径为 0.5mm。

2. 漆膜的柔韧性测定方法：

按《漆膜一般制备法》最新检测标准的要求在马口铁板上制备漆膜，待漆膜干透后，在恒湿恒温的条件下将漆膜面朝上，用双手将涂漆样板压于按产品标准规定直径的轴棒上，绕轴棒进行弯曲，弯曲后双手拇指应对称于轴棒中心线，如图其弯曲动作必须在 2～3s 内完成。

在漆膜弯曲后用 4 倍放大镜观察漆膜，漆膜无明显变化为合格。如果漆膜出现有裂纹、网纹及破坏现象，即为不合格。

九、漆膜耐冲击的测定法

1. 漆膜耐冲击性能

所谓漆膜的耐冲击性能，其实就是漆膜在经受高速重力的作用下，发生快速变形而不出现开裂或脱离金属基材的能力，它还能表现被试验漆膜的柔韧性及对基材的附着力。它是以重锤的质量与重锤落在漆膜金属样板上而不引起漆膜破坏的最大高度的乘积（kg·cm）来表示的。

2. 漆膜耐冲击测定标准

漆膜耐冲击的测定应按照国家标准《漆膜耐冲击测定法》最新检测标规定进行。

3. 冲击试验器各部件的规格

(1) 重锤重（1000±1）g，应能自由移动于滑筒中，冲头进入凹槽的深度为（2±0.1）mm。

(2) 冲头上有一钢球，规定应符合国家钢球标准的要求，冲击中心与铁砧凹槽中心对准。

(3) 铁砧凹槽应光滑平整，其直径为（15±0.3）mm，凹槽边缘曲率半径为2.5～3.0mm。

(4) 滑筒刻度等于（50±0.1）mm，分度为1cm。漆膜耐冲击器如图9-18所示。

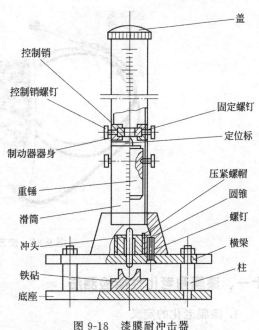

图9-18 漆膜耐冲击器

十、漆膜厚度的测定法

漆膜厚度的测定是涂料和涂层检测中的一个重要的控制项目内容。在涂装施工过程中，如果涂装后漆膜厚度达不到规定的要求或涂膜厚度不均，就会对涂层的性能产生极大的影响，故一定要严格控制这个关键环节，并要认真地进行厚度的检测。

涂膜厚度的测定有多种方法，并有相应的仪器配合进行测试。在测试时应根据实际情况和要求，选择相应的方法与配套的仪器进行测定。

1. 湿膜厚度的测定

对于湿膜厚度的测定，必须在制备好涂膜后立即进行测定，以避免因溶剂蒸发而使涂膜发生收缩现象。可用湿膜测厚计进行测定。湿膜测定计分三种，即轮规、梳规与Pfund湿膜计。轮规湿膜厚度测定计如图9-19所示，梳规湿膜厚度测定计如图9-20所示。

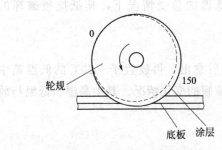

图9-19 轮规湿膜厚度测定计　　图9-20 梳规湿膜厚度测定计

2. 干涂膜厚度的测定

在实际工作中常遇到的是干涂膜的测量。其测量方法有多种，但都有一定的局限性。按其工作原理可分两种类型：即磁性法和机械法。目前测量干涂膜常用的是磁性法。

磁性测厚仪主要是用电磁场磁阻的原理来测量钢铁底板上涂层的厚度。铝板、铜板等不导磁底板，是利用非磁性测厚仪的涡流测厚原理来测量的。现已有磁性测厚结构紧凑，且便于携带的磁性测厚仪，它是由永久性磁体来代替电磁场的，但测厚精确度较差。便携式磁性测厚仪如图9-21所示。

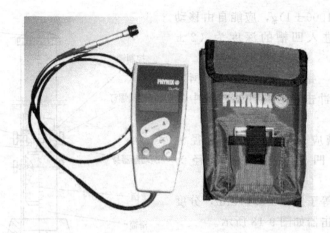

图 9-21 便携式磁性测厚仪

十一、漆膜耐老化性能检测法

1. 漆膜老化的定义

所谓漆膜的老化,就是涂料在使用过程中受到各种不同因素的作用,使漆膜的化学和力学性能发生不可逆的变化,最终导致涂层被破坏的现象。

2. 漆膜耐老化性能检测方法

按国家标准《漆膜耐候性测定法》、《色漆和清漆涂层天然老化试验的指导性文件》、《色漆和清漆涂层老化的评级方法》、《色漆涂层老化的评价》等最新检测标准规定要求来进行测定。

十二、漆膜耐温变性检测法

1. 漆膜耐温变性的定义

所谓漆膜的耐温变性,就是漆膜在经受高温与低温的急变情况下,其抵抗被破坏的能力。

2. 漆膜耐温变性检测方法

将漆膜样板放置在 60℃ 的高温箱中保持一定时间后拿出,再放置于 -20℃ 的低温箱中保持一定的时间,这样经过数次的反复循环后,观察漆膜的变化情况。其中高温、低温与放置时间、反复次数等参数均应按标准规定执行。

十三、漆膜耐化学性检测法

1. 漆膜耐化学性能的定义

漆膜在使用过程中,常受到工业化学品(如酸、碱、盐)及有机溶剂的"干蚀"致使漆膜受到破坏,其抵抗能力就是漆膜的耐化学性能。它是漆膜性能检测中的最重要的项目之一。

2. 漆膜耐化学性能检测方法

按照国家标准《漆膜耐化学试剂性测定法》、《建筑涂料涂层耐碱性的测定》与《色漆和清漆耐液体介质的测定》等最新检测标准规定的方法进行检测。

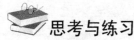 思考与练习

一、选择题
1. 涂膜质量检测项目主要有（　　）。
   A. 附着力、柔韧性、硬度、光泽度、厚度
   B. 颜色、透明度、附着力、硬度
   C. 厚度、附着力、透明度
   D. 纯度
2. 透明度测定时使用的设备主要为（　　）。
   A. 暗箱　　　　　B. 黑白格玻璃板　　　　C. 刮板细度计　　　　D. 光泽仪

二、简答题
1. 简述涂料产品性能检查主要的项目。
2. 简述涂料的细度和黏度的测定方法。
3. 固体含量如何进行测定？
4. 涂料施工性能的检测主要项目有哪些？
5. 涂料的遮盖力和流平性如何测定？
6. 涂膜性能的检查主要有哪些项目？
7. 简述漆膜光泽度、硬度及附着力的测定法。
8. 简述漆膜耐冲击性与柔韧性的测定方法。

参 考 文 献

[1] 冯立明，牛玉超，张殿平. 涂装工艺与设备［M］. 北京：化学工业出版社，2003.
[2] 程玉光. 汽车涂装工艺［M］. 北京：人民交通出版社，2005.
[3] 程玉光. 汽车涂装技术［M］. 北京：人民交通出版社，2005.
[4] 林明玉. 汽车涂装技术［M］. 北京：北京理工大学出版社，1998.
[5] 王民信，王丽君. 汽车涂料［M］. 北京：化学工业出版社，2005.
[6] 彭义军，赵社教. 汽车涂装技术［M］. 北京：电子工业出版社，2005.
[7] 帅长红. 汽车涂装喷漆新工艺新技术与常见缺陷防治及质量检测标准规范实务全书［M］. 北京：北方工业出版社，2005.
[8] 凌凯汽车资料编写组. 汽车钣金、涂装与美容［M］. 北京：北京邮电大学出版社，2006.
[9] 王锡春. 汽车涂装工艺技术［M］. 北京：化学工业出版社，2005.
[10] 王玉东. 汽车喷漆技术培训教程［M］. 北京：国防工业出版社，2005.
[11] 周长庚，李贞芳. 汽车涂装技术［M］. 北京：科学出版社，2007.
[12] 杨智勇. 汽车涂装技术［M］. 北京：北京理工大学出版社，2005.
[13] 翟大锋. 汽车涂装修补技术［M］. 北京：电子工业出版社，2006.
[14] 王民信，王丽君. 汽车涂料［M］. 北京：化学工业出版社，2005.
[15] 程玉光. 汽车涂装技术［M］. 北京：人民交通出版社，2009.
[16] 王锡春，包启宇. 汽车修补涂装技术［M］. 北京：化学工业出版社，2010.
[17] 欧玉春，童忠良. 汽车涂料涂装技术［M］. 北京：化学工业出版社，2010.